# GÉOGRAPHIE

DE

# L'AFRIQUE

## CHRÉTIENNE

## PROCONSULAIRE

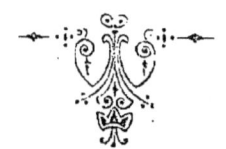

TYPOGRAPHIE OBERTHUR, RENNES — PARIS

1892

# GÉOGRAPHIE

### DE

## L'AFRIQUE CHRÉTIENNE

*par Mgr. Toulotte, de la Société des PP. Blancs, d'après un renseignement adressé à l'Académie des inscriptions et belles-lettres en avril 1893.*

O³
861.

# GÉOGRAPHIE

DE

# L'AFRIQUE

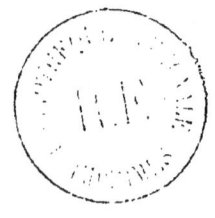

## CHRÉTIENNE

PROCONSULAIRE

TYPOGRAPHIE OBERTHUR, RENNES — PARIS

1892

A

NOTRE TRÈS VÉNÉRÉ PÈRE

Son Éminence le Cardinal LAVIGERIE

PRIMAT D'AFRIQUE

ARCHEVÊQUE DE CARTHAGE ET D'ALGER

HOMMAGE FILIAL

# AVERTISSEMENT

Le travail offert aujourd'hui au clergé, et particulièrement à celui d'Afrique, a été entrepris par ordre et avec le concours efficace de Son Éminence le Cardinal LAVIGERIE, à qui il est dédié. Ce n'est, à proprement parler, quant au fond, qu'une traduction de l'ouvrage du P. Morcelli, savant jésuite italien de la fin du siècle dernier.

Cependant le texte primitif a subi des modifications considérables. En outre, des suppressions notables y ont été faites, mais elles sont largement compensées par les nombreuses additions qu'il a reçues, grâce aux découvertes opérées depuis l'occupation française dans l'Afrique du Nord.

Le lecteur voudra bien, en considération de l'utilité de ce livre, excuser les défauts du style, et ce que certaines hypothèses présentent encore de hasardé. Le but de la traduction, comme celui de la composition originale, est de procurer la plus grande gloire de Dieu.

*Ad majorem Dei gloriam!*

# PRÉFACE

Mon but est de mettre au jour la suite ininterrompue des gloires et des épreuves de l'Église d'Afrique durant les sept premiers siècles de l'ère chrétienne. Je me suis appliqué à faire cette histoire avec exactitude et avec clarté. Les autres qualités, dues, en grande partie, au talent de l'auteur, sont à peu près étrangères aux faits eux-mêmes, et rehaussent l'écrivain plutôt que son récit. Or, je me suis proposé d'écrire, non pour me faire valoir moi-même, mais pour faire estimer l'Église africaine.

I. — Et d'abord, pénétré de respect pour la vérité, je me suis imposé le double devoir d'étudier à fond tous les auteurs contemporains des faits dont je parle et de profiter des recherches modernes [1], sans rejeter pour cela l'autorité des anciens. Si je n'ai pas toujours eu pour ce travail grande abondance de matériaux, j'ai pu néanmoins parfois puiser à des sources précieuses. Qu'y a-t-il de plus beau, en effet, que ces *Actes proconsulaires* [2] où les réponses des martyrs étaient écrites sous leurs yeux?

---

(1) Les monuments archéologiques, retrouvés depuis l'occupation française, ont jeté un jour nouveau sur l'histoire de l'Église d'Afrique.
(2) Plusieurs *Actes des martyrs d'Afrique* ont été encore récemment découverts.

Plût à Dieu que tous nous fussent parvenus! Car l'Afrique a compté une foule de martyrs; leur nombre égale presque celui des martyrs de l'Italie; on ne pourrait rien écrire, rien lire de plus beau, de plus utile. Quelles lumières ont été aussi, pour leurs temps, les Tertullien, les Cyprien, les Optat, les Évode, les Augustin, les Possidius, les Fulgence! Or, nous possédons la plupart de leurs ouvrages et de leurs lettres qui nous donnent la connaissance des événements et des mœurs de leur époque. Les textes des lois ne nous ont pas été moins utiles, surtout ceux des empereurs chrétiens, don précieux de Théodose le Jeune, qui a rendu par là un si grand service à l'histoire, puisque l'histoire doit s'appuyer de préférence sur les documents officiels. Les nombreux conciles, tenus d'âge en âge, nous ont également servi. C'est là que brille la vraie doctrine de l'Église, au milieu des controverses qui s'élèvent, des coutumes qui s'établissent, des hérésies qui se montrent pour recevoir de l'autorité légitime, leur condamnation et leur coup de mort. Voilà ce qui a le plus contribué à l'exactitude de cette histoire. Qui oserait, en effet, contester de pareils témoignages? Qui pourrait renier et rejeter des documents contemporains des faits eux-mêmes?

Pour éclairer les temps plus obscurs ou moins connus, j'ai eu les lettres du souverain Pontife et les *Annales* d'écrivains soigneux, tels que le comte Marcellin et Victor de Tonnone ou Tunnune, ayant à leur tête Victor de Vite, historien fidèle et en même temps témoin et victime de la persécution vandale. Après lui, Procope et saint Grégoire le Grand ont fourni leur bonne part, comme aussi plus tard les écrivains grecs de l'histoire byzantine et tous les anciens auteurs dont Sirmond et d'autres ont édité les œuvres.

Grâce à ces secours, j'ai pu donner une suite continue à une histoire qui paraissait avoir tant de lacunes, et c'est à peine s'il est resté quelques vides dans la série des événements.

Quant à l'énumération des nombreuses Églises africaines, décrites dans la première partie de cet ouvrage, j'ai eu recours aux sources profanes, aux géographes, aux poètes, aux historiens, aux recueils d'inscriptions, car les monuments de cette espèce abondent en Afrique. En cette partie du travail, rien ne m'a plus servi que les souscriptions des conciles et la *Notice d'Afrique*, publiée par Sirmond et où se trouve une longue liste des évêques qui ont gouverné les Églises africaines[1]. Pour ne point hasarder d'opinion fausse ou non fondée, j'ai indiqué toutes les sources où j'ai puisé et il sera facile à chacun de les contrôler par lui-même.

II. — Afin d'éviter, dans la mesure du possible, toute inexactitude, même involontaire, j'ai consulté scrupuleusement ce que l'on avait déjà publié sur la matière, les écrits de Ruinart, de Dupin, de Schelestrate, de Pagi, de Noris, de Tillemont, sans omettre les auteurs de moindre importance, ni même les hétérodoxes. J'aurais tiré grand profit d'une *Histoire d'Afrique* que Montfaucon mentionne deux fois[2] et des notes du savant Lequien, mais je n'ai pu les trouver[3].

III. — En ce qui concerne la clarté, la disposition et la division de l'ouvrage, j'ai eu en vue la commodité et l'uti-

---

[1] Le manuscrit de la *Notice* se trouve à la bibliothèque de la ville de Laon.
[2] Dans son *Diaire d'Italie*, p. 85.
[3] Ni l'histoire ni les notes ne paraissent avoir été trouvées depuis.

lité du lecteur, plutôt que l'éclat du style et la pompe du langage. Ainsi, dans la première partie, toutes les Églises d'Afrique ont été classées par provinces et par ordre alphabétique, ce qui permet de les trouver sans peine. Dans les *Annales*, j'ai énoncé les faits, année par année, en les distinguant par le nom des consuls, tant qu'ils furent en usage, et mentionnant avec eux les empereurs et les proconsuls qui administrèrent l'Afrique, à mesure qu'ils se sont succédé. J'ai consigné, avant tout, l'élévation et la mort des Souverains Pontifes, estimant d'une souveraine importance que la suite des vicissitudes de l'Église d'Afrique, si unie au siège de Rome, fût rattachée constamment à l'histoire du monde chrétien. Quand les rois Vandales eurent conquis l'Afrique, les années de leur règne ont été indiquées également. Mais, tant que je l'ai pu, je me suis efforcé d'établir la succession des Primats de Carthage et de baser sur eux tout l'intérêt de cette histoire. Leur autorité était, en effet, si grande en Afrique, que les évêques s'adressaient à eux pour régler les affaires importantes de leurs Églises ; ils députaient aux empereurs et convoquaient les conciles de toutes les provinces.

J'ajoute enfin que j'ai adopté une exposition simple, concise, où les ornements du style sont employés sobrement, et j'ai la persuasion de n'avoir pas nui au récit en citant intégralement des passages empruntés aux anciens auteurs, lesquels cités autrement n'auraient pas la même autorité.

Ces explications préliminaires étaient nécessaires pour faire connaître le plan de cet ouvrage, qu'il faut considérer encore, du reste, comme un essai plutôt que comme une œuvre accomplie.

# L'AFRIQUE CHRÉTIENNE

## PREMIÈRE PARTIE

### LES PROVINCES ET LES ÉVÊCHÉS

## LIVRE PREMIER

### LES PROVINCES

I. — Avant d'écrire, avec la grâce de Dieu, l'histoire de l'Afrique chrétienne, il convient de représenter exactement ce qu'était cette province, quand la prédication du christianisme et la lumière de l'Évangile vinrent y apporter le salut. Il importe, en effet, pour l'honneur de notre sainte religion, qu'on sache quels étaient alors les habitants de l'Afrique, et il faut, pour le bien des lecteurs, traiter un sujet sans lequel ils n'auraient aucune idée des lieux et des peuples dont je vais parler.

Je préviens donc que l'Afrique, dont je veux m'occuper, est celle que les Romains appelaient proprement de ce nom, laquelle est située en face de l'Europe et s'étend depuis le détroit de Gadès ou Gibraltar jusqu'à la Grande-Syrte et aux derniers confins de la régence de Tripoli; car l'Afrique, dont les géographes font aujourd'hui une partie du globe, comprend, outre l'Égypte et la Cyrénaïque, tout le vaste continent entouré par l'Océan. Les anciens Romains lui ont donné d'autres noms, ou bien ils ont négligé de s'en occuper.

II. — Lorsque, pour donner à cette description un point de départ juste et précis, je me reporte aux premiers temps de l'Église, je vois qu'on n'est point d'accord sur l'époque où le christianisme fut introduit en Afrique. Car l'opinion de Baronius[1], suivant laquelle saint Pierre lui-même serait le fondateur de cette Église, est rejetée par plusieurs[2]. Ceux qui pensent que saint Pierre a fondé l'Église de Carthage s'appuient sur un anonyme grec très ancien[3], sur l'historien Siméon Métaphraste[4], sans parler de la chronique de Flavius Dexter et du poète Maximus[5], qui sont regardés comme apocryphes. Les auteurs précités disent que saint Pierre laissa à Carthage comme évêque saint Crescent, le même qui évangélisa aussi la Galatie et les Gaules. Les anciens *Martyrologes*[6], du reste, nous montrent un saint Crescent honoré à Carthage et en Afrique.

---

(1) *Ad ann.*, XLIV, n. 39.
(2) Tillemont, *Mém. Eccles.*, t. I, p. 525 — Louis Dupin, *Histoire des Donat.*, etc.
(3) Bolland, t. VII, p. 379.
(4) Surius, t. III.
(5) *Ad ann.* L, v. *Coll. Migne*.
(6) *Martyrol. rom.*, 27 jun., 29 déc. — *Martyrol. hieron.*, 28 jun., 29 déc. — Cf. Adon., Bede, Usuard, etc.

D'autre part, Nicéphore Callixte[1], le *Pseudo-Dorothée*[2] et saint Paulin[3] affirment que Simon le Cananéen et Jude son frère ont évangélisé la Lybie et l'Afrique et les *Martyrologes* encore semblent donner un fondement à leur affirmation[4]. Le même Nicéphore Callixte rapporte également que saint Marc a évangélisé la Lybie et la Barbarie[5]. Évidemment on ne peut regarder ces diverses traditions comme absolument certaines, mais il faut avouer que nous ignorons en grande partie les pérégrinations des Apôtres.

Selon une autre tradition, sainte Photine la Samaritaine serait venue, avec sa nombreuse famille, annoncer l'Évangile à Carthage[6].

Les anciens Pères enseignent et affirment unanimement que l'Évangile fut apporté de Rome en Afrique. Tertullien, parlant des sièges apostoliques, c'est-à-dire des Églises fondées par les Apôtres, dit : « *Si vous êtes voisin de l'Italie, vous avez, comme nous, l'autorité de Rome*[7]. » Et quand il exalte le bonheur de Rome d'avoir été illustrée par les enseignements et par les exemples des Apôtres, il s'écrie : « *Voyons ce qu'elle a appris, ce qu'elle a enseigné, quels rapports elle a eus avec les Églises d'Afrique*[8], c'est-à-dire quelle doctrine l'Église de Rome a transmise aux Africains.

Le Souverain Pontife Innocent, dans sa lettre à Décence,

---

[1] *Hist.*, lib. II, cap. XL.
[2] Cave, *de scrip. Eccles.*, t. I, *in Doroth*.
[3] *Nat.*, XI, v. 92.
[4] *Menol. Basil.*, 10 mai — *Martyrol. hieron.*, 28 oct.
[5] *Hist.*, cap. XLIII.
[6] *Menol. Basil.*, 20 mars — *Bivarius apud Dext. ad ann.*, 60.
[7] *De prescript.*, cap. XXXVI.
[8] *De prescript.*, cap. XXXVI — *De vel. virg.*, cap. II — *Adv. Marcion.*, lib. IV — *Apolog.*

évêque de Gubbio, affirme que « *dans toute l'Italie, les Gaules, les Espagnes, l'Afrique et la Sicile, avec les îles voisines, personne n'a fondé d'Église que les évêques institués par le vénérable apôtre Pierre ou par ses successeurs*[1]. »

III. — Toutefois, pour ce qui concerne les débuts de la prédication chrétienne en Afrique, on doit admettre qu'il ne manqua pas à Carthage de juifs et de prosélytes pour aller d'Afrique à Jérusalem vers la première pentecôte et pour en rapporter les germes de notre foi, après qu'ils eurent reçu des Apôtres l'eau salutaire du baptême. Ce fut par une spéciale disposition de la Providence. Saint Luc les nomme expressément, quand il dit qu'il vint alors à Jérusalem des habitants des contrées de la Lybie et des étrangers de Rome[2]. C'est à propos de ce texte que Tertullien dit que l'Évangile pénétra alors en Afrique jusque chez les Gétules et les Maures[3], parmi lesquels on a retrouvé de nos jours encore plusieurs communautés juives.

La persécution, soulevée en Palestine contre les chrétiens à l'occasion du martyre de saint Étienne, a dû faire passer en Afrique beaucoup des premiers disciples de Jésus-Christ. On peut en dire autant des premières persécutions romaines[4].

Il semble aussi très vraisemblable que ceux qui, à l'origine, instruisirent les Africains des vérités divines,

---

(1) Hard., *Conc.*, t. I, p. 995.
(2) *Act. apost.*, II, 9.
(3) Tert., *Adv. Jud.*, cap. VII.
(4) *Act. apost.* — cf. Joseph Antiq., XX, IV — Sueton, *in Claud.*, cap. XXIV — Orose, *Hist.*, lib. VII, cap. VI — Eusèbe, *Hist.*, lib. II, cap. XIX.

furent envoyés dans ces contrées, dès les débuts mêmes du christianisme, par les Apôtres, avec pouvoir de fonder les Églises africaines. Qui oserait dire, en effet, qu'à une époque où une foule de disciples des Apôtres étaient brûlés du zèle de propager la foi chrétienne, il n'y eût personne à Rome qui pensât à l'Afrique, placée presque sous les yeux des Romains, ou qui demandât à entreprendre une province si féconde.

Mais ce fait est attesté par de nombreux témoins qui nous apprennent la diffusion universelle de la religion chrétienne, dès le temps de son origine. Qu'on lise dans saint Irénée, que saint Épiphane appelle disciple des Apôtres, le dixième chapitre du premier livre contre les hérésies; qu'on lise saint Justin, le philosophe, voisin, lui aussi, des temps apostoliques[1]. On y verra que déjà les chrétiens étaient *répandus dans toutes les villes, comme l'âme dans toutes les parties du corps humain.*

Il devait donc s'en trouver en Afrique, dès cette époque, car elle était, sans contredit, une partie importante de l'Empire romain, c'est-à-dire du monde alors connu.

Tertullien, dans le septième chapitre de son ouvrage contre les Juifs, parle dans le même sens : « *En qui*, dit-il, *les nations ont-elles cru, si ce n'est au Christ, qui est déjà venu? En qui tous les peuples ont-ils cru, Parthes, Mèdes, Élamites, habitants de la Mésopotamie, de l'Arménie, de la Phrygie, de la Cappadoce, du Pont, de l'Asie, de la Pamphylie, de l'Égypte, et des régions de l'Afrique qui sont au-delà de Cyrène* (regionem Africæ quæ est trans Cyrenen), *citoyens de Rome, Juifs habitant alors Jérusalem et toutes les*

---

(1) Lettre à Diognète — cf. Lactance, *De morte persecut.*

*autres nations; et de même, les diverses peuplades des Gétules et une foule de Maures sur les frontières; toutes les contrées des Espagnes et les divers peuples des Gaules; les pays des Bretons, inaccessibles aux Romains et cependant soumis au Christ; et les Sarmates, et les Daces, et les Germains, et les Scythes, et quantité de peuples annexés, îles et provinces, dont nous ignorons le nom et que nous ne pouvons énumérer.* » Si donc, à l'époque de Tertullien, la religion chrétienne avait franchi les frontières de l'Empire pour pénétrer chez les Gétules et les Maures, c'est que, bien longtemps auparavant, on l'avait apportée d'outre-mer dans l'Afrique romaine.

Du reste, les Africains des âges suivants étaient convaincus que leurs ancêtres avaient embrassé de bonne heure la foi du Christ comme le déclaraient les évêques de Numidie, lorsqu'ils demandaient au Souverain Pontife Gélase II, de conserver toutes les coutumes des temps anciens que, *depuis l'époque reculée de leurs premiers évêques, institués par Pierre, prince des Apôtres, l'antiquité avait toujours respectées*[1]. On ne saurait nier que ces termes indiquent les premiers temps de l'Église. Je sais, il est vrai, que Pétilien, évêque donatiste de Cirta, dans la même province, écrivant pour défendre son parti qu'il regardait comme seul catholique, disait : « *C'est de nous qu'il a été dit : Ceux qui étaient les premiers seront les derniers*[2]. *L'Évangile, en effet, n'est parvenu qu'en second temps en Afrique (postmodum); c'est pourquoi il n'est dit nulle part, dans les*

---

(1) *Greg. Mag.*, lib. I, Ép. LXXVII — cf. Salvian, *De Gub.*, lib. VII. n. 18.

(2) Matt., XX, XVI.

*épîtres des Apôtres, que l'Afrique a reçu la foi*⁽¹⁾. » Je laisse de côté cette fausse interprétation de Pétilien que saint Augustin a réfutée. On n'en peut conclure que le christianisme a commencé en Afrique après le temps des Apôtres. Aussi saint Augustin réplique-t-il avec raison : « *Quand il n'y aurait pas ici de Juifs ni de Gentils pour leur appliquer cette parole, il y a des nations barbares qui n'ont cru qu'après l'Afrique. Il est donc hors de doute que l'Afrique n'est pas la dernière dans l'ordre de la foi.* » Il suffisait, en effet, pour réfuter l'argumentation de Pétilien, de pouvoir désigner d'autres peuples qui eussent embrassé le christianisme après les Donatistes, c'est-à-dire à l'époque même où il vivait. Ainsi Pétilien, aussi bien qu'Augustin, donnait à l'Église d'Afrique la même ancienneté, puisque l'un affirmait que les Africains n'avaient pas été les premiers à embrasser le christianisme, l'autre qu'ils n'avaient pas été les derniers.

Du reste, saint Augustin n'hésite pas à affirmer que l'Évangile est venu à Carthage de Rome et d'autres régions qui ne peuvent être que les régions de l'Asie [2] ; que certaines coutumes de l'Église de Carthage proviennent des Apôtres mêmes [3], que la doctrine chrétienne et l'épiscopat ont été implantés en Afrique par les Apôtres [4] ; que la prédication évangélique est partie de Jérusalem d'abord et d'autres pays ensuite pour arriver à Carthage [5] ; que les Africains sont les fils des Apôtres [6] ; que l'Afrique a

---

(1) Aug., *De unit Eccles.*, cap. XV — cf. *Greg. Mag.*, Ép. XXXIII, *Ad Dominic. Episc. Carthag.*
(2) *Epist.* XLIII, n. 7, *ad Donatist.*
(3) *De Bapt., contra Donat.*, lib. II, cap. VII.
(4) *Tract.* XXXVII, *in Joan.*, n. 6.
(5) Collat. Carth., *Cognit.* III, n. 230.
(6) *In psal.* CI, *Serm.* II, n. 15.

entendu le premier appel de la voix divine[1] ; que Pierre par lui-même, Paul par son disciple Crescent et d'autres Apôtres ont donné naissance aux Églises Africaines[2] ; que les Africains néanmoins ne sont pas des Pétriens ni des Pauliens, mais des chrétiens[3].

IV. — Nous avons aussi l'autorité de saint Cyprien touchant l'antiquité du nom chrétien en Afrique. Dans

---

(1) *In psal.*, XLIX, n. 3.
(2) *In psalm.*, XLIV, n. 32.
(3) Tract., II, *in I Epist. Joan.*, n. 4 — *In psalm.*, XLIV, n. 23. Le culte des Africains pour saint Pierre et saint Paul est assurément remarquable. Dans toutes les provinces d'Afrique on retrouve des monuments qui l'attestent.

Nous lisons, sur un arc à Henchir-Megroum, en Numidie :

MEMORIA DOMNI PETRI ET PAVLI

A Henchir-Berriche, en Numidie également, un chapiteau de colonne porte le texte suivant :

HIC MEMORIE SANCTO    (*sic*)
RV PAVLI PETRI DONATI MI
GINIS BARICIS

La *Memoria sanctorum Apostolorum Petri et Pauli* est mentionnée aussi sur les monuments de Henchir-Taghfagt, en Numidie, du Castellum-Tingitii (Orléansville), en Maurétanie, de Kherbe, dans la même province. A Novi, près de Césarée de Maurétanie, le nom de Pierre était gravé sur un marbre de la manière suivante :

PET|RVS
α | ω

Il y avait à Carthage une basilique dédiée à saint Pierre et une autre dédiée à saint Paul. Saint Fulgence apporta de Rome des reliques de saint Pierre et de saint Paul pour une basilique de Ruspe, sa ville épiscopale.

On vénérait dans une basilique d'Aïn-Tixter, qui est de la Maurétanie sitifienne, des reliques des apôtres saint Pierre et saint Paul avec celles de saint Cyprien et d'autres évêques martyrs africains.

Si ce culte pour les saints Apôtres ne marque pas qu'ils furent les fondateurs des Églises africaines, ils témoignent du moins que ces Églises leur furent, dès l'origine, profondément attachées.

ses lettres à Quintus[1] et à Jubaïen[2], il dit que son prédécesseur Agrippin réunit en synode un grand nombre d'évêques, *qui, à cette époque, gouvernaient l'Église du Seigneur dans la province d'Afrique et en Numidie*. Saint Augustin porte le nombre de ces évêques à soixante-dix[3]. *Il y a*, écrit-il à Jubaïen, *un grand nombre d'années, un temps considérable, que, sous Agrippin, de bonne mémoire, une assemblée d'évêques a pris cette décision*. Le patriarche Sévère dit que ces évêques étaient au nombre de quatre-vingt-sept et qu'ils vinrent d'Afrique, de Numidie et même de Maurétanie[4]. Il n'est pas douteux que par *un grand nombre d'années, un temps considérable,* saint Cyprien n'indique le second siècle plutôt que le troisième. Le nom d'Agrippin que portait l'évêque de Carthage paraîtrait marquer le premier siècle, car la coutume était alors de prendre le nom des princes régnants. Or, si, au second siècle, il y avait au moins soixante-dix évêques dans la province proconsulaire et dans la Numidie, il est certain qu'à cette époque l'Église africaine était déjà dans sa vigueur et qu'elle s'était étendue au loin, de sorte qu'on peut, avec raison, en reporter l'origine au premier siècle lui-même. Comment croire, en effet, qu'on ait pu, dès le début, établir tant d'évêchés, et qu'il y ait eu, tout d'un coup, un si grand nombre de villes, des chrétiens en tel nombre, qu'il ait fallu donner un évêque à chacune d'elles, alors surtout que les prédicateurs de la foi durent trouver en Afrique des mœurs qu'ils ne purent corriger et

---

(1) *Epist.*, LXXI. — cf. Bacchin., *de Eccl. Hier. orig.*, p. 315.
(2) *Ep.*, LXXIII. — cf. Justelli, *Praef. ad cod. can. Eccl. afric.*, p. 17.
(3) *De unit. Bapt. cont. Petil.*, cap. XIII, n° 22.
(4) *Analecta spicil. solesm.*, t. IV, p. 343.

changer qu'au prix de grandes peines et d'une longue persévérance? Ceci me force à croire encore que, même avant la fin du premier siècle, il se trouvait déjà des chrétiens en Afrique, et particulièrement à Carthage. Ceux-ci se seront rapidement répandus dans les provinces, en les gagnant de proche en proche, à leur foi, et auront ainsi jeté les bases de cette Église qui devait être, plus tard, si grande et si florissante.

V. — Après avoir fixé l'époque où la religion chrétienne fut portée en Afrique, on a un point de départ certain pour en entreprendre l'histoire. D'ailleurs, nous trouvons, précisément à cette époque, un auteur pour nous faire connaître l'état des choses. C'est Pline l'ancien, qui publia alors son *Histoire,* dédiée à l'empereur Titus. Aussi ne nous écarterons-nous en rien de l'ordre qu'il a adopté. Nous plaçant donc au midi, et tournant ainsi le dos aux Barbares, nous étudierons l'Afrique, en commençant à gauche, c'est-à-dire au détroit de Gadès (Gibraltar) et en continuant ensuite à droite jusqu'à la Grande-Syrte. Sur ce parcours se présentent d'abord les Maurétanies Tingitane et Césarienne, puis la Numidie, enfin l'Afrique proconsulaire comprenant la Zeugitane et le reste de l'Afrique jusqu'aux limites de la province de Cyrène.

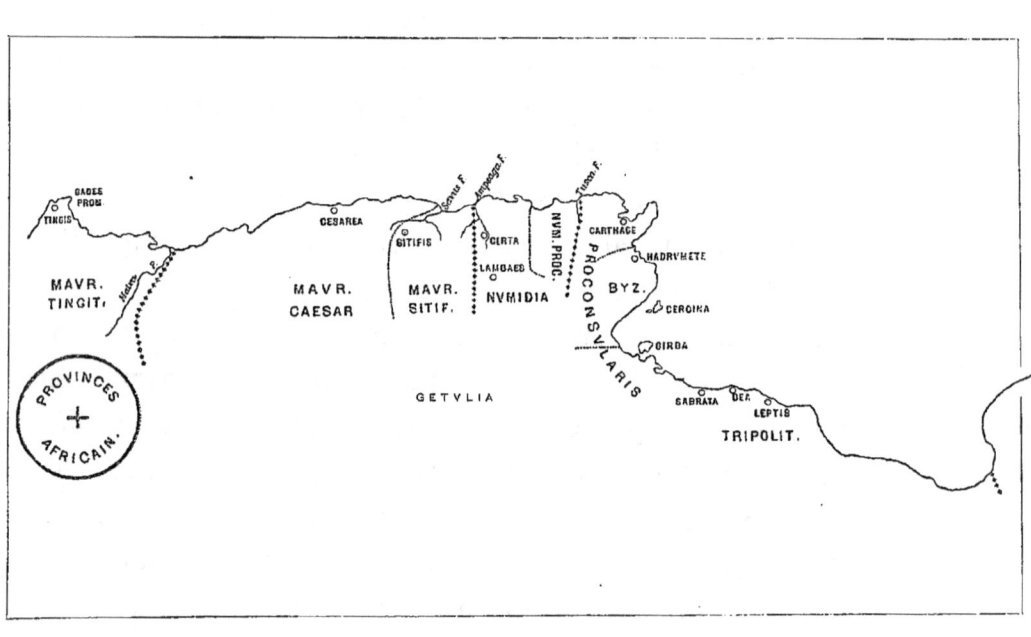

## § I

### MAURÉTANIE TINGITANE.

*Les premières terres,* dit Pline [1], *sont appelées Maurétanies. Sous le règne de Caïus César, fils de Germanicus, elles furent violemment divisées par lui en deux provinces.* Je reviendrai, plus tard, sur cette division, à l'article des provinces. *Le promontoire le plus avancé dans l'Océan est appelé par les Grecs Ampelusia* (cap Spartel), *parce qu'il était planté de vignes. Les Africains, dans leur langue, l'appelaient Cotten. Il y avait, au delà des colonnes d'Hercule, les villes de Lissa* (Belgounèch) *et de Cotta; il y a maintenant Tingi* [2], *fondée anciennement par Antée et appelée plus tard par l'empereur Claude Traducta Julia, quand il en fit une colonie.* Hardouin [3] pensait que ces colons avaient été amenés en Afrique par Claude.

(1) *Hist. nat.*, lib. V, cap. I.
(2) La moderne Tanger, Tinja des Arabes, l'ancienne *Colonia victrix Julia traducta,* selon une inscription qu'on y a découverte.

    *romae.* ET. AVC
    s ACRVM
    *an* TONIVS
    *h* ERMES.
    *co* LON. V. IVLI
    *l* D. D. D.

Tissot, *Maur. Ting.*, p. 49.
(3) Emend, *ad lib.* V, Pline, sect. I.

Pline ajoute, de la même ville « *qu'elle se trouve, à trente milles par mer, de Bélone, dans la Bétique.* »

II. — *A vingt-cinq milles de là*, continue Pline, *sur le bord de l'Océan, se trouve Julia Constantia Zilis* (Arzilla), *colonie d'Auguste, qui l'enleva aux rois et la fit dépendre de la Bétique.* Depuis le règne d'Auguste, en effet, jusqu'à Claude, les Maurétanies avaient eu pour rois Juba et Ptolémée, dont les noms se lisent sur des médailles nombreuses. *A trente-deux milles de là* (quarante-huit kilomètres, le mille romain équivalant à un kilomètre et demi), *était Lixos* (Tchemmich, près El-Araïch), *colonie de l'empereur Claude. On retrouve son nom dans les récits les plus fabuleux des anciens; ils y plaçaient le palais d'Antée, le combat d'Hercule et le jardin des Hespérides. La mer y forme un estuaire avec ses circuits tortueux, où l'on prétend encore aujourd'hui qu'était la retraite du Dragon. Il renferme une île qui, bien que très peu élevée au-dessus des terres environnantes, n'est pas cependant couverte par le flux de la mer. Il y existe un autel d'Hercule, mais à part quelques oliviers sauvages, il ne reste rien de cette fameuse forêt aux fruits d'or.*

III. — *A quarante milles* (soixante kilomètres) *de Lixos, dans l'intérieur des terres, se trouve Babba, autre colonie d'Auguste. A trente milles de là, est la ville de Volubilis*[1], *située à égale distance des deux*

---

(1) Volubilis n'est plus qu'une ruine connue sous le nom de Ksar-Faraoun; on y a remarqué les restes d'une belle basilique et l'inscription suivante :

*mers, c'est-à-dire de l'Océan et de la Méditerranée. A cinquante milles de Lixos, sur la plage que baigne l'Océan, est le Subur* (Oued Sbou), *magnifique fleuve navigable, qui passe près de la colonie de Banasa*[1]. *A cinquante milles de là, la ville de Sala*[2], *sur la*

<pre>
        Q. CAECILIO Q. FILIO
         DOMITIANO CLAVDIA
         VOLVBILITANO DECV
           RIONI MUNICIPII
          VOLVBILITANI AN
           NORVM XX Q CAE
         CILIVSS /// CA CRA
         CILIS ET CI //////
          ANTONIANA PAREN
       TES FILIO PIE ntissimo
             POSVERVNT
</pre>

Tissot, *Mauret. Ting.*, pl. VI et p. 151.

(1) Banasa, ville ruinée, appelée aujourd'hui Sidi-Ali-Bou-Djenoun, a conservé le texte qui suit :

<pre>
           imp. cæsari
       m. aurelio commodo
        augusto germanico
       sar MATICO PONTI fici
       ma XIMO TRIBVNI ciæ
        pote STATIS. P. P. cos.
      cu RANTIBVS. C. CASTRICio
      .... IIO II ET Q. IVNIO. CA...
          ... IIVIRIS. COL....
          ... ELIAE BANASAE
              l. D. D. D.
</pre>

*Corpus inscrip.*, t. VIII, n° 9992.

(2) Sala, située à l'embouchure du Bou-Ragrag, porte encore le nom de Sale ou Chella. Le texte suivant qu'on y a découvert, montre que Sala dépendait de la Bétique.

<pre>
           integritatis in
           NOCENTIE. ET
           IVSTITIAE. SIN
           GVLARIS. AVLO
        CAECINAE. TACITO. cos
          PRAES. PROV.BAET.
          VII. VIR. EPVLONVM
</pre>

*rivière du même nom, avoisine de vastes plaines ravagées par des troupes d'éléphants et plus encore par la nation des Autololes, que l'on traverse pour aller à l'Atlas, montagne fabuleuse de l'Afrique.*

IV. — Après avoir parlé de l'Atlas (Djebel-Deren) et de tout un immense pays en dehors des possessions romaines, Pline, revenant à son sujet, dit que *la province Tingitane* (Maroc) *a cent soixante-dix milles de longueur. La principale des tribus qui l'habitaient était celle des Maures, qui lui ont donné leur nom et que (les Grecs) ont appelés aussi Maurusiens; affaiblis par les guerres, ils ont été réduits à quelques familles. Près d'eux étaient les Massésyles*[1], *qui ont disparu de la même manière. Elle est occupée aujourd'hui par les Gétules*[2], *les Baniures et les Autololes, qui sont de beaucoup les plus puissants. Les Vésunes qui faisaient autrefois partie de ce peuple, s'en sont séparés pour se rapprocher des Ethiopiens* (Noirs du Touat) *et faire une nation à part. La partie orientale de la province est*

*pr.* CANDIDATO
SEPT. CARVILIANVS
E Q. ROMANVS
PATRONO
INCOMPARABILI

*Bullet. epig.*, 1881, p. 13.

(1) Le poète Prudence, chantant saint Cassien, greffier, martyr de Tanger, parle des Massyles en ces termes :

Ingeret Tingis sua Cassianum
Festa Massylum monumenta regum
Qui cinis gentes domitas coegit
Ad juga Christi.

*Hymn.* IV *de Corona*, v. XLV.

(2) Il est parlé d'un *Tumultus Gætulorum* dans une inscription de Constantine. *Corpus* n° 6958.

*montagneuse et nourrit des éléphants, qu'on retrouve également sur les monts d'Abila* (Ceuta) *et sur ceux qu'on appelle des Sept-Frères, à cause de leur égale hauteur. Ces derniers dominent le détroit et se rattachent à ceux d'Abila. A partir de là commence le rivage de la Méditerranée; on y voit la Tamuda, rivière navigable, sur laquelle était jadis une ville de même nom* (Tétouan) *puis le Laud* (Oued-Laou), *qui porte aussi bateau; la ville et le port de Rusadir* (Mélilla); *enfin, la Malvana* (Molouïa), *rivière navigable.*

V. — Voilà ce que Pline connaissait, en ce temps, de la Maurétanie Tingitane[1]. Il ne faut pas s'étonner qu'il n'ait cité que huit villes, florissantes alors. Il nous apprend lui-même, au commencement du cinquième livre, que les Africains étaient partagés en villages, qu'*ils habitaient le plus souvent des lieux fortifiés*, comme font encore les peuplades kabyles. Mais il omet leurs noms qui ne pouvaient d'ailleurs, très souvent, s'exprimer en une autre langue que la leur, c'est-à-dire en berbère.

---

[1] Nous citerons ici un texte, trouvé à Tanger même et qui renferme le nom de la province :

P. BESIO. P. F. QVIR. BETVINIANO
C. MARIO. MEMMIO. SABINO
PRAEF. COH. I. RAETORVM. TRIB. LEG. X. G. P. F.
PRAEF. ALAE. DARDANORVM. PROCVRATORI
IMP. CAESARIS NERVAE. TRAIANI. AVG. GERM. DACICI
MONETAE. PROC. PROVINC. BAETICAE. PROC. XX. HERED. PROC. PRO
LEG. PROVINC. MAVRETANIAE. TINGITANAE. DONIS. DONATO. AB
IMP. TRAIANO. AVG. BELLO. DACICO. CORONA. MVRALI VALLARI. HASTIS.
PVR. VEXILLO ARGENT
EXAOTI EXERCITVS

*Corpus*, n° 9990.

§ II

MAURÉTANIE CÉSARIENNE.

I. — Selon Pline, après la rivière Malvana (Oued-Molouïa), qui limitait la province précédente, vient *en face de Malacha* (Malaga), *ville d'Espagne, la ville de Siga* (Takembrit), *capitale de Syphax et de la seconde Maurétanie*. Syphax, en effet, régnait, non seulement sur la Numidie, dont Cirta était la capitale, mais encore sur la Maurétanie, qui eut ensuite Bocchus pour roi. Et, en vérité, on retrouve dans les ruines de Siga des médailles nombreuses de Syphax. Pline ajoute que *le nom de ces rois se conserva si longtemps que la partie extrême, c'est-à-dire la Tingitane, voisine de l'Océan, fut appelée Bogudienne, et que celle qu'on appelle aujourd'hui Césarienne prit aussi le nom de Bocchus. Au-delà était Portus-Magnus* (près Saint-Leu, chez les Bottioua), *ainsi nommé à cause de son étendue, ville de citoyens romains. Puis le fleuve Mulucha* (royal Chélif) *limite du pays de Bocchus et des Massésyles*. Le royaume de Juba s'étendait de là jusqu'au fleuve Ampsaga (Oued-Kebir).

II. — *Quiza Xenitana* (Pont-du-Chélif) *ville d'étrangers; Arsennaria* (Sidi-Bou-Ras), *ville de Latins, à trois milles de la mer; Cartenna* (Ténès), *colonie d'Auguste pour la deuxième légion*, c'est-à-dire que les colons envoyés par Auguste avaient été soldats de la deuxième légion; *Gunugus* (Sidi-Brahim), *autre colonie d'Auguste, où l'on établit la cohorte prétorienne; le promontoire d'Apollon* (Bou-Roumi), *et la ville célèbre de Césarée* (Cherchel), *autrefois appelée Jol, capitale de Juba, élevée au rang de colonie par l'empereur Claude;* Oppidum novum (Duperré) *pour les vétérans que le même y fit transporter*; *Tipasa* (Tefassed), *qui avait le droit de cité latine;* Icosion (Alger), *qui avait obtenu le même privilège de l'empereur Vespasien; Rusgoniæ* (Matifou), *colonie d'Auguste; Rusucurru* (Tigzirt), *honorée par Claude du droit de cité; Rusazus* (Azeffoun), *colonie d'Auguste; Saldæ* (Bougie), *colonie du même; et encore Igilgili* (Djidjelli), *c'est-à-dire colonie d'Auguste, comme Ruzasus et Saldæ; la ville de Tucca, assise sur la mer et sur le fleuve Ampsaga. Là commence la Numidie.*

III. — *Dans l'intérieur, Colonia-Augusta, autrement Succabar* (Affreville); *puis Tubusuptus* (Tiklat); *les cités de Timici et de Tigavæ* (Kherba des Attafs); *les rivières Sardabal, Aves et Nabar; le peuple des Macurèbes; le fleuve Usar* (Isser); *le peuple des Nabades. Le fleuve Ampsaga est à trois cent vingt-deux milles de Césarée, c'est-à-dire de la colonie de Jol, capitale de Juba. Les deux Maurétanies ont en longueur mille trente-neuf milles, et en largeur quatre cent soixante-sept milles.* Pline a énuméré ici seulement les villes principales, laissant de côté les bourgades et les châteaux.

## § III

### NUMIDIE.

I. — La Numidie s'étendait autrefois très loin, puisqu'elle comprit une grande partie de la Maurétanie césarienne. Mais, au temps de Pline, ses limites étaient plus resserrées. *A l'Ampsaga*[1] (Oued-Kebir), dit-il, *commence la Numidie, illustrée par le nom de Massinissa. Les Grecs appellent cette région Métagonite*, c'est-à-dire annexée ou réduite en province par les Carthaginois; car ceux-ci, au témoignage de Polybe[2], semblent avoir donné à leurs provinces le nom de τα Μεταγωνιατησ Λιβυησ. Pline ajoute : *Les Numides sont appelés nomades, parce qu'ils changent de pâturages et qu'ils transportent sur des chariots leurs mapalia, c'est-à-dire leurs demeures,* ou huttes de bois en forme de carènes de vaisseau, selon ce que dit Salluste[3]; *les villes de Cullu* (Collo), *de Rusicade* (Philippeville), *et, à quarante-huit milles dans l'intérieur, Cirta* (Constantine), *dite colonie des Sittiens,*

---

(1) Le nom de l'Ampsaga est gravé comme il suit à la source même de l'*Oued-Kebir* :

GENIO NVMINIS
CAPVT AMSAGAE
SACRVM

*Corpus*, n. 5884.
(2) *Lib.* III, cap. XXXIII.
(3) *In jug.*, cap. XVIII.

c'est-à-dire colonie des soldats qui, avec Publius Sittius, avaient grandement servi César contre Juba. Elle avait été la capitale des rois, et comme l'a remarqué Pomponius Méla[1], très opulente, tant qu'elle fut à Syphax. *Après Cirta, dans l'intérieur, Sicca* (le Kef), *autre colonie, et une ville libre, Bulla-Regia* (Hammam-Daradj).

II. — *Sur la côte, Tacatua* (Takouch?); *Hippone-Royale* (Bòne); *le fleuve Armua, Tabraca* (Tabarque), *ville de citoyens romains; la rivière Tusca* (Oued-Kebir), *où finit, à l'est, la Numidie. A part le marbre de Numidie et les bêtes fauves*, qui sont encore ses particularités, *cette province ne produit rien de remarquable.* On ne peut douter cependant qu'elle ne comptât des bourgs nombreux, dont Pline n'a pas voulu ou n'a pas pu nous donner les noms.

---

## § IV

### PROCONSULAIRE.

I. — Pline décrit ensuite le reste de l'Afrique, qui s'étend au loin vers l'est et vers le sud. Il dit que *la région de la Zeugitane ou Proconsulaire, commence à la Tusca avec celle qu'on appelle proprement l'Afrique,* c'est-à-dire la terre des Épis, autrefois la nourricière de Rome.

---

(1) Lib. I, cap. VI.

*Trois promontoires, le cap Blanc* (Ras-el-Abiod), *celui d'Apollon* (Ras-el-Mekki) *en face de la Sardaigne, et celui de Mercure* (cap Bon) *en face de la Sicile, s'avancent dans la mer et forment deux golfes : celui d'Hippone, près de la ville que l'on nomme Hippone détruite* (Dirutus), *appelée par les Grecs Diarrhyte, à cause des eaux qui la traversent* (Bizerte). *Près de là, mais assez loin de la mer, se trouve Theudalis, ville exempte. Après le promontoire d'Apollon, et dans l'autre golfe, Utique* (Bou-Chateur), *ville de citoyens romains, célèbre par la mort de Caton; puis le fleuve Bagrada* (Medjerda), *et l'emplacement des Castra Cornelia* (Kalaat-el-Oued), ville détruite par un effondrement du terrain. Hardouin pense[1] que Tertullien y a fait allusion, quand, après avoir énuméré les malheurs d'autres villes, il ajoute[2] : « *Plût à Dieu que l'Afrique n'ait eu à craindre que ce gouffre et que la ruine des Castra ait été une expiation suffisante.* » Ils devaient leur nom à Cornélius Scipion, le premier Africain, qui y avait campé lorsqu'il aborda en Afrique. *Ensuite, la colonie de Carthage,* sur les ruines de la grande Carthage, *pour les colons que Caïus Gracchus et Caïus César y avaient pompeusement amenés; la colonie de Maxulla* (Radès); *les villes de Carpi* (El-Meraïsa), *de Misua* (Sidi-Daoud-en-Nebi); *la ville libre de Clupea* (Klibia), *au promontoire de Mercure; la ville libre de Curubis* (Courba); *et Neapolis* (Nebel).

II. — *Vient ensuite une autre partie de l'Afrique propre; c'est le Byzacium, habité par ceux que l'on*

---

(1) *In emend.*, ad lib. V, Pline, sect. 3.
(2) *De Pallio*, cap. III.

*nomme Lybi-Phéniciens. Le territoire de ce nom a deux cent cinquante milles de circuit et est tellement fertile que le sol y rend le centuple au laboureur. Là sont les villes libres de Leptis* (Lemta), *Adrumète* (Sousse), *Ruspina* (Monastir), *Thapsus* (Dimas), *ainsi que Thenæ* (Tina), *Macomades* (Oglet-Khefifia), *Tacapæ* (Kabès), *et Sabrata* (Zouara), *qui touche à la petite Syrte. De là à l'Ampsaga, la Numidie et l'Afrique ont en longueur cinq cent quatre-vingts milles; la largeur approximative est de deux cents milles. Tout ce que nous avons appelé l'Afrique se divise, du reste, en deux provinces, l'ancienne et la nouvelle, séparées par un fossé que le second Africain, c'est-à-dire le jeune, et les rois,* fils de Massinissa, *prolongèrent de la Tusca jusqu'à Thenæ, ville qui est à deux cent seize milles de Carthage. On appela, dès lors, province nouvelle la partie laissée aux rois par Scipion Émilien; mais depuis, quand les rois disparurent, elle fut réunie à l'ancienne et ajoutée au territoire des Romains.* Les monuments épigraphiques mentionnent ces diverses appellations[1].

III. — *Le troisième golfe se partage en deux, savoir les deux Syrtes, qu'un fond vaseux et le flux de la mer,* toujours existants, *rendent redoutables. Il y a trois cents milles de Carthage à la petite Syrte qui est la plus rapprochée. Polybe dit qu'elle a cent milles d'ouverture et trois cents de tour. On n'y peut voyager par terre qu'à travers des déserts de sable, remplis de serpents, en se guidant sur les étoiles. Puis viennent des bois où abondent les bêtes féroces; et à l'intérieur, des solitudes*

---

(1) *Ephem.*, t. V, n. 1171 et n. 1219.

*peuplées d'éléphants,* aujourd'hui refoulés jusqu'au lac Tchad ; *ensuite, de vastes déserts, et au-delà les Garamantes* (Djerma), *à une distance de douze jours de marche des Augyles* (Audjela). *Au-dessus d'eux étaient les Psylles et plus loin le lac de Lycomède entouré de déserts. Les Augyles eux-mêmes sont placés à peu près entre l'Éthiopie occidentale et la région qui sépare les deux Syrtes, à égale distance de l'une et de l'autre.*

IV. — *Sur le littoral, il y a deux cent cinquante milles entre les deux Syrtes. On y trouve la ville de Oea* (Tripoli) ; *le fleuve Cynyps* (Oued-Meghar) *et le pays du même nom ; les villes de Neapolis, Taphra, Abrotonum, la seconde Leptis* (Lebda), *surnommée la Grande. Au-delà, la Grande Syrte, qui a six cent vingt-cinq milles de circuit, et trois cent douze d'ouverture. Plus loin, habite la nation des Cisipades. Au fond du golfe était la côte des Lotophages, appelés aussi par quelques-uns Alachroès, jusqu'aux autels des Philènes,* frères Carthaginois qui, disait-on, se laissèrent enterrer vivants pour la patrie. *Ces autels sont formés de sables. Au-delà, non loin du rivage, le fleuve Triton* (Chott-el-Fedjedj) *forme un vaste marais qui reçoit de lui son nom. Callimaque le nomme Pallantias et le met en deçà de la Petite Syrte, tandis que beaucoup d'autres le placent entre les deux Syrtes. Le promontoire qui termine la plus grande est appelé Borion. Au-delà se trouve la province de Cyrène.*

V. — *A partir de l'Ampsaga, c'est-à-dire de la Numidie, jusqu'à cette limite, l'Afrique renferme vingt-six peuples soumis à l'Empire romain.* Les anciens manuscrits en donnent cinq cent seize. *Outre les colonies déjà citées, on y en compte six autres : Uthina* (Oudna); *Tuburbo* (Kasbat), *dans la province proconsulaire : Il y a quinze villes de citoyens romains, parmi lesquelles on peut citer, dans l'intérieur : Azuras* (Zanfour); *Abutuca* (Oudeka); *Aboria; Canope, Chilma* (Djilma); *Simittu* (Chemtou); *Thunusida* (Sidi-Meskin); *Tuburnica* (Henchir-Moussa); *Tunydruma; Tibiga* (Bir-Magra); *les deux Uci, la Grande* (Henchir-Douamès) *et la Petite; Vaga* (Béja); *une ville latine, Uzalis* (El-Alia); *une ville de mercenaires, les Castra Cornelia,* c'est-à-dire au lieu où elle fut autrefois.

On y comptait *trente villes libres,* parmi lesquelles on peut nommer : *Acola* (El-Alia); *Achar* (Sidi-Amara); *Avina* (El-Meden); *Abziri; Canope; Melzi* (Oued-Meliz); *Matera* (Mateur); *Salaphi; Tusdrus* (El-Djemm); *Tiphica; Tunica; Theuda; Tagaste* (Souk-Aghas); *Tiges* (Tarfaoui); *Ulusubri; une autre Vaga; Visa; Zama* (Djiama).

VI. — *Pour le reste, on peut dire avec raison que ce ne sont pas seulement des villes, mais encore pour la plupart des nations;* comme les *Natabudes,* dont le nom véritable *Nattabutum* se retrouve dans les ruines de Oum-Guerriguech; *les Capsitani* de Capsa (Gafsa); *les Misulani,* dont le vrai nom paraît sur plusieurs monuments sous la forme *Musulami; les Sabarbares* qu'il faut écrire *Suburbures*[1]; *les Massyles; les Nisives; les Vamacures; les Ethini; les Mussini; les Marchubii, et toute la Gétulie qui sépare l'Afrique de l'Éthiopie,* c'est-à-

---

(1) Pour ces noms, voir le *Corpus* n. 4826; 4836; 270; 10667; 9288; 10835; 8270.

dire toute la région qui sépare l'Algérie du Soudan. Telle est la description de l'Afrique, faite par Pline. Nous discuterons, du reste, en leur place, les détails qu'il a énumérés.

## § V.

### ÉTAT ET MŒURS DES AFRICAINS.

I. — La description de Pline nous montre quel vaste champ était ouvert à l'Évangile en Afrique, et où notre religion sainte et divine allait remporter ses victoires. Il importe donc ici de rechercher quels étaient alors l'état et les mœurs des Africains, afin de mieux comprendre la grandeur du bienfait que Dieu leur accorda et la puissance merveilleuse de la doctrine chrétienne.

A cette époque, l'Afrique nourrissait deux races également opposées à la religion du Christ, savoir : des Romains civilisés et de grossiers Barbares. Ceux-ci habitaient généralement l'intérieur où règne une chaleur brûlante et vivaient à la manière des anciens Maures et Numides, semblables à ceux que Tacite montre soulevés par Tacfarinas[1] sous le règne de Tibère et qui lassèrent les armes de plus d'un proconsul. Ils n'avaient, pour ainsi dire, ni civilisation,

---

(1) *Annal.*, lib. II, cap. LII. — La lutte dura huit années (17-24).

ni lois, ni instruction ; ils ne possédaient que peu de villes et habitaient des cabanes plutôt que des maisons ; ils obéissaient aux Romains par crainte plutôt que par amour, toujours prêts, et c'est encore aujourd'hui leur caractère, à la guerre, dès qu'un chef se présentait. Ils n'avaient, en effet, d'autres richesses que la fertilité de leurs champs et l'abondance des bêtes fauves, de sorte que la guerre et le pillage leur offraient seuls l'espoir de s'enrichir.

II. — Quant à ceux qui habitaient les villes maritimes ou peu éloignées du littoral, dont les citoyens étaient Romains pour la plupart, ils vivaient suivant les mœurs romaines et gardaient un genre de vie calme et paisible. Juvénal dit[1], et les monuments africains lui donnent raison, qu'ils s'adonnaient à l'étude du droit et il nomme l'Afrique *la nourricière des avocats*[2]. Ceux qui se firent une réputation d'écrivains s'étaient rendus de bonne heure à Rome où les lettres étaient en honneur. De ce nombre on peut citer Sulpice Apollinaire, de Carthage, qu'Aulu-Gelle nomme plusieurs fois comme étant presque son contemporain.

Généralement ils recherchaient les charges municipales et les distinctions honorifiques, comme nous l'apprennent les anciennes inscriptions africaines où l'on voit que l'Afrique n'était qu'une copie de l'Italie.

Carthage y tenait la place de Rome et y portait le nom de *alma urbs*[3] ; elle était divisée en régions[4] soit à l'exemple

---

(1) *Satyr.* VII, v. CXLVIII.
(2) Les monuments portent : advocatus, jurisconsultus, juris peritus ou peritissimus, νομικοσ.
(3) *Gest. coll. Carth. initio.*
(4) On connaît au moins six de ces régions, elles étaient ecclésiastiques en même temps que civiles.

de Rome, soit à cause de son étendue. Hérodien, en effet, l'appelle une grande et illustre ville ; il dit qu'elle ne le cède qu'à Rome pour les richesses, la population et l'étendue, et qu'elle dispute le second rang à Alexandrie d'Égypte[1]. Le proconsul y jouissait d'une grande autorité et de grands honneurs et il paraissait comme une image de l'empereur romain. Le conseil de Carthage s'appelait le Sénat, ce qui se pratiquait aussi en d'autres villes[2] qui avaient des municipalités, des charges et des fonctions publiques, pour stimuler le zèle et l'ambition des citoyens. « *On y trouve*, dit Salvien[3], *tout l'appareil des fonctions publiques, des écoles d'arts libéraux, des académies de philosophes, des collèges enfin pour toutes les langues et pour tous les systèmes ; puis des forces militaires, commandées par des officiers supérieurs ; un proconsul jouissant de tous les honneurs de la magistrature et de l'administration et dont le pouvoir proconsulaire équivalait à celui de consul; des fonctionnaires de toute sorte, de tout rang et de tout nom avec attributions diverses ; en un mot, des employés sur toutes les places et dans toutes les rues, pour la surveillance de toutes les parties de la ville et de toutes les classes du peuple.*

Mais il y avait aussi bien des excitations au vice, car les théâtres, les thermes, les spectacles n'y manquaient pas, ce qui fait dire à Hérodien[4] que les Carthaginois étaient énervés par le luxe et par les fêtes.

De même qu'en Italie les municipes avaient coutume de se régler sur Rome, ainsi en Afrique la plupart des villes

---

(1) *Hist.*, lib. VII, cap. VI.
(2) Maffei, *Hist. Dipl.*, p. 38 ; Gruter, Corpus.
(3) *De Provid.*, lib. VII — Cf. *Herod.*, lib. VII, cap. IX.
(4) Lib. VII, cap. IX.

prenaient, autant qu'elles le pouvaient, modèle sur Carthage. Les inscriptions africaines publiées jusqu'ici prouvent qu'on y avait adopté, non seulement la langue latine, mais encore les coutumes de l'Italie. Ce sont les mêmes magistrats, les mêmes sacerdoces; bains, jeux, banquets, sacrifices, y sont également mentionnés; dans les villes, mêmes édifices et monuments publics : temples, curies, capitoles, portiques, arcs de triomphe et autres, semblables à ceux dont on avait jadis enrichi l'Italie. La ressemblance entre les deux pays était si complète que le Sénat de Rome crut devoir interdire le séjour de l'Afrique comme celui de l'Italie aux citoyens qu'il exilait [1].

III. — Du reste, si l'ambition, la frivolité, la mollesse, la prodigalité allaient de pair en Afrique, la licence et la débauche paraissent avoir été plus grandes. « *Je ne sais,* dit Salvien de Marseille [2], *s'il est un vice que n'aient pas les Africains en général. S'agit-il de cruauté? ils sont inhumains; d'intempérance? ils sont ivrognes; de mensonge? ils sont fourbes; de fraude? ils sont trompeurs entre tous; d'avarice? ils sont cupides; de perfidie? ils sont des plus perfides; ignore-t-on que l'Afrique entière a toujours brûlé des feux des passions impures? et ressemblé non à une terre habitée par des hommes, mais à un Etna vomissant de sales flammes?... Ne sait-on pas que la plupart des Africains sont impudiques, à moins qu'ils n'aient été convertis à Dieu, c'est-à-dire réformés par la foi et la religion?*

Ajoutez à ces désordres la superstition qui régnait partout, car les Africains reconnaissaient tout un monde

---

(1) Tacite, *Annal.*, lib. II, cap. L. — Pline jun., lib. II, p. 11.
(2) *De Provid.*, lib. VII.

de divinités qu'Arnobe de Sicca reconnaît lui-même avoir adorées avant sa conversion, lorsqu'il dit[1] : « *O aveuglement! récemment encore j'adorais des statues à peine sorties du fourneau, des dieux forgés à coups de marteau sur l'enclume, des os d'éléphant, des peintures, des chiffons suspendus aux vieux arbres*[2]. *Quand j'apercevais une pierre lisse et frottée d'huile, je l'invoquais avec respect, persuadé qu'une vertu résidait en elle; j'adressais mes prières à un tronc insensible. J'accablais ainsi des derniers outrages ces mêmes dieux à l'existence desquels j'avais une foi pleine, car j'étais persuadé qu'ils étaient de bois, de pierres et d'ossements, ou qu'ils habitaient dans ces matières.*

La déesse Céleste, en particulier, recevait de grands honneurs chez les Africains. Elle était tutélaire de Carthage et il y avait dans cette ville une rue appelée de son nom, Céleste[3]. Saint Augustin a fait une description des fêtes qui s'y célébraient en l'honneur de cette déesse : « *Où donc*, dit-il[4], *et quand est-ce que les initiés de Céleste ont appris les lois de la chasteté? Je ne sais, mais devant son temple où se montrait sa statue, nous avons vu la foule accourir de toutes parts et nous plaçant où nous pouvions, nous avons considéré attentivement les jeux qui se donnaient. On assistait à un double spectacle : d'un côté, s'étalait la prostitution, et de l'autre, une déesse vierge. On la priait avec ferveur et devant elle on commettait des turpitudes. Nous n'y*

---

(1) *Adv. gent.*, lib. I, cap. XXXIX.
(2) Cette superstition existe encore en Afrique. On trouve de loin en loin, sur le bord des sentiers arabes, des arbres marabouts.
(3) Victor de Vite, *Pers. vand.*, lib. I, n. 2.
(4) *De civit. Dei*, lib. II, cap. XXVI.

*avons pas même vu la réserve que gardent les mimes, ni la retenue qu'observent les actrices : on s'y livrait à toutes sortes d'obscénités,* etc. Et le même culte était répandu par toute l'Afrique, comme l'attestent les monuments épigraphiques.

Il est inutile d'en dire davantage sur ce sujet ; on voit suffisamment combien fut puissante la divine prédication qui affranchit, avec un si admirable succès, des hommes dont le cœur était l'esclave des vices et de la superstition et qui leur apprit à porter le joug du Christ. Tertullien, l'auteur le plus rapproché de cette époque, nous a laissé de la rapidité de cette merveilleuse propagation un témoignage illustre, lorsqu'il dit : « *Nous sommes d'hier*[1] *et déjà nous remplissons tout : vos cités, vos îles, vos forteresses, vos municipes, vos assemblées, vos camps eux-mêmes, vos tribus, vos décuries, le palais, le sénat, le forum; nous ne vous laissons que vos temples.*

(1) *Apolog.*, cap. XXXVII.

# CHAPITRE PREMIER

### DES PROVINCES DE L'AFRIQUE ROMAINE.

Il y eut, à diverses époques, des remaniements dans les provinces d'Afrique où Rome envoyait ses magistrats ; car non seulement les limites, mais encore le nombre des provinces fut plusieurs fois modifié. On avait fini par croire que le bien de l'État demandait qu'on divisât en deux ou trois provinces ce qui était précédemment administré par un seul. C'est pourquoi il est nécessaire, pour étudier les provinces d'Afrique, de les envisager à différentes époques.

### § I

#### LES PROVINCES D'AFRIQUE DEPUIS LES EMPEREURS FLAVIENS JUSQU'A DIOCLÉTIEN.

I. — On croit qu'il y eut, en Afrique, depuis le règne de l'empereur Claude jusqu'à Dioclétien, quatre provinces, savoir : la Proconsulaire ou Zeugitane, la Numidie, la Maurétanie Césarienne et la Maurétanie Tingitane. On croit aussi que c'est en l'an 25 qu'Auguste réunit la Numidie à la Proconsulaire ; il l'enleva à Juba II, lui donnant en compensation la Maurétanie, depuis l'Ampsaga jusqu'à l'Océan. Ce dernier pays fut annexé en l'an 39, sous Caligula, après l'assassinat de Ptolémée et l'on en forma deux provinces : les Maurétanies Césarienne et Tingitane. C'est de cet événement que date l'ère maurétanienne dont la mention est si fréquente sur les monuments chrétiens de ces régions. L'an 1 de l'ère maurétanienne correspond à l'an 40 de notre ère.

Les nouvelles provinces furent administrées par des *procurateurs*, dits *procurateurs d'Auguste*, pour les distinguer des autres procurateurs. Ils furent aussi nommés *préfets* et *présidents*. Cette dernière qualification l'emporta au temps de Dioclétien. Il y eut, au commencement, pendant la période de conquête, des *légats d'Auguste*, mais cette période fut courte. La durée des fonctions de procurateur n'avait rien de déterminé, ces fonctions étaient civiles et militaires. Dans une inscription de 227 [1], Hiéroclès est appelé *président, cum jure gladii*, avec droit de souveraine justice ; mais Ulpien, qui vivait au temps d'Alexandre Sévère, dit que tous les gouverneurs de provinces avaient le *jus gladii*, et le pouvoir de condamner aux mines. Le procurateur de Maurétanie avait le commandement des auxiliaires qui étaient nombreux et qui défendaient sa province, car la troisième légion, cantonnée à Lambèse, n'avait rien à faire en Maurétanie.

A certaines heures, on voit les deux Maurétanies confiées au même procurateur ou au même légat de l'em-

---

(1) *Corpus*, n° 9367.
A moins d'indication contraire, il s'agit du tome VIII du *Corpus* qui est relatif à l'Afrique.

pereur pour cette province. On trouve quelquefois alors un sous-procurateur de la Tingitane [1]. Mais au II⁰ et au III⁰ siècles, il y eut presque constamment deux Maurétanies. D'ailleurs l'une et l'autre avaient une étendue considérable, plus que suffisante pour former une province, puisque la Tingitane forme encore aujourd'hui l'empire du Maroc et que la Césarienne embrasse les départements d'Oran, d'Alger et une partie de celui de Constantine.

II. — Quant à la Numidie de Massinissa, elle fut soumise au peuple romain par Caïus Jules César, ainsi qu'Appien et d'autres le disent expressément. Réunie d'abord à la Proconsulaire et gouvernée par Crispus Salluste que César laissa en Afrique avec de pleins pouvoirs, comme Hirtius l'écrit à la fin de son livre, elle fut séparée quand Caligula mit un légat à la tête de la légion. Toute la partie de la Numidie qui s'étend depuis Hippone royale jusqu'à Théveste resta sous l'autorité du proconsul, ainsi que le montrent les monuments épigraphiques. Un légat du proconsul, qu'il ne faut pas confondre avec le légat de l'empereur, qui administrait l'autre partie de la Numidie et commandait la légion, résidait à Hippone et administrait la Numidie proconsulaire, autrement l'Afrique nouvelle. La division des deux provinces se fit en l'an 39 selon l'historien Dion [2]. Les légats de l'empereur étaient en même temps présidents de la Numidie. Quand la légion fut licenciée, de l'an 240 à l'an 253, la Numidie a pu être gouvernée par des procurateurs, comme les Maurétanies, mais nous ne connaissons aucun de ces magistrats. Nous

---

(1) *Corpus*, n° 6065.
(2) Lib. LIX, cap. VIII.

voyons, du reste, en 259, les saints Marien et Jacques conduits de Cirta à Lambèse pour être jugés par le président, c'est-à-dire par le légat de l'empereur, commandant la légion. On a voulu voir dans Capellien qui souleva la troisième légion contre les Gordiens, un légat de Numidie et un commandant de la légion, cependant rien n'est moins certain; ce qui ressort des textes des historiens, c'est que Capellien était de rang sénatorial et qu'il avait les Maures sous ses ordres[1].

III. — La province proconsulaire, constituée dès le temps de la destruction de Carthage, fut toujours la première en importance. Réservée au Sénat, même sous les empereurs, elle fut toujours administrée par les consulaires les plus illustres. Il n'est pas douteux que le proconsul n'y ait joui d'une très grande autorité, quoique son pouvoir n'ait pas toujours été le même.

« *En Afrique*, dit Tacite[2], *la légion et les auxiliaires pour la défense des frontières de l'Empire sous les empereurs Auguste et Tibère, dépendaient du proconsul. Mais Caïus César, toujours inquiet et redoutant Marcus Silvanus qui avait obtenu le proconsulat d'Afrique, lui enleva la légion pour la confier à un légat envoyé à cet effet. On fit entre les deux un partage égal de privilèges, et, en confondant leurs attributions réciproques, on provoqua une discorde qui ne fit qu'augmenter. Dans cette détestable rivalité, le pouvoir des légats grandit, soit parce qu'ils étaient plus longtemps en charge, soit parce que les petits ont plus de zèle et d'ambition, tandis que les proconsuls, avec*

---

(1) Hérodien, lib. VII, cap. IX. — *Capitol. in Gord.*, XV, I.
(2) *Hist.*, lib. IV, cap. XLVIII.

*leur splendeur, pensaient plus à leur sécurité qu'à leur autorité.*

Spartien semble confirmer[1] que les légats des empereurs, même après l'époque de Tacite, furent envoyés en Afrique avec les mêmes pouvoirs. Il nous apprend, en effet, que Septime Sévère, qui fut plus tard empereur, occupa cette charge de légat ; il lui accorde les faisceaux et l'appelle légat du peuple romain, ce qui montre qu'il ne dépendait pas du proconsul. Du reste, à cette époque, le proconsul administrait toute la portion de l'Afrique qui s'étendait jusqu'à la province de Cyrène. On ne parlait encore ni de la province Byzacène ni de la Tripolitaine et l'on voit jusqu'aujourd'hui, à Tripoli, l'ancienne Oea, un magnifique arc de triomphe en marbre, dédié aux empereurs Marc Aurèle et Lucius Verus[2] par le proconsul Cornelius Orfitus et son légat Uttedius Marcellus. Nous savons aussi que Gordien, proconsul d'Afrique, se trouvait à Thysdrus (El-Djemm), ville comprise plus tard dans la Byzacène[3] et qu'il y exerçait ses fonctions, le jour où il fut proclamé empereur par les Africains. D'ailleurs, aucun auteur ancien ne paraît avoir connu ces provinces jusqu'à Dioclétien, aucun ne parle de leurs gouverneurs ; mais à partir de cette époque, on en compte plusieurs.

(1) *In Sept. Sev.*, cap. II.
(2) *Corpus*, n. 24.
(3) *Capitol. in Gord.*, cap. VII.

## § II

### LES PROVINCES D'AFRIQUE DEPUIS DIOCLÉTIEN JUSQU'A VALENTINIEN III.

I. — Personne n'a jusqu'ici déterminé l'année où le nombre des provinces d'Afrique fut augmenté. Il est presque certain que le partage eut lieu sous Dioclétien. Lactance l'a fait assez clairement entendre lorsque après avoir énuméré tous les crimes et les artifices de ce prince, il a ajouté [1] : « *Pour tout remplir de terreur, il morcela les provinces; une foule de présidents, de fonctionnaires s'abattirent sur chaque région et presque sur chaque ville, ainsi qu'une multitude de percepteurs, de magistrats et de vice-préfets.*

Une inscription ancienne nous apprend que la Maurétanie sitifienne n'était pas constituée en province dès l'an 288 [2]. Il est probable que la séparation existait alors

---

[1] *De morte persec.*, cap. VII, n. 4.
[2] C'est une dédicace de Sétif, ainsi conçue :

```
        D  N  IMP  CAES
      C  VALERIO  AVRE
      LIO  DIOCLETIANO
      INVIC  PIO  FEL  AVG
      PONTIF  MAX  TRIB
      P  V  CONS  III  PP
            PROCOS
         FLAVIVS  PEQV
       ARIVS  VP  PRAE
```

pour d'autres provinces. Il est démontré même que ce travail de division était commencé dans l'Empire avant Dioclétien [1].

Les monuments épigraphiques nous montrent, de plus, que la province Byzacène, autrefois comprise dans la proconsulaire, fut nommée Valérie, appellation dérivée sans doute du nom de Valerius Dioclétien, soit que ce prince la lui ait donnée lui-même, soit que Valerius Maximien la lui ait donnée en son honneur, lorsqu'en 297 il vint en Afrique pour réduire par les armes les Maures révoltés [2]. Enfin, il est certain que, du vivant même des vieux empereurs, la province Byzacène eut pour président Quintus Aradius Rufinus Proculus qui fut consul en 316. On a, en effet, des inscriptions publiques, où il est porté comme patron de colonies et de municipes africains qui tous le nomment président de cette province [3].

La liste de Vérone, établie entre 292 et 297, donne au diocèse d'Afrique sept provinces, savoir : la Proconsulaire, la Byzacène, la Tripolitaine, la Numidie de Cirta, la Numidie des frontières, la Maurétanie Césarienne et une seconde Maurétanie des frontières. Cette liste ne représente peut-être qu'un essai de partage des provinces africaines.

```
       SES PROV MAVR
       CAES DEVOTVS
       NVMINI MAIES
       TATIQVE EIVS
```
*Corpus*, n. 8474.

(1) Sous Carus, Carin et Numérien (283-285) nous voyons Aurelius Decimus porter le titre de *vir perfectissimus Præses Provinciæ Numidiæ*. *Corpus*, n. 4221, 4222, etc.

(2) *Corpus*, n. 8836.

(3) Tissot, *Fastes*, p. 205.

II. — Rufus Festus paraît être plus exact, lorsqu'il dit au commencement de son abrégé : « *On divisa toute l'Afrique en six provinces : la Proconsulaire, où se trouve Carthage ; la Numidie consulaire ; la Byzacène consulaire ; Tripoli, et les deux Maurétanies, c'est-à-dire la Sitifienne et la Césarienne présidiales.* »

On avait ainsi détaché deux régions, la Byzacène et Tripoli de la province d'Afrique la plus étendue, tout en conservant à celle-ci son ancien nom et à celui qui la gouvernait le titre de proconsul.

La Numidie, autrefois dépendante du proconsul comme province annexée, puis soumise au légat de l'empereur, reçut un nouveau gouverneur qui eut le titre de consulaire. On donnait ce nom, comme l'usage s'en établit, non pas à un ancien consul, mais au gouverneur d'une province inférieure à la Proconsulaire et plus importante que celles qui obéissaient à des correcteurs et à des présidents [1]. On fit, en outre, à la province de Numidie, l'honneur de la placer toujours immédiatement après la Proconsulaire. Ce même ordre fut aussi observé pour les évêques et, au synode de Carthage, il fut confirmé par une prescription du primat Boniface comme conforme aux règles des Pères [2].

De son côté, la province Byzacène eut aussi le privilège d'être administrée par un consulaire. Elle était située entre la Proconsulaire et la Tripolitaine et avait Hadrumète (Sousse) pour métropole. Elle était séparée de la Tripolitaine par le pays des Arzuges (actuellement les Merazig), peuplades barbares placées sous la surveillance du duc de la frontière Tripolitaine.

---

[1] *Paucir. in not. Imper. Or.*, cap. CLV.
[2] Hard., *Conc.*, t. II, p. 1076.

La quatrième province fut formée de la zone maritime qui s'étend entre les deux Syrtes, et qui fut nommée, d'après Orose, *Subventana*. On l'appelle aussi Tripolitaine des trois villes de Oea, Sabrata et Leptis Magna qui étaient les plus célèbres de cette contrée et avaient le titre de colonies. Elle était gouvernée par un président, magistrat inférieur au consulaire, comme nous l'avons dit. On fit ainsi quatre provinces avec une seule qui existait jadis.

III. — La portion de la Maurétanie Césarienne, située à l'ouest de la Numidie, entre les rivières de l'Ampsaga et du Savus (Oued-Sahel), forma une province qu'on appela Sitifienne, du nom de Sitifis sa ville principale, la moderne Sétif. La Sitifienne dut être créée par Maximien Hercule, qui a opéré dans cette région, lorsqu'il vint comprimer la révolte des Maures.

Enfin, la région qui s'étendait jusqu'à la Malvana forma une sixième province qui retint seule l'ancien nom de Maurétanie Césarienne. Elle reçut, ainsi que la Sitifienne, un président, au lieu d'un procurateur de l'empereur.

IV. — On demandera, sans doute, ce que devint la Tingitane. D'après une inscription récemment découverte à Tingis (Tanger), cette province fut réunie à la Bétique sous Marc-Aurèle. Aussi ne voyons-nous aucun évêque de la Tingitane figurer dans les assemblées africaines. La Maurétanie Tingitane est appelée dès lors *Hispania ulterior* et *Provincia nova*. La réunion de cette province à la Bétique aurait eu lieu à cause des incursions que les Maures commencèrent à faire vers cette époque[1].

---

(1) *Corpus*, n. 10988.

Rufus Festus, dans son abrégé, dédié à l'empereur Valentinien I, dit également : « *Au delà du détroit, sur le continent africain, se trouve une province d'Espagne, nommée la Maurétanie Tingitane.* » Auguste avait comme préludé autrefois à ce changement, en exemptant la colonie de Zilis de la juridiction des rois et en la faisant dépendre de la Bétique. Le président de la Tingitane relevait du vicaire d'Espagne. Les *Actes* de saint Marcel, martyr de Tanger, montrent aussi que la Tingitane dépendait de l'Espagne. Il n'en résultait, du reste, aucun inconvénient pour les habitants, séparés de l'Espagne seulement par un détroit de peu de largeur. Une longue inscription relative à Lucius Aradius et remontant au règne de Constantin le Grand, nous montre ce personnage comme proconsul d'Afrique et exerçant la suprême autorité *per provincias Proconsularem, et Numidiam, Byzacium ac Tripolim, itemque Mauretaniam Sitifensem et Cæsariensem*[1] sans que la Tingitane soit mentionnée. Elle faisait donc partie des sept provinces d'Espagne, tandis que le reste de l'Afrique constituait six provinces.

V. — Le seul point qui reste un peu obscur est de savoir si, quand on fit cette division, chaque province reçut en même temps son rang, de telle sorte que, dès lors, la première fut la Proconsulaire et après elle les deux consulaires et les trois présidiales, comme Rufus Festus l'a affirmé ; ou bien, si on ne leur donna que plus tard ces titres d'honneur, sous lesquels nous les trouvons classées dans la *Notice* de l'Empire d'Occident. Or, il faut se rappeler

---

(1) Tissot, *Fastes*, p. 205.

que les gouverneurs des provinces étant ordinairement nommés au gré des empereurs, car Lampride écrit[1] de Sévère Alexandre, « *qu'il mit plusieurs provinces prétoriennes au rang de présidiales*, il peut se faire que des provinces, auparavant consulaires, aient eu des présidents et que d'autres, comme la Tingitane sous Valentinien, soient devenues consulaires, de présidiales qu'elles étaient.

VI. — Quel que soit le doute qui reste sur ce point, on est certain du nombre des provinces, marquées spécialement dans les souscriptions des anciens conciles. Mais cette antique division administrative des provinces fut troublée lors de l'invasion en Afrique de l'armée vandale qui, dès 427, sous la conduite de Genséric, occupa la Maurétanie. Valentinien, lorsqu'il conclut la paix, dut la laisser à l'ennemi, sans que le reste de l'Afrique restât pour cela en la paisible possession de l'empereur. Car, deux ans après, Genséric, au mépris des conventions faites, s'empara de Carthage et étendit au loin sa domination sur toutes les provinces, ainsi qu'on le voit consigné dans la chronique de Prosper, dans les *Fastes* d'Idace et de Marcellin.

---

(1) *In Sev. Alex.*, cap. XXVI.

## § III

### LES PROVINCES D'AFRIQUE DEPUIS VALENTINIEN III JUSQU'A JUSTINIEN I<sup>er</sup>.

I. — Après la prise de Carthage, alors que l'armée de Genséric, continuant sa marche vers l'Orient, eut occupé la province proconsulaire, il se fit, en 442, un nouveau traité de paix entre le roi et Valentinien; et, comme le disent Prosper et Cassiodore, *l'Afrique fut partagée entre eux avec des limites déterminées.*

L'empereur, outre la Tingitane qui était province d'Espagne recouvra les Maurétanies Césarienne et Sitifienne et une partie de la Numidie; le reste demeura au despote. C'est à quoi fait allusion Victor de Vite, en disant de Genséric [1] : « *En organisant chaque province, il se réserva la Byzacène et la Gétulie avec une portion de la Numidie; il partagea comme un héritage à son armée la Zeugitane ou Proconsulaire. Quant à l'empereur Valentinien, il retenait encore les autres provinces, mais ruinées.*

La Gétulie était située sur les frontières, à l'intérieur, vers le sud, dans la région actuelle du Sahara. Les Gétules, sortis de l'Atlas, parvinrent du côté de l'est jusque chez les Garamantes, ce qui avait déjà eu lieu au temps de

---

(1) *Hist. pers. Vand.*, lib. I, cap. IV.

Strabon⁽¹⁾. Nous pourrions même dire que les Gétules étaient en Tripolitaine à cette époque. Victor de Vite ne fait pas, en effet, mention de cette province, et Valentinien, dans la novelle des biens fonds des boulangers, donnée en 451 pour le soulagement des malheureux Africains, ne cite que trois provinces, la Césarienne, la Sitifienne et la Numidie.

II. — La nouvelle paix, du reste, fut de courte durée en Afrique ; on ne la garda pas plus de treize ans avec les Romains. Car, à peine les Vandales apprenaient-ils en 455, le meurtre de Valentinien, qu'ils rompaient le pacte conclu avec lui et réduisaient de nouveau toute l'Afrique en leur pouvoir. *Après la mort de l'empereur*, dit Victor de Vite⁽²⁾, Genséric *obtint l'empire de toute l'Afrique*. Depuis ce moment jusqu'au règne de Justinien I, les Africains furent contraints de subir la domination des Vandales et ils implorèrent inutilement le secours des empereurs. Sans doute, Ricimer battit les Vandales sous Avit ; Majorien réunit contre eux une grande flotte, Léon leva de puissantes armées, Anthème entreprit une expédition ; les provinces ne furent jamais recouvrées. Zénon lui-même qui aurait voulu surtout réprimer les Vandales, put simplement obtenir de Genséric qu'il se contenterait de l'Afrique sans rien entreprendre désormais contre les Romains. Procope parle longuement de tous ces faits⁽³⁾.

III. — Cependant Genséric mourut après trente-huit ans de règne ; son fils Hunéric lui succéda en l'an 477 de l'ère

---

(1) *Geogr.* lib. XVII.
(2) *Hist. pers. Vand.*, lib. I, cap. IV, n. 16.
(3) *Bell. Vand.*, lib. I.

chrétienne. Après lui Gontamond monta sur le trône en 484 ; Trasamond régna le quatrième à partir de 486 ; Hildéric le cinquième en 523. Le sixième et dernier roi Vandale fut Gelimer, de 530 à 534, année où il fut pris par Bélisaire, sur les confins de la Numidie, à l'ouest de Milève. Il y avait cent-sept ans que les Vandales avaient envahi l'Afrique et quatre-vingt-quinze qu'ils s'étaient emparés de Carthage.

## § IV

LES PROVINCES D'AFRIQUE DEPUIS JUSTINIEN Ier
JUSQU'A L'INVASION DES SARRASINS.

I. — A peine l'Afrique eut-elle recouvré sa liberté et fait retour à l'Empire romain, que Justinien songea à sa réorganisation et publia une constitution pour la remettre en son premier état [1]. Les provinces africaines avaient été jadis sous la juridiction du préfet du prétoire d'Italie ; cependant elles avaient eu quelquefois leur préfet particulier sous Valentinien I, ainsi qu'il est dit de Probus [2]. Pour rendre à l'Afrique tout ce qu'elle avait perdu, Justinien voulut lui conserver cet honneur : « *Par la*

---

(1) *Cod.*, lib. I, tit. XXVII.
(2) Petronius Probus est nommé dans un texte épigraphique et la dédicace porte : *Proconsuli Africæ et præfecto Prætorii Illyrici, præfecto Græciæ, Galliæ atque Africæ*. Tissot, *Fastes*, p. 240.

*présente loi sacrée, dit-il*[1] *puisque Dieu nous a rendu toute l'Afrique, nous ordonnons qu'elle ait, par sa miséricorde, le rang le plus élevé, et qu'elle soit une préfecture particulière, de telle sorte que, comme l'Orient et l'Illyrie, l'Afrique soit aussi, par notre clémence, honorée de la suprême puissance prétorienne. Nous ordonnons que Carthage en soit le siège, et que, dans le préambule des actes officiels, on ajoute à ceux des autres préfectures le nom de celle-ci. Nous voulons que, dès ce moment, l'administration en soit confiée à votre Excellence.* » C'était Archélaus, que Justinien avait nommé premier préfet du prétoire d'Afrique, pour y rendre la justice suprême, ce qui était la principale attribution de cette importante préfecture.

II. — Justinien régla ensuite l'organisation des provinces : « *Que votre Excellence constitue, avec l'aide de Dieu, sept provinces avec leurs magistrats. Celles de Tingis, de Carthage, appelée autrefois la Proconsulaire, du Byzacium et de Tripoli seront gouvernés par des consulaires; les autres, c'est-à-dire la Numidie, la Maurétanie et la Sardaigne devront être, avec la grâce de Dieu, administrées par des présidents.* » Ainsi l'empereur constituait sept provinces en rendant la Tingitane à l'Afrique, en ne formant plus qu'une province des Maurétanies Césarienne et Sitifienne, et en y joignant enfin comme septième province la Sardaigne, qui dépendait autrefois du préfet du prétoire d'Italie. Les autres, sauf un changement de nom, restaient les mêmes ; car l'on appela Tingis celle qui se nommait Tingitane ;

---

[1] *Cod.*, lib. I, tit. XXVII, § I.

Carthage celle qui était la Proconsulaire ou Zeugitane ; Byzacium l'ancienne Byzacène, enfin Tripoli celle qui auparavant était appelée Tripolitaine.

III. — Justinien eut également à cœur de rendre à l'Afrique romaine ses frontières d'autrefois et, dans ce but, il y envoya des généraux ou ducs qui devaient recouvrer les provinces perdues : *que tous*, dit-il, au même lieu, *veillent avec soin sur les provinces confiées à leur garde, qu'ils défendent et sauvegardent nos sujets contre toute incursion de l'ennemi; qu'ils se hâtent en implorant jour et nuit le secours de Dieu et en s'y consacrant avec ardeur, de reculer les frontières des provinces africaines jusqu'au point où l'Empire romain les avait portées avant l'invasion des Vandales et des Maures et où les anciens postes le protégeaient comme l'indiquent les camps et les forteresses. A mesure que, par l'appui de la divine miséricorde, ils parviendront à chasser successivement l'ennemi, qu'ils se hâtent surtout de reprendre et de fortifier les villes qui se trouvaient près des camps et des frontières, alors qu'elles étaient soumises à l'Empire romain; qu'on y place successivement des chefs avec des troupes, partout où existaient autrefois des camps et des limites, alors que toutes les provinces africaines étaient intégralement soumises à l'Empire romain.* Nous retrouvons encore les traces de cette occupation byzantine au sud de l'Aurès, dans la région des Zibans.

IV. — Ainsi fut pacifiée l'Afrique et les limites de ses provinces rétablies. Les successeurs de Justinien paraissent les avoir conservées jusqu'en 647, époque où les Sarrasins triomphèrent du patrice Grégoire. Car Bélisaire eut facilement raison de la révolte militaire qui avait élevé Stozza à la royauté; et les Maures, hostiles par intervalles à l'armée romaine se contentaient de ravager et de piller sans faire, pour le fond, aucun changement. De son côté, Heraclius, préfet du prétoire d'Afrique, en se révoltant en 610, contre Phocas, ne nuisit point à l'Afrique, puisqu'il arriva lui-même à l'empire. Le dernier des préfets, le patrice Grégoire qui, en 646, sous l'empereur Constant, prit le gouvernement de l'Afrique, fut, l'année suivante, vaincu et tué par les Sarrasins qui occupèrent le pays.

V. — A partir de cette époque on ne trouve plus en Afrique de tranquillité, de sûreté, ni d'ordre. En 669, on y voit revenir les Sarrasins qui, d'après les Annales des Grecs, emmenèrent en captivité un grand nombre d'Africains. Au IX° siècle, l'Afrique était gouvernée par un chef près de qui se réfugia Euphemius, tyran de Sicile, demandant d'être reconnu par lui empereur et lui promettant en retour la Sicile[1]. Nous savons que l'ancienne capitale de l'Afrique, Carthage, était, au XI° siècle, tristement déchue[2]. Dans la région de Sétif seulement, le peuple chrétien semble avoir eu quelque paix et tranquillité sous le règne de Naçer[3], prince qui n'était point hostile aux chrétiens et avait écrit, de la Kalaa-des-Beni-Hammad, sa capitale, au Souverain Pontife, saint Grégoire VII, lui demandant un évêque

---

(1) Baron, *ad. ann.* 827 — *ex Eginhard*, lib. IV. cap. X.
(2) *Ibid.*, 1053 — *ex Epist. Leon.* VIII.
(3) *Epist. S. Greg. Regesta*, t. II, fol. 3.

pour les chrétiens de Bougie, l'antique Saldae. Grégoire le lui accorda, en le félicitant d'avoir rendu à la liberté des esclaves chrétiens et d'avoir promis d'en délivrer d'autres encore [1]. Après lui avoir recommandé quelques Romains, que lui envoyaient deux des principaux de la ville, Albéric et Cincius, il termina ainsi sa lettre : « *Nous demandons à Dieu de tout notre cœur qu'il daigne, après vous avoir accordé une longue vie sur la terre, vous faire entrer dans le sein du bienheureux patriarche Abraham.* » Grégoire pesait ainsi, on le voit, ses paroles, de façon à ne pas blesser un prince étranger à notre religion et à s'exprimer lui-même avec vérité et selon sa foi.

VI. — Dans le même siècle, suivant Baronius, les chrétiens, principalement les Génois et les Pisans, sous l'impulsion du pape Victor III, entreprirent une expédition contre les Sarrasins d'Afrique [2]. Mais les infidèles n'en demeurèrent pas moins les maîtres de leurs possessions, et quelques siècles après il ne resta presque plus de traces de christianisme.

[1] Hard., *Conc.*, t. VI, p. 1342.
[2] *Ad. ann.* 1087.

# CHAPITRE DEUXIÈME

DES PROVINCES DE L'ÉGLISE D'AFRIQUE.

---

Nous venons de nous occuper de l'ancienne division des provinces civiles, que l'Église elle-même a presque toujours suivie pour déterminer les limites de la juridiction religieuse. Nous allons aborder maintenant l'énumération des provinces de l'Église africaine et des évêchés établis dans chacune d'elles, afin de rendre plus facile et plus claire l'étude des *Annales* pour ceux qui voudront les parcourir.

---

## § I

LES PROVINCES DE L'ÉGLISE D'AFRIQUE AUX TROIS PREMIERS SIÈCLES.

I. — On ne peut douter que le siège de Carthage n'ait été le premier, non seulement par son rang, mais encore par son ancienneté, sans qu'il soit nécessaire d'adopter la tradition d'après laquelle saint Crescent, disciple de saint Paul, aurait occupé vingt ans ce siège primatial. On voit, en effet, que les premiers conciles, célébrés en Afrique, ont été convoqués par les évêques de Carthage. Saint Cyprien fait mention tout au moins de deux conciles, dont il dit expressément que l'un d'eux fut réuni par Agrippin et que l'autre a été tenu depuis longtemps, bien qu'il ne désigne pas l'évêque qui l'a présidé[1]. A l'époque de saint Cyprien, l'Église d'Afrique formait une province, sous un seul primat, car il dit lui-même[2] : « *Notre province est très étendue, car la Numidie et les deux Maurétanies lui sont jointes.* » Néanmoins il n'a mentionné nulle part, dans ses écrits, les primats des provinces, dont parlent si souvent dans la suite les Africains.

II. — Mais saint Cyprien nous apprend, d'autre part, que, même avant son épiscopat, la Numidie était regardée comme une province ecclésiastique différente. En effet, dans sa lettre au pape saint Corneille, sur l'hérétique Privat, il dit [3] : « *Je vous ai fait connaître, mon frère, par l'intermédiaire de Félicien, l'arrivée à Carthage de Privat, ancien hérétique, justement condamné dans la colonie de Lambèse, il y a plusieurs années, à cause de crimes nombreux et énormes, par quatre-vingt-dix évêques.* » Or, cette colonie, où l'on voit se réunir tant d'évêques, était située au fond de la Numidie, au sud de Cirta et séparée de Carthage par une distance considérable. Il est donc évident que ce concile de

---

(1) *Epist.* LXXVI. *Item, Epist.* LXXI.
(2) *Epist.* XLV, selon l'édit. d'Anvers.
(3) *Epist.* XLV.

Numidie fut convoqué, suivant l'usage d'Afrique, par l'évêque qui était primat ou doyen des évêques de cette province. On remarquera aussi que Lambèse était alors le siège du légat gouverneur de Numidie. Saint Cyprien ajoute que le même Privat fut de nouveau condamné par Donat évêque de Carthage, c'est-à-dire en dehors du concile de Lambèse : « *Vous n'ignorez pas*, dit-il, *qu'il a été de plus, très sévèrement censuré par les lettres de nos prédécesseurs Fabien et Donat.* » En conséquence, lorsque Cyprien dit que sa province était très étendue, il a voulu désigner toute l'Église d'Afrique, dont les primats gouvernaient chaque province comme métropolitains, tandis que lui-même les dirigeait toutes en qualité d'exarque.

III. — Mais si la Numidie formait déjà, à cette époque, une seconde province de l'Église d'Afrique, nous devons croire que les Maurétanies en formaient une troisième, puisque saint Cyprien la nomme en troisième lieu. On lit, en effet, dans le préambule du troisième concile de Carthage[1] : « *Plusieurs évêques de la province d'Afrique, de la Numidie, de la Maurétanie, avec des prêtres et des diacres, s'étant réunis à Carthage, aux calendes de septembre*, etc. » Ce concile fut célébré en 255. Il est donc permis de conclure que les deux Maurétanies formaient alors une province de l'Église d'Afrique et que cette province était la troisième, puisque la Numidie fut toujours considérée comme ayant le second rang après la province Proconsulaire.

---

(1) Hard, *Conc.*, t. I, p. 159.

IV. — Tel était l'ordre des provinces au III⁰ siècle, il devait être le même au siècle précédent. Pour la Maurétanie, elle avait assurément des chrétiens à cette époque, car les monuments l'attestent. Pour la Proconsulaire et la Numidie, nous avons le témoignage de saint Cyprien. Il dit, en effet, qu'Agrippin convoqua en concile à Carthage les évêques *qui, à cette époque, gouvernaient l'Eglise du Seigneur dans la province d'Afrique et dans la Numidie*[1]. Les évêques de Maurétanie étaient sans doute trop peu nombreux ou trop éloignés de Carthage pour y être convoqués dans cette circonstance.

## § II

### LES PROVINCES DE L'ÉGLISE D'AFRIQUE AUX IV⁰ ET V⁰ SIÈCLES.

I. — En 314, au moment de la célébration du concile d'Arles, où furent réprimées les fureurs des Donatistes, l'empereur Constantin écrivait au proconsul d'Afrique en ces termes[2] : « *J'ai cru devoir enjoindre à votre sollicitude d'envoyer à Arles, aussitôt après la réception de ma lettre, ledit Cécilien, avec quelques*

---

(1) *Epist.* LXXI.
(2) Hard., *Conc.*, t. I, p. 260.

*évêques qu'il aura choisis. De plus, chacun de ceux de la Byzacène, de la Tripolitaine, des Numidies et des Maurétanies devra conduire quelques-uns des siens qu'il aura choisis dans sa province. Mais on devra aussi faire venir les évêques opposés à Cécilien. Tous auront droit aux transports impériaux pour traverser l'Afrique et la Maurétanie et passer de là en Espagne par le détroit.* »

La province Byzacène avait donc aussi déjà ses évêques distincts, ainsi que la Tripolitaine et c'étaient, je pense, leurs primats ou doyens qui devaient, tout comme Cécilien, choisir d'autres évêques pour les amener avec eux au concile. Les souscriptions de ce concile attestent que Cécilien, évêque de Carthage, amena Lampade, évêque de la cité d'Uthina, Victor, évêque de la cité d'Utique, Fauste, évêque de la cité de Thuburbo, Anastase, évêque de la cité de Bénévent. La Numidie et la Maurétanie Césarienne furent aussi représentées au concile d'Arles : mais on ne sait si les autres provinces y envoyèrent des représentants.

II. — En 348, l'évêque Gratus réunissait encore à Carthage un concile des diverses provinces de l'Afrique[1]. Parmi les évêques qui y donnèrent leur avis, il y en eut de la Numidie et de la Byzacène. Abondance d'Hadrumète fit même mention d'un concile qu'il avait fait célébrer antérieurement dans sa province : « *Il a été décidé dans notre concile*, dit-il[2], *que l'usure ne serait pas permise au clerc. Si cette décision paraît juste à votre sainteté,* c'est-à-dire à Gratus, primat de Carthage, *et à*

---

(1) Hard., *Conc.*, t, I, p. 685.
(2) *Ibid.*, p. 688, can. XIII.

*ce concile, qu'elle soit de nouveau approuvée ici par un décret.*

III. — Les canons du troisième concile de Carthage, tenu sous Aurèle en 397, sont envoyés « *à nos frères bien aimés et co-évêques des diverses provinces de Numidie, des deux Maurétanies, de Tripoli et de la province Proconsulaire* »[1]. Du reste, il y a de nombreuses variantes dans les manuscrits qui nous ont conservé les actes des conciles généraux tenus à Carthage sous Aurèle. Un manuscrit d'Einsiedlen dit que les évêques étaient venus à Carthage *de la Byzacène, de la Maurétanie Sitifienne, de la Tripolitaine, de la Numidie, de la Maurétanie Césarienne et de l'Espagne*. Par cette dernière province on entendait peut-être la Tingitane. Celle-ci est parfois nommée formellement dans les manuscrits grecs. D'autres manuscrits mentionnent deux Numidies.

IV. — Chacune des provinces de l'Afrique était gouvernée par son primat, appelé de ce nom, non parce qu'il était, comme ailleurs, évêque de la ville métropolitaine, mais parce qu'il était le plus ancien de l'épiscopat dans sa province. Aussi, souvent des villes très peu importantes eurent-elles un primat qui avait pouvoir de réunir des conciles et de mettre fin aux controverses des évêques. L'Église de Carthage seule eut toujours pour primat, non pas le plus ancien de la province, mais son évêque propre qui était l'exarque de tous les autres, sans qu'on tint aucun compte de son ancienneté, ce qu'expliquaient et la dignité de son siège et la manière même dont l'Église d'Afrique s'était établie.

---

(1) Hard., *Conc.*, t. I, p. 969.

V. — C'est au IV<sup>e</sup> et au V<sup>e</sup> siècles que les Églises d'Afrique furent le plus nombreuses. Nous ne les connaissons même pas toutes et les monuments épigraphiques sont venus en révéler de nouvelles jusqu'en ces dernières années. Mais, en voyant en Afrique un si grand nombre d'Églises, il ne faudrait pas croire qu'il s'y trouvait tout autant de grandes villes. Il faut savoir, en effet, qu'il y eut des évêques jusque dans des bourgades lorsqu'elles étaient assez importantes.

## § III

LES PROVINCES DE L'ÉGLISE D'AFRIQUE AU VI<sup>e</sup> SIÈCLE ET AU DELA.

I. — Les rois vandales qui avaient régné depuis Genséric jusqu'à Hildéric, avaient cruellement ravagé l'Église d'Afrique, livrant partout les temples des catholiques à la profanation, et envoyant en exil les évêques et les prêtres. Mais, en 523, à la mort de Trasamond, comme nous le lisons dans la vie de saint Fulgence de Ruspe « *commença le règne d'Hildéric dont la bonté extrême rendit la liberté à l'Église catholique en Afrique, accorda un évêque propre au peuple de Carthage et ordonna par sa clémence souveraine de laisser faire en tous lieux les consécrations d'évêques.* [1] » Aussi chaque province recouvrant ses pasteurs, ou en choisissant de nouveaux reprit une nouvelle vie. C'est ce que nous fait voir le concile de Carthage, réuni peu après, c'est-à-dire en 525, par l'évêque Boniface. Il prouve, en effet, que des conciles avaient déjà été réunis dans les autres provinces[2], et il nous fournit, de plus, les souscriptions des évêques qui y étaient venus de toutes parts, au nombre de cinquante-neuf, et qui étaient en partie les députés de leurs provinces.

II. — Le règne d'Hildéric ne fut pas de longue durée, mais la tyrannie de Gélimer fut plus courte encore. Une fois Justinien maître de l'Afrique, tout y jouit d'une tranquillité profonde et l'Église recouvra la paix et la sécurité. Aussi profita-t-on d'un temps si favorable pour réunir, en 534, un concile plénier de toute l'Afrique. Il fut tenu à Carthage avec un grand concours d'évêques. On en comptait, en effet, deux cent dix-sept présidés par Reparatus, qui gouvernait alors l'Église de Carthage, comme le porte la lettre que les Pères écrivirent au pape Jean II[3]. Toutefois les *Actes* mêmes de ce concile sont perdus, à l'exception d'un seul canon par lequel on sanctionna l'exemption des monastères[4]. Aussi ne pouvons-nous rien dire de certain sur les provinces d'où venaient les évêques réunis alors à Carthage.

III. — On pourrait supposer non sans raison, que sous Justinien, les provinces ecclésiastiques furent modifiées,

---

(1) Cap. XXVIII.
(2) Hard., *Conc.*, t. II, pp. 1075, 1085, 1154.
(3) Hard., *Conc.*, t. II, p. 1154.
(4) *Ib.*, p. 1177.

puisqu'il changea quelque peu les provinces civiles. Il décida, en effet, comme on l'a vu, que la province de Tingis appartiendrait de nouveau à l'Afrique ; il réunit en une seule province les Maurétanies Césarienne et Sitifienne ; enfin, il en ajouta une septième, la Sardaigne, déjà réunie à l'Afrique sous les Vandales, ainsi qu'on le voit dans la notice publiée en 482.

IV. — De son côté, la province de Sitifis, privée de son primat, fut unie au reste de la Maurétanie. Dans les actes du concile de Latran, tenu en 649 sous le pape Martin 1, nous lisons une lettre écrite au nom des trois conciles d'Afrique, avec ce titre [1] : « *Au bienheureux seigneur, élevé sur le siège apostolique, au Père saint des Pères, Théodore pape et pontife souverain de tous les pasteurs, Colombus, évêque primat du concile de Numidie, Étienne, évêque primat du concile de Byzacène, Reparatus, évêque primat de la Maurétanie et tous les évêques d'Afrique appartenant aux trois conciles nommés ci-dessus.* » Il n'est fait ici, on le voit, aucune mention de la Sitifienne et de la Césarienne, mais tout simplement de la Maurétanie. La seule raison en est que les Pères d'Afrique avaient adopté pour les provinces ecclésiastiques les divisions civiles.

V. — Mais la Tingitane forma dès lors une nouvelle province de l'Église d'Afrique et la Tripolitaine conserva ses limites et son primat puisque ces deux provinces, à partir de Justinien, furent administrées par des consulaires. Nous ne trouvons pas néanmoins qu'on y célèbre

---

[1] Hard, *Conc.*, t III, p. 734.

aucun concile, sans doute à cause du petit nombre de leurs évêques, tandis qu'on en tint certainement dans la Proconsulaire, dans la Byzacène, et surtout dans la Numidie, comme en témoignent l'empereur Justinien et saint Grégoire le Grand[1]. Les évêchés étant moins nombreux dans ces provinces que dans les autres, on peut croire que les évêques de la Tingitane se réunissaient à ceux de la Maurétanie et les évêques de la Tripolitaine à ceux de la Byzacène, leurs voisins.

VI. — A l'époque de saint Grégoire le Grand, il y avait encore un grand nombre d'évêques en Afrique. Sous le pape Martin I, environ cinquante ans après saint Grégoire, quelques-uns d'entre eux vinrent à Rome, au concile de Latran; une partie des autres avaient, comme nous l'avons vu un peu plus haut, écrit à Théodore, prédécesseur de Martin, et on voit qu'une autre partie avait signé les lettres qui furent adressées alors à Constantin, fils d'Héraclius, et à Paul, patriarche de Constantinople. Des copies de ces lettres furent lues ensuite au concile de Latran et sont restées insérées dans ses actes. Mais pendant que cela se passait à Rome, les Sarrasins avaient déjà envahi l'Afrique, au grand détriment de l'Église. Non seulement elle perdit tout éclat; mais, privée de ses évêques et après que les populations eurent été traînées en esclavage, elle fut bientôt réduite à un petit nombre de fidèles. Au commencement du VIII<sup>e</sup> siècle, les Pères du concile *in Trullo* y reconnaissent l'existence d'un certain nombre d'évêchés, et l'introduction de certains abus provenant de l'impossibilité d'y tenir des conciles

---

(1) Baron, *ad an.*, 541, *Epist. S. Greg.*

pour remédier aux désordres naissants, et pour remettre en vigueur les mœurs des temps antérieurs et l'antique discipline. On voit, de même, que les provinces n'y existaient plus que de nom, que les Églises qui existaient encore étaient très éloignées les unes des autres et que leurs évêques ne relevaient d'aucun primat ou ne tenaient plus aucun compte d'un primat subjugué par la terreur et par la puissance des Barbares.

Jean, diacre, surnommé Hymonis[1], prouve aussi que le nombre des évêques était partout diminué au IXe siècle, quand il parle de la faculté accordée à des prêtres de consacrer le saint chrême. Il dit, en effet[2] : « *Ne soyez pas troublé de ce que l'extrême nécessité oblige quelquefois de faire, ce qu'on pratique, comme on l'affirme, en Afrique, où des prêtres consacrent le saint chrême; ce qui troublerait à bon droit, si l'autorité des pontifes n'avait accordé ce pouvoir.* » Il faut aussi savoir que les prêtres grecs jouissent de ce pouvoir et que l'Afrique avait subi l'influence byzantine.

VII. — L'histoire ne dit pas ce que furent les siècles qui suivirent, mais la *Notice* de Léon le Sage nous apprend qu'au Xe siècle l'Afrique avait encore un bon nombre d'évêques. Le pape Léon IX nous fait assez comprendre que les choses empirèrent, lorsque, consulté, au sujet des droits de l'archevêque de Carthage, par quelques évêques, il commence sa lettre en ces termes[3] : « *Nous déplorons extrêmement que la gloire des Églises d'Afrique ait été foulée aux pieds des Gentils, à ce point qu'on*

---

[1] Baron, *ad an.*, 541.
[2] *Epist. ad Gérard*, V, VIII.
[3] Hard., *Conc.*, t. VI, p. 950.

*trouve à peine maintenant cinq évêques là où deux cent cinq se réunissaient autrefois en conciles pléniers, et qu'il ne reste plus que quelques brebis, livrées chaque jour à la boucherie, là où l'innombrable troupeau du Seigneur paissait autrefois dans une paix profonde, sous la conduite de nombreux pasteurs.* Ceci se passait au XI$^e$ siècle, alors que, selon le même pontife, Carthage gisait dans la solitude. Et cependant il déclare que son archevêque n'a rien perdu de sa dignité ni de son autorité et que l'évêque de Gummi n'a droit à aucun de ses privilèges. Ce dernier voulait faire l'archevêque et user des prérogatives jusque-là réservées à l'évêque de Carthage.

VIII. — Vingt ans après, ou un peu plus tard, il n'y avait même plus cinq évêques en Afrique. Nous l'apprenons par une lettre de saint Grégoire VII à Cyriaque, archevêque de Carthage, car voici comment il lui parle [1] : « *Nous avons appris que l'Afrique, l'une des parties du monde et qui jadis, au temps où le christianisme était florissant, avait un très grand nombre d'évêques, est maintenant tombée dans un si triste état qu'elle n'a même plus trois évêques pour faire une consécration épiscopale.* » Après cette époque on ne voit plus trace d'évêques en Afrique. Le christianisme y fut réduit à une telle extrémité que ceux qui voulaient garder leur religion et conserver leur foi intacte quittaient secrètement le pays et pour se mettre en sûreté cherchaient un asile dans les pays chrétiens. Antérieurement, du reste, un grand nombre avait déjà pris cette voie, non seulement parmi ceux qui vivaient dans les pratiques de la piété et gardaient avec

---

(1) Hard., *Conc.*, t. VI, p. 1341.

fidélité la sainte doctrine, mais encore de ceux qui déshonoraient la religion chrétienne par plus d'une erreur, ce qui fut cause que, au commencement du VIIIe siècle, le pape Grégoire II décréta qu'*on n'admettrait point indistinctement aux ordres sacrés, les Africains qui les demandaient*[1]. On avait, en effet, constaté que, parmi eux, se cachaient souvent des Manichéens.

IX. — Enfin, au XIIIe siècle et plus tard, plusieurs songèrent au salut de l'Afrique et lui envoyèrent de courageux missionnaires pour essayer de ramener ses habitants à la religion chrétienne. Ainsi le grand patriarche, saint François d'Assise, envoya, en 1219, cinq religieux de son ordre dans la Tingitane pour y rétablir le christianisme et retirer ces barbares des superstitions mahométanes. Ils y travaillèrent avec courage, mais leur dévouement ne fut guère profitable qu'à eux-mêmes, et ils souffrirent un glorieux martyre dans la ville de Maroc. Les autres qui suivirent leur exemple, ne purent pas rendre davantage à cette Église quoi que ce soit de son ancien aspect. Il fallut, en 1830, l'épée de la France pour soumettre de nouveau le sol africain au joug de la Croix.

(1) Hard., *Conc.*, t. IV, p. 1862.

# LIVRE DEUXIÈME

## LES ÉVÊCHÉS

C'est une œuvre laborieuse et difficile de rassembler, dans un long sommaire, tout ce que les écrivains de l'antiquité nous ont conservé sur les anciens évêchés d'Afrique et on ne peut donner à ce travail un caractère de grandeur. Qui ne sait, en effet, à quoi se réduisent les sources où l'on peut trouver les autorités qui, dans un tel sujet, sont indispensables. Car, en dehors de ce qui est rapporté par Optat de Milève sur le schisme des Donatistes et par Victor de Vite sur l'époque des Vandales, nous n'avons aucune histoire de l'Église d'Afrique écrite par un ancien auteur. Tout ce qui se rapporte à ce sujet doit donc être recueilli, en glanant çà et là, dans les divers écrits des saints Pères ou dans les conciles africains, dont on ne possède même pas une édition. Elle avait été seulement préparée par un homme éminent, Holsten, qui plus que tout autre, grâce à son érudition et à sa science, pouvait réunir les matériaux abondants et complets qui nous serviraient si utilement pour ce travail. Nous commençons cependant cette œuvre, quel qu'en doive être le succès, bien résolu à ne rien omettre dans la recherche exacte et scrupuleuse de ce qui nous reste de monuments sacrés qui puisse apporter quelque lumière à la série de ces évêchés. Nous passerons, du reste, en revue tous ceux dont les noms existent encore, en suivant leur ordre alphabétique pour chaque province, mais en adoptant ensuite l'ordre chronologique pour la série des évêques. Nous arriverons ainsi à donner à celui qui cherche une Église en particulier dans chaque province la facilité de la trouver et dans chaque Église en particulier celle de faire voir d'un seul coup d'œil la suite des évêques connus qui l'ont gouvernée. Nous ferons l'honneur de la primauté, comme il est juste, à la province proconsulaire et dans cette province à l'Église de Carthage que l'Afrique a toujours reconnue pour la première et la mère de toutes les autres.

## ÉGLISES DE LA PROVINCE PROCONSULAIRE

Carthage.
Abbir-la-Grande.
Abbir-de-Germanicus.
Abitina. cf. *Avitta.*
Abora. cf. *Thuccabora.*
Absasalla. cf. *Apisa.*
Abtunga.

Abziri.
Advocata.
Agbia.
Althiburus.
Apisa-la-Grande.
Aptuca.
Arada.
Assuras.
Aubuzza.
Ausana. cf. *Uzappa*.
Auzvaga.
Avissa. cf. *Apisa*.
Avitta.
Bencenna.
Bénévent.
Bilta. cf. *Villa-Magna*.
Bisica.
Bonusta.
Botriana.
Bulla.
Bulla-Royale.
Bulna. cf. *Bulla*.
Bure.
Buruni.
Canope.
Carpi.
Cefala.
Cellæ.
Cerbali.
Cicsi.
Cilibia.
Cincari.

Clypia.
Cresima.
Cubda.
Culusi.
Curubi.
Drusiliana.
Elephantaria.
Furni I.
Furni II.
Gisipa-la-Grande.
Gisipa-la-Petite.
Giufi.
Giufi Salaria.
Giutrambacaria. cf. *Giufi Salaria*.
Gor.
Gummi.
Gunela. cf. *Tuneïa*.
Hilta.
Hippo-Diarrhyte.
Horta.
Lacubaza.
Lapda. cf. *Cubda*.
Lares.
Libertina.
Luperciana.
Marcelliana.
Matar.
Mattiana.
Maxula.
Medeli.
Meglapolis.
Melzi.

Membressa.
Membrone.
Migirpa.
Missua.
Mizigi.
Mulli.
Musti I.
Musti II.
Muzuca.
Naraggara.
Neapolis.
Nova.
Nummuli.
Obba.
Paria. cf. *Bure*.
Pertusa.
Pia. cf. *Vina*.
Pisi. cf. *Thisica*.
Pocofelta. cf. *Bilta*.
Puppiana.
Putput.
Rusuca.
Scillium.
Sebarga.
Sedela. cf. *Medeli*.
Selendeta.
Semina.
Senemsala.
Serra.
Siccenna.
Sicca.
Sicilibba.

Simidicca.
Siminina.
Simingi.
Simitthu.
Sinna.
Sinnar.
Suas.
Succuba.
Sululi.
Tabaïcaria.
Tabbora.
Tacia.
Tacia-des-Monts.
Tagarata.
Teglata.
Tepelta.
Thala.
Theudala.
Thibari.
Thibica.
Thibiuca.
Thignica.
Thimida-Bure.
Thimida-Royale.
Thisica.
Thisiduo.
Thuburbo-la-Grande.
Thuburbo-la-Petite.
Thuburnica.
Thubursicu-Bure.
Thuccabora.
Thugga.

Thunigaba.
Thunudruma.
Thunusuda.
Tigimma.
Tinisa.
Tisili.
Tituli.
Tonnona.
Trisipa. cf. *Migirpa*.
Tubernuc.
Tubyza.
Tulana.
Tunis.
Turris.
Uccula.
Uci-la-Grande.
Uci-la-Petite.
Ucres.
Ululi.
Urusi.
Uthina.
Utica.
Utimma.
Utimmira.
Uzali.
Uzappa.
Uzippari.
Vaga.
Vallis.
Vanariona.
Vazari.
Vazari-Didaca.

Vazi.
Villa-Magna.
Vina.
Vinda.
Voset.
Vol.
Zama-la-Grande.
Zama-la-Petite.
Zarna. cf. *Zama*.
Zemta.
Zigga.
Zuri.

---

# I. — CARTHAGE.

*Carthage, Kart-Hadès* des Phéniciens, Καρχηδων des Grecs, *Carthago* des Latins, autrement *Karthago*, au cas indirect *Carthagine*, d'où *Carthaginensis* et *Carthaginiensis*, était une colonie de Tyr et de Sidon. Détruite en 608 de Rome, relevée en 632 par Caïus Gracchus sous le nom de *Colonia-Junonia*, puis par César en 710, elle porta le nom de *Colonia-Julia-Carthago*. Au temps de Sévère et de Caracalla, elle fut gratifiée du droit italique et reçut le nom de *Colonia-Felix-Julia-Aurelia-Antoni-*

*niana-Kartago*⁽¹⁾. Après la conquête byzantine et l'expulsion des Vandales, elle prit le nom de *Justiniana-Carthago*. Les Arabes la nomment encore *Carthagenna* dans leur langue. C'était la ville la plus illustre de l'Afrique et à laquelle aucune autre ne pouvait être comparée pour l'étendue et pour la magnificence. Elle avait, en outre, depuis l'époque de la domination romaine, l'honneur que lui donnaient la présence et l'apparat de son proconsul. Lorsque la lumière de la foi chrétienne eut brillé pour l'Afrique, Carthage eut, de plus, la primatie dont jouissait son évêque et qui faisait regarder son Église comme la mère de toutes celles de l'Afrique.

Bientôt, dans cette capitale déjà si renommée pour la magnificence de ses édifices, l'Église s'illustra en élevant les monuments religieux les plus remarquables. Victor de Vite mentionne⁽²⁾ comme le principal temple de la ville *l'église appelée Restituta*, c'est-à-dire rendue par les Donatistes, et *où les évêques avaient établi leur habitation permanente*. Cette église semble avoir porté d'abord le nom de *Perpétue*, puisque le concile, réuni sous Genethlius, en 390, fut tenu dans la basilique *Perpetua-Restituta*⁽³⁾. Elle doit être aussi la même que la basilique Majeure (*basilica Major* autrement *Majorum*), rendue particulièrement auguste par le tombeau des saintes martyres Perpétue et Félicité⁽⁴⁾. Il est probable aussi que c'est la basilique récemment découverte par le Père Delattre, des missionnaires d'Alger, à la porte septentrionale de la

---

(1) *Corpus*, Insc. lat., t. VIII, n. 805, 1497, 1220, 2409 — Hard., *Conc.*, t. III, p. 202 — Bochart, *Geog. sac.*, lib. I, cap. XXIV.
(2) *Hist. pers. Vand.*, lib. I, cap. V.
(3) Hard., *Conc.*, t. I, p. 951.
(4) *Hist. pers. Vand.*, lib. I, cap. III.

ville antique. L'édifice était considérable et il comprenait un *trichorum*, une vaste area, une basilique proprement dite avec ses dépendances, un baptistère et des constructions qui ont dû constituer le palais épiscopal.

Le *trichorum* contenait trois tombeaux placés sous trois autels et il était précédé de l'*area* antique. Au-delà de celle-ci s'éleva plus tard une vaste basilique avec ses dépendances. Les fouilles de cet immense édifice ont fourni des fragments d'épitaphes chrétiennes par milliers, quantité de bas-reliefs et des débris de toutes sortes. Les textes épigraphiques sont pour la plupart incomplets, mais on y a lu la mention de *basilicæ, ecclesiæ, cancellos, episcopus, presbyter, diaconus, subd* (*iaconus*), *acolutus, lector* et une foule de noms puniques, grecs, latins, appliqués aux pieux fidèles qui avaient reçu en ce lieu saint la sépulture chrétienne.

La fréquente mention d'évêque et de prêtre qui paraît sur les plaques funéraires donne lieu de croire qu'il s'agit bien de l'église où les évêques et leur clergé avaient établi leur résidence permanente. Il est permis de penser que ce lieu consacré par le tombeau des martyrs devint le séjour des primats de Carthage, de même que le tombeau de saint Pierre au Vatican est devenu la résidence du Souverain Pontife.

Tout l'ensemble des ruines que nous venons de décrire sommairement porte aujourd'hui le nom de *Damous-el-Karita,* dans la langue des indigènes.

Une autre église, la basilique de Fauste, est également célèbre. L'évêque Reparatus en parle, entre autres, dans une lettre synodale, adressée au pape Jean II[1], et dit

---

(1) Hard., *Conc.*, t. I, p. 1154, cf. Vict. Vit.

qu'elle possédait les corps de nombreux martyrs. Saint Augustin a parlé au peuple dans cette basilique, comme dans la précédente et dans les autres églises de Carthage. Non moins noble était la basilique de saint Agilée, remarquable par son cimetière [1] et dans la sacristie de laquelle l'évêque Boniface réunit un concile en 525.

A ces églises il faut en ajouter d'autres que nous font connaître Victor de Vite, saint Augustin et d'autres auteurs. Ainsi nous connaissons la basilique des martyrs Scillitains [2], celle de la martyre Célerine [3], celles des Nouvelles [4], la basilique de Gratien [5], la basilique de Théodose [6], la basilique d'Honorius [7], la basilique des Tricilles ou des Pavillons [8], la basilique de saint Pierre dans la troisième région [9], la basilique de saint Paul dans la sixième région [10], la basilique de Théoprépia [11].

Ce grand nombre d'églises ne devra étonner personne, si l'on veut bien se rappeler combien fut grand le nombre des martyrs de Carthage et aussi combien le clergé de Carthage était nombreux au V⁰ siècle. Victor de Vite l'indique lorsqu'il dit autre part [12] : « *Tout le clergé de l'Église de Carthage, au nombre d'environ cinq cents membres, ou davantage, est décimé par le glaive ou par la famine.* »

---

(1) Append. chron., Prosp., *Apud Canis. Lect. Ant.*, t. I.
(2) *Hist. pers. Vand.*, lib. I, cap. III.
(3) *Ibid.*
(4) *Ibid.*, lib. I, cap. VIII.
(5) *Serm. S. Aug., Bibl. Casin.* t. I, p. 220 et seq.
(6) *Ibid.*
(7) *Ibid.*
(8) *Aug. Sermon. in ps.* XXXII.
(9) *Aug. Serm.* XV.
(10) Hard., *Conc.*, t. I, p. 388.
(11) *Aug.*
(12) *Hist. pers. Vand.*, lib. V, cap. VIII.

Carthage avait plusieurs sanctuaires dédiés à son illustre évêque et martyr saint Cyprien. *L'un,* dit Victor de Vite [1], *s'élevait sur le lieu où il avait versé son sang et l'autre sur celui où son corps fut enseveli et qu'on appelle les Mappales. »* Le même saint avait un sanctuaire en vue du port, selon ce que rapporte saint Augustin dans ses *Confessions,* lorsqu'il écrit que sa mère, sainte Monique, y passa une nuit en prières.

A Carthage encore se trouvait le sanctuaire de l'illustre martyr Julien, dont parle l'abbé Léonce dans sa vie de saint Grégoire d'Agrigente [2]. On y voyait, en outre, la basilique des Tertullianistes qui fit retour aux catholiques au temps de saint Augustin [3] et la basilique de Trasamond [4].

Justinien, après avoir reconquis l'Afrique, augmenta encore le nombre de ces basiliques. Procope nous apprend [5], en effet, qu'il fit construire deux églises à Carthage : l'une, dédiée à la mère de Dieu, dans le palais même ; l'autre, en dehors du palais, à sainte Prime, l'une des martyres d'Abitina.

Victor de Vite [6] nous parle de miracles opérés au baptistère de la basilique de Fauste et nous avons mentionné plus haut un baptistère découvert dans la basilique de Damous-el-Karita. Le P. Delattre en a retrouvé un autre du côté de la Marsa, et un troisième du côté de la mer. Evidemment les baptistères étaient dépendants des églises. D'autre part, le P. Delattre a découvert sur

---

(1) *Lib.* I, cap. v, Hard., *Conc.*, t. II, p. 1087.
(2) *In vita ejus.*
(3) *Lib. de Heres.*
(4) Felix, *Antol. vet. lat.*, III, p. 479.
(5) *De ædif. Justin*, lib. VI, cap. v.
(6) *Pers. Vand.*, lib. II, cap. xvii.

plusieurs points des ruines de Carthage des groupes de sépultures chrétiennes, entre autres près de l'amphithéâtre. Or, les cimetières chrétiens des premiers siècles dans les grandes villes possédaient d'ordinaire des églises ou sanctuaires sur le tombeau des martyrs.

Nous mentionnerons, en terminant la question des églises de Carthage, la basilique de la deuxième région où furent tenus les conciles de 404, 407, 409 et 410. Chaque région, on n'en saurait douter, avait sa basilique particulière, avec son clergé spécial.

Nous savons, de plus, qu'un certain nombre de monastères, fort nombreux d'ailleurs dans tout le reste de l'Afrique, étaient établis à Carthage.

Victor de Vite mentionne le monastère de Bigua, près de la basilique de Célerine. *C'est là*, comme il le dit, *que furent déposées les reliques des sept moines de Capsa, mis à mort par Hunéric, le même qui avait ordonné de livrer aux païens*, c'est-à dire aux Maures, *avec leurs habitants, tous les monastères d'hommes et de vierges consacrées à Dieu*. Observons que, parmi les épitaphes chrétiennes de Carthage, il en est plusieurs qui ont rapport aux vierges sacrées et aux serviteurs de Dieu, noms sous lesquels on désignait alors les religieux des deux sexes.

Un autre monastère fut aussi, d'après Procope [1], construit à Carthage par Justinien, près du Mandracium, mais nous ignorons s'il était destiné à des moines latins ou à des moines grecs, car on sait que, dans le siècle suivant, il existait en Afrique une laure de moines de saint Sabas, à laquelle appartenait l'abbé Théodore, prêtre, qui vint assister à Rome au concile de Latran [2]. Cette laure a

---

(1) *De æd. Just.*, lib. VI, cap. V.
(2) Hard., *Conc.* t. III, p. 719.

subsisté après l'occupation musulmane, comme on le voit dans le *Mémorial* de saint Euloge.

Parmi les titres d'honneur de Carthage, l'un des premiers est encore d'avoir été le siège de tant d'assemblées d'évêques. Depuis Agrippin jusqu'à Boniface, on y célébra, en effet, au moins trente-sept conciles dont les *Actes* sont conservés pour la plupart et dont l'autorité a toujours été considérable.

Mais sa plus grande gloire est, sans contredit, le grand nombre de ses martyrs, soit qu'ils lui appartiennent par leur naissance, soit qu'ils lui soient venus du dehors ; car la plupart de ceux qui étaient dénoncés dans toute la province étaient amenés à Carthage au tribunal du proconsul, et elle fut souvent honorée par leur sanglant martyre. Voici les noms de ceux d'entre eux dont l'Église romaine célèbre encore la mémoire :

AGILÉE, martyr, aux ides d'octobre ;

BASSA, PAULA et AGATHONICA, vierges et martyres, au 4 des ides d'août ;

CANDIDA, vierge et martyre, et SUZANNE, martyre, au 12 des calendes d'octobre ;

CATULINUS, JANVIER, FLORENTIUS, JULIE et JUSTA, martyrs, aux ides de juillet ;

CONCESSA, martyre, au 6 des ides d'avril ;

CYPRIEN, évêque et martyr, au 17 des calendes d'octobre ;

GUDDÈNE, vierge et martyre, au 15 des calendes d'août ;

HÉRACLIUS et ZOSIME, martyrs, au 5 des ides de mars ;

LIBERATUS, BONIFACE, SERVUS, RUSTIQUE, ROGAT, SEPTIME et MAXIME, moines de Capsa, martyrs, au 10 des calendes de septembre ;

MARCELLIN, martyr, au 8 des ides d'avril ;

MODESTE et JULIEN, martyrs, la veille des ides de février ;

OCTAVIEN et *plusieurs milliers* de martyrs, le 11 des calendes d'avril ;

RESTITUTUS, évêque et martyr, ou plutôt confesseur, au 5 des ides de décembre ;

SPÉRAT, NARZALE et les SCILLITAINS, martyrs, au 16 des calendes d'août ;

*Trois cents martyrs*, au 9 des calendes de septembre ;

PERPÉTUE, FÉLICITÉ et leurs compagnons de Thuburbo-la-Petite, martyrs, aux nones de mars ;

Il y en eut assurément beaucoup d'autres dont on retrouve les noms dans les anciens *Martyrologes*.

Nous avons mentionné les principaux et nous allons aussi donner les noms des principaux confesseurs de Carthage, qui ont illustré cette ville, et dont l'Église romaine célèbre la mémoire :

CÆCILIUS, prêtre, au 3 des nones de juin ;

CONSTANTIN, confesseur, au 5 des ides de mars ;

CYR, évêque, la veille des ides de juillet ;

DEOGRATIAS, évêque, le 11 des calendes d'avril ;

PONCE, diacre, au 8 des ides de mars ;

Le calendrier propre de Carthage nomme, en outre :

AURÈLE, évêque, au 13 des calendes d'août ;

CAPREOLUS, évêque, au 4 des mêmes calendes ;

EUGÈNE, évêque, aux nones de janvier ;

GENETHLIUS, évêque, aux nones de mai ;

GRATUS, évêque, aux 3 des nones de mai ;

QUODVULTDEUS, au 6 des ides de janvier.

Le même calendrier de Carthage porte les noms de beaucoup d'autres saints martyrs et confesseurs qui lui appartiennent ou qui appartiennent à l'Afrique. Il contient encore les noms de trente saints environ qui sont étrangers à l'Afrique, mais qui recevaient à Carthage un culte tout particulier.

La réputation des saints de Carthage est éclatante et plût à Dieu que nous puissions citer aussi parmi eux un autre citoyen de Carthage, prêtre de cette même Église, je veux parler de Tertullien, dans les écrits duquel nous admirons encore le génie, la science, l'érudition, mais dont nous devons déplorer aussi la défection et les folles rêveries.

Voilà pour ce qui concerne l'Église de Carthage. Quant aux monuments chrétiens de toutes sortes que l'on y a retrouvés depuis la nouvelle occupation française, ils sont tellement nombreux que nous ne pouvons en faire ici l'énumération. Ils témoignent hautement de la foi et de la piété des fidèles de Carthage et nous faisons des vœux pour qu'ils soient mis à la connaissance de tous les chrétiens de notre époque.

Les édifices religieux élevés en ces dernières années sur les ruines de Carthage témoignent eux aussi à leur manière de la fécondité éternelle de l'Église catholique. Bornons-nous à dire qu'une magnifique cathédrale y a été dédiée à saint Cyprien et à saint Louis, roi de France, dont la sainte mort, on le sait, a consacré en 1270 ces mêmes ruines.

Nous devons, maintenant, mentionner, par ordre, les évêques connus qui ont gouverné l'Église de Carthage. Nous nous bornerons, du reste, ici, à quelques détails sur chacun d'entre eux, nous réservant d'en parler plus longuement dans les *Annales*.

**AGRIPPIN.** Nous le nommons en premier lieu, sans faire mention de saint Crescent qui aurait gouverné l'Église de Carthage pendant vingt années avant d'évangéliser les Gaules. Agrippin appartient certainement au second siècle, s'il n'est pas plus ancien, et saint Cyprien, à propos des deux conciles qu'il a présidés, l'appelle en deux endroits de ses écrits [1], *un homme d'heureuse mémoire*. Saint Augustin en fait aussi mention, mais sans joindre aucun titre à son nom [2].

**OPTAT.** Les *Actes* des illustres martyres Perpétue et Félicité, qui appartiennent probablement à l'an 203, nous font connaître cet évêque. Il est fait deux fois mention de lui dans le paragraphe treizième. Qu'il ait été évêque de Carthage, c'est ce qu'indique le lieu même du martyre des saintes Perpétue et Félicité, puisque c'est à Carthage et dans l'amphithéâtre que ces deux admirables femmes en ont reçu la palme.

**CYR.** Il semble devoir être placé entre Optat et Donat, car c'est à peine s'il reste, plus tard, une période libre qu'on puisse assigner à son épiscopat. C'est Possidius, dans son *Index* des sermons de saint Augustin, qui nous a conservé son nom ; il y mentionne un discours sur la déposition de Cyr, évêque de Carthage. Ainsi il était honoré comme un saint, mais nous ne possédons pas le discours de saint Augustin.

**DONAT.** Il gouvernait l'Eglise de Carthage avant l'année 248, car une lettre de saint Cyprien au pape

---

[1] *Ep.* LXXI et LXXIII.
[2] *De Bapt. adv. Donat.*, lib. III, cap. II, et alibi.

Corneille ⁽¹⁾ prouve avec évidence que Donat fut son prédécesseur. Saint Cyprien écrit, en effet, que l'hérétique Privat a été dénoncé et condamné par les lettres de Fabien et de Donat, *nos prédécesseurs*. En quoi, il montre que, comme Corneille avait eu Fabien pour prédécesseur, ainsi lui-même avait succédé à Donat.

**CYPRIEN.** — Il devint évêque en 248, ou dans l'année qui suivit immédiatement; car dans la lettre qu'il écrivit au pape Corneille, en 252, il dit de lui-même : « *que son peuple a pu le juger depuis quatre ans dans l'exercice de l'épiscopat* ⁽²⁾. *Il fut le premier* (évêque) *en Afrique*, comme l'écrit dans sa vie le diacre Ponce, *qui ait teint de son sang la couronne sacerdotale* ⁽³⁾. Il ajoute : *depuis que Carthage compte des évêques, il n'a jamais été dit qu'un membre de l'épiscopat et du sacerdoce, même des meilleurs, y ait été honoré du martyre*. Ponce indique ici que Carthage eut toute une série d'évêques avant saint Cyprien.

Saint Cyprien reçut la couronne du martyre sous le consulat de Tuscus et de Bassus, en l'an 258 de l'ère chrétienne. La durée de son épiscopat a donc été d'environ dix ans. L'Eglise l'honore le 16 septembre et les anciens *Martyrologes* lui donnent plusieurs compagnons de martyre. Il eut pour adversaires Fortunat que la faction de Félicissime avait élu évêque de Carthage, et Maxime à qui les sectateurs de Novatien avaient conféré le même titre.

---

(1) *Epist.* LIX.
(2) *Ibid.*
(3) N. 19.

**CARPOPHORE.** — Un manuscrit des œuvres de saint Optat, celui de saint Germain, nous a conservé ce nom. En parlant du schisme que fit Majorin contre Cécilien, l'évêque légitime, il dit [1] : « *Le siège épiscopal était occupé, l'autel était à sa place, cet autel où avaient sacrifié dans la paix les évêques antérieurs, Cyprien, Carpophore, Lucien et les autres.* » Il est, du reste, naturel de placer, au moins, deux évêques entre Cyprien et Mensurius, puisque, entre l'un et l'autre, il s'écoula environ quarante ans.

**LVCIEN.** Nous le connaissons par le même saint Optat, et son nom se trouve dans tous les manuscrits. On pourrait même douter si Mensurius fut son successeur immédiat, puisque saint Optat dit : Lucien et les autres. Or *les autres* désignent au moins deux évêques. Mais après Lucien et avant Cécilien, dont Optat ne parle pas, nous ne pouvons nommer que Mensurius.

Lucien est-il le même que le calendrier de Carthage annonce aux calendes de février avec saint Vincent, martyr ? Nous ne pouvons le dire.

**MENSVRIVS.** Saint Optat et saint Augustin en ont fait mention [2]. Il gouvernait l'Eglise de Carthage au commencement du IV<sup>e</sup> siècle. C'est l'époque où Dioclétien sévissait contre les chrétiens. Accusé auprès de Maxence de ne vouloir pas livrer le diacre Félix, caché auprès de lui, il fut obligé de se rendre près de l'empereur pour plaider sa cause. Ayant ensuite reçu l'ordre de revenir, il

---

[1] *De schim. Donat*, lib. I, cap. XIX.
[2] *De schism. Donat*, lib. I, cap. XVI — *Aug. contra litt. Petil.*, lib. III, cap. XXV et alibi.

mourut loin de son Église, en 411. C'est peut-être à Rome même que Mensurius remit son âme à Dieu. Son nom, du moins, se lit plusieurs fois, en graffite, sur les murs de la catacombe de Soter.

**CÉCILIEN.** Il était archidiacre de l'Église de Carthage, lorsque, élu par le suffrage unanime du peuple, il fut sacré évêque, en 311, par Félix d'Aptunga. Il eut d'abord pour compétiteurs Botrus et Cælestius [1], puis Majorin et Donat, duquel le schisme reçut son développement. Il eut beaucoup à souffrir de la secte des Donatistes et fut souvent l'objet de leurs accusations, mais il ne faiblit jamais et fut absous par les suffrages de tous. On n'est pas sûr de la durée de son épiscopat, mais il était certainement vivant en 321, lorsque le rescrit de l'empereur Constantin fut expédié à Verinus, vicaire d'Afrique. Il assista aussi, en 325, au concile de Nicée, comme le prouve le registre des souscriptions publié par Labbe, à l'autorité duquel vient s'ajouter celle de Gélase de Cyzique qui compte aussi Cécilien parmi ceux qui souscrivirent à ce concile [2]. Il paraît être mentionné dans le calendrier de Carthage le 14 des calendes de mars.

**RVFVS.** Son nom nous est donné fort à propos par le concile de Rome, tenu sous saint Jules, en 337 [3]; car entre le sacre de Cécilien et celui de Gratus on compte plus de trente années. D'autre part, il est vrai, les opinions diffèrent sur ce concile. C'est par Isidore que nous le

---

[1] *Ibid.*, p. 567.
[2] Opt., *De schism., Don.*, lib. I, cap. XVII.
[3] Hard., *Conc.*, t. I, p. 423.

connaissons mais les circonstances ne concordent pas bien entre elles [1].

**GRATVS.** Nous savons, par saint Athanase [2], qu'il assista au concile de Sardique, avec plus de trente évêques africains. Gratus en témoigne lui-même dans le concile qu'il tint à Carthage après son retour, en 349, c'est-à-dire deux ans après [3]. C'est sous son épiscopat que Donat fut envoyé en exil et y mourut. Cependant les Donatistes, à partir de l'année 355, ou peut-être même auparavant, lui donnèrent Parménien pour successeur. A Carthage on célébrait la déposition de saint Gratus évêque le 3 des nones de mai.

**RESTITVT.** Le *Martyrologe* romain, qui fait sa mémoire le 5 des ides de décembre, lui donne le titre de martyr; néanmoins, dans le calendrier de Carthage, on lit simplement, au 4 des calendes de septembre, *déposition de Restitut*. Possidius, faisant l'énumération des sermons de saint Augustin dit que l'un d'eux portait ce titre : « *Pour la déposition de Restitut, évêque de Carthage.* » Ce qu'on en peut conclure c'est qu'il n'était point honoré le même jour dans l'Eglise de Carthage et dans celle de Rome ou bien il faut reconnaître qu'il s'agit de saints différents, honorés tous deux à Carthage. Restitut assista, en 359, au concile de Rimini et ayant été député à l'empereur [4] avec plusieurs autres évêques il participa à Nicée en Thrace à un synode impie où il déclara partager

---

(1) *Antist. Raven. chron.*, t. I, p. 37.
(2) *In Apolog.*, II.
(3) Hard. *Conc.*, t. I, p. 686, can. v.
(4) Hard. *Conc.*, t. I, p. 719.

les sentiments d'Ursacius et de Valens, évêques Ariens. Il est certain cependant qu'il se repentit ensuite et qu'il mourut dans le sein de l'Église catholique, après s'être illustré par de grandes vertus.

**GENETHLIVS.** Il est hors de doute qu'il fut nommé évêque avant 381 ; car en cette année-là, il délégua Félix et Numidius au concile d'Aquilée. Lui-même tint deux conciles à Carthage. Il fait, en effet, dans le second de ces conciles, mention du premier en ces termes : Je rends grâce au Dieu tout puissant de ce qu'il a permis que conformément aux décisions de notre précédent concile et à la teneur de mes lettres de convocation, vous vinssiez à Carthage pour y soutenir la foi et les intérêts de l'Église [1].

Le calendrier de Carthage annonce la déposition de Genethlius, évêque, aux nones de mai.

**AVRÈLE.** Il était diacre de l'Église de Carthage lorsqu'il fut élevé à l'épiscopat, en 391, ou l'année qui suivit. Car en 393, il présida le premier des conciles qu'il a tenus et dont le nombre s'est élevé jusqu'à vingt [2]. Il eut pour adversaire Primien que les Donatistes avaient élu à la place de Parménien et qui fut le dernier chef de cette secte. Le vingtième concile tenu par Aurèle fut célébré en 424. Il vivait encore en 426, comme le montre la lettre qu'il écrivit avec les autres évêques d'Afrique aux évêques des Gaules sur l'affaire de Leporius [3].

---

[1] Hard. *Conc.*, t. I, p. 951.
[2] Hard. *Conc.*, t. I, p. 953 et seq.
[3] *Ibid.*, p. 1261.

Parmi ses actes les plus connus, il faut placer la consécration du temple de la déesse Céleste, dont la dédicace, à l'époque du paganisme, avait d'abord été faite par un pontife païen, nommé aussi Aurèle. Il le purifia lui-même pour le consacrer au culte de la vraie religion. Aussi, comme l'écrit l'auteur du livre des prédictions [1] : « *Le jour de la solennité de Pâques, devant un peuple nombreux qui s'y était réuni ou qui était attiré de tous côtés par la curiosité, le père d'un grand nombre de prêtres, l'évêque Aurèle, de digne mémoire, aujourd'hui citoyen de la céleste patrie, établit son siège au lieu qu'occupait auparavant la déesse Céleste et y prit place.* »

**CAPRÉOLVS.** On a de lui une lettre au concile d'Éphèse où il délégua, en 431, le diacre Besula [2]. Sirmond a, le premier, publié une autre lettre de Capréolus [3], en réponse aux évêques d'Espagne Vital et Constance, après la condamnation de Nestorius. Elle est postérieure à l'an 435, car il y parle du concile d'Éphèse en termes qui n'indiquent pas un événement tout à fait récent.

D'après le calendrier de Carthage et le *Martyrologe* de saint Jérôme, Capréolus était honoré le 4 des calendes d'août.

**QVODVVLTDEVS.** Il paraît avoir été élu évêque vers l'an 437, car Victor de Vite raconte que l'année où Carthage fut prise par les Vandales, c'est-à-dire en 439,

---

(1) Lib. III, cap. XXXVIII.
(2) Hard., *Conc.*, t. I, p. 1410.
(3) *Op. var.*, t. I, p. 215.

l'évêque de Carthage était QuodvultDeus[1], *connu de Dieu et des hommes,* termes qui semblent indiquer un homme qui remplissait saintement, depuis plusieurs années déjà, les fonctions de l'épiscopat. Bientôt après, *Genséric ordonna de l'expulser, lui et une grande troupe de clercs, après les avoir dépouillés de leurs vêtements et de tout ce qu'ils possédaient et les avoir embarqués sur des navires à demi brisés. Dieu cependant, par un effet de sa miséricordieuse bonté, daigna les faire aborder heureusement à Naples, dans la Campanie.* Nous lisons, dans les *Martyrologes,* qu'il mourut dans cette ville. L'Église romaine l'honore le 26 octobre et celle de Carthage célébrait sa déposition le 6 des ides de janvier.

**DEOGRATIAS.** *Sur les supplications de l'empereur Valentinien,* c'est ainsi que s'explique Victor de Vite[2]. *Genséric toléra que l'Église de Carthage, après un long et désolant veuvage, pût, en 454, faire sacrer un évêque.* Dans la chronique, dite de Prosper le Conscrit, nous trouvons ce fait consigné avec l'indication de l'année, du jour et du lieu[3] : « *Sous le consulat d'Aetius et de Studius, Deogratias est sacré évêque à Carthage dans la basilique de Fauste, le dimanche 7 des calendes de novembre.* Victor de Vite atteste que Deogratias tint pendant trois ans sa charge épiscopale; il faut donc placer sa mort en 457. Mais comme, dans le calendrier de Carthage, on mentionne sa déposition aux nones de janvier, c'est probablement dans l'année suivante qu'il mourut et

---

(1) *Pers. Vand.,* lib. I, cap. v.
(2) *Pers. Vand.,* lib. I, cap. viii.
(3) *Apud Canis. Aut. Lect.,* t. I.

son épiscopat aurait duré en conséquence trois ans deux mois et dix jours. L'Église romaine l'honore, du reste, le 22 mars.

**THOMAS.** D'après certains manuscrits de Victor de Vite [1], Thomas aurait été le successeur immédiat de Deogratias. C'était certainement un évêque d'une vieillesse vénérable et qui fut en butte aux persécutions des Ariens comme les évêques précédents.

**EVGÈNE.** Victor de Vite, parlant du roi Hunéric qui avait succédé à son père Genséric, dit [2] : « *A la prière de l'empereur Zénon et de l'impératrice Placidie, veuve d'Olybrius, il permit à l'Eglise de Carthage qui était privée de cet honneur depuis vingt-quatre ans, de se choisir l'évêque qu'elle voudrait.* » Eugène fut élu en 479. Trois ans plus tard, par ordre du roi Hunéric, Eugène et tous les autres évêques catholiques d'Afrique furent convoqués à la fameuse assemblée de Carthage. Elle fut suivie de leur exil. Victor de Tonnone marque dans sa chronique, qu'Eugène vécut jusqu'en 505. Sa vie se passa partie en exil, partie à Carthage. C'est ce que nous apprend la chronique de Prosper le Conscrit, où l'on rapporte qu'Eugène fut rappelé d'exil la troisième année du règne de Gontamond, c'est-à-dire en 487, mais qu'il fut de nouveau exilé par Trasamond, qui commença son règne en 496. L'Eglise romaine honore saint Eugène le 13 juillet. Le calendrier de Carthage l'annonce aux nones de janvier avec saint Deogratias. Ses reliques sont vénérées à Albi, en France.

---

(1) *Pers. Vand.*, lib. I.
(2) *Ibid.*, lib. II, cap. I. Depuis la mort de Deogratias, en 457, jusqu'à l'élection de Eugène, en 479, il n'y a que vingt-deux ans. Ce chiffre ne concorde pas avec l'assertion de Victor de Vite.

**FVLGENCE.** Nous le donnons comme douteux ainsi que nous avons fait pour Thomas. Il s'agit ici, en effet, de *Fabius Furius Fulgence Planciades*, auteur de trois livres sur *la Mythologie*, d'un autre *sur l'allégorie des œuvres de Virgile* et d'un opuscule sur le *vieux langage*. Nous lisons bien dans les scholies des grammairiens, que cet auteur a été évêque de Carthage et dans un très ancien manuscrit de la bibliothèque de sainte Claire, à la fin du troisième livre des *Mythologies* dédié à Catus, prêtre de Carthage, on lit ce qui suit, écrit de la même main que le reste : « *C'est Fulgence, de l'ordre des sénateurs, qui publia des discours sur la science philosophique, qui aima les savants et s'en fit aimer, et qui fut plus tard, au temps de l'empereur Anastase, sacré évêque de la ville de Carthage.* » On devrait donc, si cela était certain, le placer aussitôt après Eugène ; mais on ne peut admettre sans réserve que, dans un temps où l'Église de Carthage était opprimée sous le poids des plus grands maux et où une loi de Trasamond défendait à tous les catholiques d'élire des évêques, on ait fait choix d'un mythographe, imitateur d'Apulée, pour gouverner, consoler et défendre une si grande Église. Du reste, il n'est fait aucune mention de Fulgence Planciades dans les *Fastes* antiques, et à cette époque, on ne pouvait sans péril s'occuper à Carthage du choix d'un évêque[1].

**BONIFACE.** Il succéda à Eugène, si ce n'est au précédent, mais pas avant l'année 523. Il fut élu évêque et sacré dans la basilique du saint martyr Agilée, lorsque *Hildéric qui commençait son règne, eut*, selon le langage de l'historien

---

(1) Il y a là sans doute confusion avec saint Fulgence, évêque de Ruspe, qui vint à cette époque défendre la foi à Carthage même.

de saint Fulgence, *la rare bonté de rendre la liberté à l'Église africaine*[1]. Boniface convoqua à Carthage, en 525, un concile plénier de toute l'Afrique[2]. C'est sous son épiscopat que cette contrée fut reconquise, en 533, par l'empereur Justinien. Boniface mourut deux ans après, en 535.

**RÉPARAT.** Il fut sacré l'année de la mort de son prédécesseur et tint aussitôt un concile d'où il adressa au Pape Jean II une lettre synodale[3]. Mais s'étant rendu à Constantinople, en 551, il s'y montra hostile à la condamnation des trois chapitres et il fut l'année suivante éloigné de son siège et envoyé en exil. Ce fut cependant sous un autre prétexte; car, comme les clercs d'Italie l'écrivirent aux Légats des Francs[4]. « *On a fait son procès au saint évêque Réparat de Carthage, comme s'il avait fait mettre à mort, en Afrique, par le tyran Gontaril, Aréobinde, maître de la milice.*

**PRIMASE.** Il avait été, à Constantinople, l'apocrisiaire de Réparat. Les mêmes clercs d'Italie écrivent ce qui suit, au sujet de son élection : « *On a même envoyé à Carthage, contrairement à la règle et à toutes les prescriptions des saints Pères, et on a fait sacrer un autre évêque à la place de Réparat.* » En l'année 553, Sextilien, évêque de Tunia (Tunis), assista, au nom de Primase, au deuxième concile de Constantinople[5]. La date de la mort de Primase n'est pas exactement connue. Dupin, qui le fait mourir

---

(1) *Vit. S. Fulg.*, cap. XXVIII.
(2) Hard., *Conc.*, t. II, p. 1071.
(3) *Ibid.*, pp. 1154 et 1177.
(4) *Ibid.*, t. III, p. 48.
(5) *Ibid.*, p. 51.

avant Réparat, en 562, n'indique pas même par un mot sur quelle autorité il s'appuie. Il n'est pas croyable non plus que Victor de Tonnone, ennemi de Primase, et qui triomphe presque, lorsqu'il énumère les malheurs du parti opposé, ait passé sous silence un événement favorable à sa cause, alors surtout qu'il a consigné avec soin la mort de Réparat lui-même. C'est pourquoi le décès de Primase peut être retardé jusqu'après la mort de Justinien, ou après 565, époque où se termine la chronique de Victor.

**PVBLIEN.** On n'est point certain de l'année où il fut fait évêque. Cependant il est permis de croire, si l'on tient uniquement compte du temps, qu'il fut le successeur immédiat de Primase. Il est nommé, en effet, dans la *Pragmatique* de Tibère, qui fut publiée en 581. Publien était donc alors, s'il fut fait évêque à la mort de Primase, dans la quinzième année environ de son épiscopat.

**DOMINIQVE.** Il peut passer, sans difficulté, pour le successeur de Publien; car saint Grégoire le Grand en fait mention dès l'année 591[1] et en parle comme s'il était déjà presque ancien dans l'épiscopat. Il écrit ainsi, en effet, à Dominique lui-même sur sa charité qui s'accroissait avec le temps : « *Nous savons que, grâce à la miséricorde de Dieu, cette vertu est déjà affermie en vous par la pensée de votre sacerdoce, par la continuité de l'étude, par la maturité de l'âge.* » Nous apprenons aussi de saint Grégoire que Dominique vivait après le mois de septembre de l'année 601 : car à cette date, il lui écrivit pour le féliciter de sa convalescence après une grave maladie[2].

---

[1] Lib. II, ép. XLVII.
[2] Lib. XII, ép. I.

**FORTVNIVS.** Nous ne savons pas avec certitude quel fut son prédécesseur immédiat, car l'intervalle qui le sépare de Dominique est trop considérable. Fortunius était, en effet, évêque de Carthage à l'époque où Paul II, qui mourut en 655, était patriarche de Constantinople. On doit le conclure d'un passage du troisième concile de cette ville (*Actio* XIV) où il est fait incidemment mention de Fortunius en ces termes[2] : « *Constantin, prêtre aimé de Dieu et secrétaire pour les lettres latines, dit : Je sais, Seigneur, qu'au temps de Paul, l'ancien patriarche, Fortunius qui fut évêque de Carthage, vint ici, et comme il devait célébrer le saint sacrifice dans la grande et sainte église de Dieu, on se demanda comment il devait siéger.* » Or Paul ne tint que pendant treize ans la charge épiscopale. Il faut donc admettre que Fortunius se rendit à Constantinople après l'année 642.

On a trouvé à Carthage un plomb de bulle qui peut être rapporté à Fortunius. On y lit, en effet, ce qui suit : EPS FORTVNIVS, c'est-à-dire : *Episcopus Fortunius;* et au revers, ces sigles : RC VI qu'on pourrait interpréter : *Regio sexta*, ou bien encore *Virgo*, se rapportant à la Mère de Dieu. Du reste, nous donnerons ici le fac-simile de ce plomb :

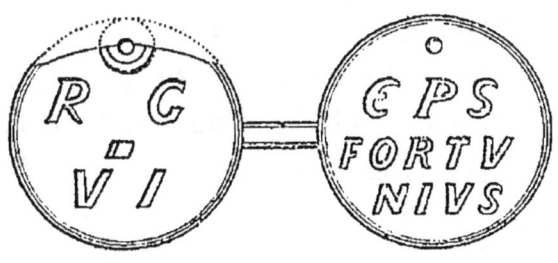

---

(2) Hard., *Conc.*, t. III, p. 1363.

**VICTOR.** Il succéda, sans intervalle, à Fortunius, car nous avons de lui une lettre écrite au pape Théodore vers l'an 646. En outre, au concile de Latran où cette lettre fut lue[1], il est dit que Victor était encore vivant. C'était à la fin de l'année 649, époque où Martin, successeur de Théodore, réunit le concile. Dans cette même lettre, Victor indique lui-même le jour où il prit le gouvernement de l'Église de Carthage[2] : « *Nous informons, dit-il, votre Fraternité aimée de Dieu, que le 17 des calendes d'août, indiction quatrième, c'est-à-dire en 646, par la grâce de Dieu et par l'ordre de sa providence bienfaisante et grâce à vos saintes et dignes prières, notre humble personne a eu l'honneur de recevoir la consécration et la juridiction épiscopales.* » Nous savons à peine combien de temps il jouit de cet honneur, mais ce qu'il est permis d'affirmer, c'est que son pontificat tombait à une époque désastreuse, car dès sa seconde année, l'armée des Sarrasins envahit l'Afrique pour le grand malheur de l'Église et pour celui du nom chrétien. Aussi ne sait-on même pas si, à la mort de Victor, on put lui donner un successeur.

**ÉTIENNE.** Son nom nous est parvenu sur un plomb de bulle trouvé à Carthage. Encore ce nom n'est-il pas absolument certain, pas plus, du reste, que l'époque à laquelle il a siégé et que le siège lui-même. On lit en effet sur ce plomb : *Stephanus archiepiscopus*, et on voit au revers le buste nimbé d'un saint personnage, peut-être saint Étienne, premier martyr. Voici, d'ailleurs, le fac-similé de ce plomb :

---

(1) Hard., *Conc.*, t. III, p. 754.
(2) Hard., *Conc.*, t. III, p. 755.

— 96 —

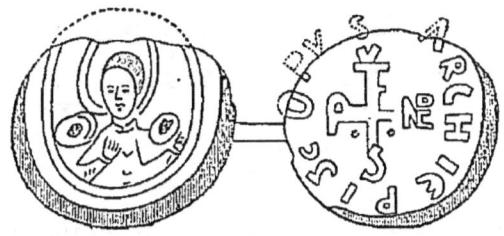

La particularité la plus intéressante du texte est le titre d'archevêque que les Souverains Pontifes, nous le savons par l'histoire, ont donné aux évêques de Carthage, parce que ceux-ci étaient les primats de toute l'Afrique, même dès l'époque de l'empereur Justinien.

Le musée de Saint-Louis conserve sept ou huit fragments de plaques funéraires qui concernent des évêques de Carthage sans doute, mais les noms sont mutilés ou bien ont disparu complètement. Nous allons néanmoins donner ces fragments qui ont été recueillis dans les ruines de la basilique de Damous-el-Karita.

Sur un fragment de marbre blanc, épais de quatre centimètres, en caractères de quatorze centimètres de hauteur, on lit :

La beauté des caractères permet de reporter cette épitaphe à une époque très ancienne.

Sur trois fragments d'une plaque de pierre, de l'espèce dite *saouan*, fragments hauts de dix-huit centimètres et formant une longueur de soixante-quatre centimètres, nous lisons en caractères de dix centimètres de hauteur :

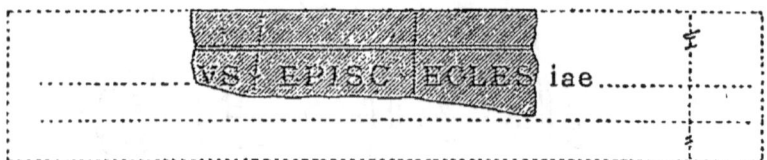

L'épitaphe comprenait au moins deux lignes de texte.

Sur un fragment on lit en lettres de huit centimètres de hauteur :

Sur un fragment de marbre, haut de trente-cinq centimètres et large de vingt, nous lisons en caractères de vingt-et-un centimètres de hauteur :

Un autre fragment nous offre des lettres de dix centimètres de haut, trois lignes de texte et la formule (*in*) *pace* :

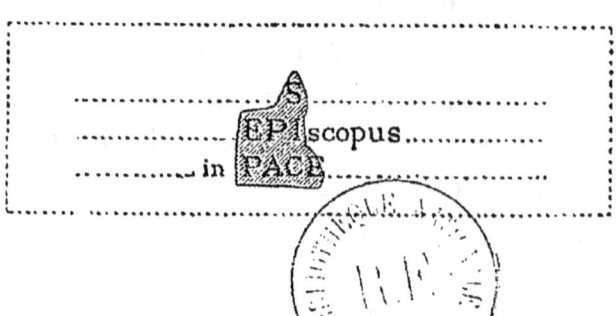

Enfin trois fragments de marbre, de diverses dimensions, portent deux lignes de texte et des caractères de huit centimètres de hauteur :

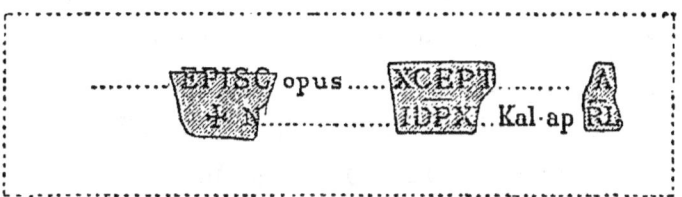

La déposition de cet évêque eut lieu le 10 ou après le 10 des calendes d'avril, c'est-à-dire en mars. Dès lors s'agirait-il de saint Deogratias dont l'Église romaine fait mémoire le 11 des calendes d'avril? Il serait téméraire de l'affirmer.

**THOMAS II.** Ce nom nous est fourni après quatre siècles d'intervalle, c'est-à-dire en l'an 1054, par le pape saint Léon IX, à qui Thomas s'était plaint de ce que l'évêque de Gummi lui disputait le premier rang. Léon lui répondit, en effet, en ces termes[1] : « *Sachez donc, à n'en pas douter, que l'évêque de Carthage est, après le Pontife romain, le premier archevêque et le plus grand métropolitain de toute l'Afrique; et cet évêque de Gummi, quel qu'il soit, n'a aucun droit d'ordonner ou de déposer des évêques, ni de convoquer un concile provincial sans le consentement de l'archevêque de Carthage, quelles que puissent être d'ailleurs sa dignité et sa puissance, à l'exception toutefois des choses qui concernent son Église propre. Pour tout le reste, il agira comme les autres évêques d'Afrique, d'après le conseil de l'archevêque de Carthage.* » Thomas avec les autres évêques

---

(1) Hard., *Conc.*, t. VI, p. 949.

qui n'étaient plus qu'au nombre de quatre, dans sa province sans doute ou dans les environs de Carthage, tint un concile, comme nous l'apprend la lettre du même pape Léon aux évêques Pierre et Jean, pour les féliciter d'avoir soutenu la prééminence de l'Église de Carthage[1]. Du reste ni dans l'une ni dans l'autre de ces lettres, saint Léon IX ne donne à Thomas le titre d'archevêque de Carthage ; mais seulement celui d'évêque d'Afrique, à moins que l'on ne préfère croire que les adresses de ces lettres se sont perdues.

**CYRIAQVE.** Il vivait en 1076, année où le pape Grégoire VII lui écrivit[2] en l'appelant expressément archevêque de Carthage. Il le pria, puisque toute l'Afrique n'avait plus que deux évêques, d'en faire élire un troisième et de l'envoyer à Rome pour être sacré, afin que, ensuite, leur nombre étant porté à trois, ils pussent, *conformément aux dispositions des saints canons, subvenir, par des consécrations épiscopales, aux besoins des Églises.* Que firent ces évêques ? quel fut le sort de l'église de Carthage ? Personne ne nous l'apprend et ne porte la moindre lumière dans de si profondes ténèbres. Nous savons cependant, au sujet de Cyriaque que, accusé par les chrétiens eux-mêmes auprès des Sarrasins, il fut dépouillé de ses vêtements, battu de verges et flétri comme coupable de vol. Aussi saint Grégoire VII reprend-il ses accusateurs en termes justement sévères[3].

Environ quatre siècles plus tard, nous retrouvons des archevêques de Carthage, mais ils sont simplement titulaires. Nous allons donner les noms de ceux qui nous ont été signalés par les congrégations romaines.

---

(1) Hard., *Conc.*, t. VI, p. 950.
(2) *Ibid.*
(3) Lib. I, ép. XXII.

Jacques de Padula, en 1461;
Louis de Padula, en 1463;
Léonard, en 1475;
Bernardin, en 1519;
Didace Requesens, en 1637;
Scipion Costaguto, en 1648;
Laurent Trotto, en 1666;
Jacques Colbert, en 1680;
Corneille de Bentivogli, en 1712;
Antoine Balsarini,
François Bona, en 1731;
Joseph Thrautson, en 1750;
Cristoforo Migazzi, en 1751;
Joseph Lucatellio, en 1760;
Matthieu Testa, en 1766;
Ferdinand Saluzza, en 1784;
Jean Devoti, en 1804;
Augustin de Montblanc, en 1821;
Philippe de Angelis, en 1830;
Michel Piéla, en 1841;
Sauveur de Otherio, en 1862;
Louis Haynald, en 1864;
Pierre Rota, en 1879.

Le siège de Carthage, rétabli dans son premier état, avec la juridiction métropolitaine sur toute l'Afrique du Nord, a été confié, par décret de Notre Très Saint Père le Pape Léon XIII, le 10 novembre 1884, à l'Éminentissime

**CHARLES**-martial-allemand LAVIGERIE, Cardinal-Prêtre de la sainte Église romaine, du titre de Sainte-Agnès-hors-les-Murs, archevêque d'Alger.

## II. — ABBIR-LA-GRANDE.

Il y avait, dans la province proconsulaire, deux villes du nom d'*Abbir*, si ce n'est davantage. Les documents ecclésiastiques ne mentionnent que *Abbir-la-Grande* et *Abbir* simplement ou *Abbir-de-Germanicus*. Les monuments épigraphiques ne signalent qu'une ville de ce nom, c'est *Abbir-Cella*, que l'on a retrouvée aux ruines appelées *Henchir-en-Naâm*, situées à l'est du mont appelé Djebel-bou-Korneïn et qui domine le plateau dit Fahs-er-Riah [1]. D'après une dédicace païenne que nous allons reproduire, Abbir-Cella avait au III° siècle, le titre de *Municipium* Julium Philippianum Abbir Cellense qu'elle devait aux Philippe, empereurs prétendus chrétiens. Le texte de la dédicace est ainsi conçu [2] :

```
                    GENIO IMPERII
                        DD NN
                 IMP. CAES. M. IVLII. PHI
              LIPPI. PII. FELICIS. AVG. TRIB
an. 246.           POT. III. COS. P. P. ET
            M ju L phi L ippi nobi L is
            simi CAES. TOTIVSQVE
            DOMVS. DIVINAE corum
            MVNICIPIVM. IVLIVM
            phi L ippianu M. ABBIR
            CELLENSE DEVOTVM
            NVMINI. MAIESTATIQ
                corum D. D. P. P
```

(1) Nous devons avertir une fois pour toutes que *henchir* signifie ruine; *oued*, rivière; *djebel*, montagne; *fahs*, plaine; *koudiat*, colline; *fedj*, défilé, col; *aïn*, source.
(2) *Corpus*. n. 814.

Dans un fragment de pierre employé à l'aqueduc de Carthage, on a reconnu un monument d'Henchir-en-Naâm qui donne à la ville le titre de (*civita*)*s Abb*(*ir*) *Cellens*(*is*)[1]. Malgré ces témoignages nous ne pouvons affirmer que Abbir-Cella représente Abbir-Majus ou Abbir-de-Germanicus, ni déterminer si elle est distincte de l'une et de l'autre. Nous ne pouvons dire davantage si Abbir-de-Germanicus représente Abbir-la-Petite ou Abbir-Minus. Il faut constater seulement que sur six évêques, qui ont pris le titre d'Abbir, un seul, Félix I, a souscrit comme évêque d'Abbir-Majus et deux, Successus et Candidus, ont souscrit comme évêques d'Abbir-de-Germanicus. Les trois autres sont dits seulement évêques d'Abbir sans qualificatif. Dans ce cas, il n'est pas toujours aisé de déterminer à laquelle des deux ou trois villes du même nom appartient l'évêque en question. Les monuments épigraphiques compliquent parfois les choses, puisque nous ne pouvons dire si Abbir-Cella et Abbir-de-Germanicus, Abbir-Majus et Abbir-Minus sont quatre villes différentes, ou si ce sont deux villes qui auraient porté divers noms. Et alors encore nous ignorons si Abbir-Majus est la même que Abbir-Cella et si Abbir-de-Germanicus est la même que Abbir-Minus. Cette dernière dénomination n'est au reste signalée nulle part ; elle est seulement à supposer après le nom de Abbir-Majus. Tout bien considéré pourtant, il est à croire que Abbir-Majus et Abbir-Cella sont plutôt une seule et même ville représentée par les ruines d'Henchir-en-Naâm et que Abbir-Minus et Abbir-Germaniciana sont aussi une seule et même ville, dont la position n'a pas encore été déterminée. Les anciens géographes ne nous parlent ni d'Abbir-Majus ni d'Abbir-

---

[1] *Corpus*, n. 893.

Minus, ni d'Abbir-Cella ni d'Abbir-de-Germanicus. Ils mentionnent bien une Germaniciana, mais cette ville est bien loin dans la province Byzacène et c'est une cité épiscopale dont nous parlerons en son lieu. Ils ont pu, il est vrai, les désigner sous d'autres noms et nous savons en effet qu'il y eut plusieurs fois de ces mutations, mais Abbir est un nom punique ou lybien qui n'a pu être changé qu'en un nom latin ou grec, en attendant qu'il soit devenu arabe et qu'il devienne maintenant français.

En 411, il n'y avait point à Abbir-la-Grande d'évêque donatiste, comme l'affirma l'évêque catholique à la conférence de Carthage, en disant de son Église : *elle est tout entière catholique*[1]. Le nom de cet évêque était :

**FÉLIX I.** Il est dit évêque d'Abbir-la-Grande, et il témoigne avoir assisté au concile de Carthage tenu sous Aurèle et avoir souscrit alors avec les autres au mandat[2] par lequel on avait pourvu, après la convocation de la conférence, à ce que sept évêques, autant de conseillers et quatre conservateurs y soutiennent la cause de l'Église catholique, comme ils le firent en effet, en 411.

L'Église d'Abbir-la-Grande, toute catholique en 411, établie dans une ville déjà et depuis longtemps importante en 246, devait remonter à une haute époque et avoir eu avant Félix une longue suite d'évêques.

**FÉLIX II.** Il est nommé Félix d'Abbir dans l'ouvrage de Victor de Vite et Félix d'Abar dans la *Notice* de l'an 482. Il fut, en effet, du nombre des confesseurs exilés

---

(1) *Collat. Carth. Cognit.*, I, n. 133.
(2) *Ibid.*, n. 55.

par Hunéric. Or Victor de Vite [1] rapporte à son sujet un trait remarquable, quand il dit que peu avant l'édit du roi, édit qui doit être rapporté d'après l'unique manuscrit de la bibliothèque de Laon à l'année 482, un grand nombre *d'évêques, de prêtres, de diacres et d'autres membres de l'Église, au nombre de quatre mille neuf cent soixante-seize, avaient été envoyés en exil dans le désert.* Et il ajoute au sujet de Félix : « *Parmi eux se trouvait le bienheureux Félix, évêque d'Abbir, qui comptait déjà quarante-quatre ans d'épiscopat et qui, frappé de paralysie, était privé de la sensibilité et même de la parole. Ayant mûrement considéré qu'il ne pouvait être porté sur une bête de somme, nous obtînmes des gens du roi qu'ils lui demanderaient de vouloir bien le laisser à Carthage, où il ne tarderait pas à mourir, puisqu'il ne pouvait matériellement être conduit en exil. A quoi le tyran répondit avec fureur : s'il ne peut se tenir sur une bête de somme, qu'on prenne des bœufs sauvages, qu'on l'attache avec des cordes, et qu'ils le traînent jusqu'au lieu que j'ai ordonné. Nous le portâmes donc tout le long du voyage,* dit Victor de Vite qui accompagnait les confesseurs, *attaché en travers sur un mulet comme un tronc d'arbre.* » Il arriva ainsi au désert qui s'étend au delà de Theveste et de Capsa et qui était peuplé de Maures sauvages et féroces. Félix est porté le premier après l'évêque Primat de Carthage, sur la liste de 482 et la note d'exil est ajoutée à son nom. Bien que l'annotateur de la *Notice* ne dise pas que le véritable confesseur soit mort en exil, il y a tout lieu de croire que Félix succomba dans cet affreux désert où la tyrannie du roi l'avait fait

---

(1) *Hist. Pers. Vand.*, Lib. II, cap. VIII.

reléguer, et nous pouvons le regarder comme un de ces nombreux martyrs que l'Église romaine honore le 4 des ides d'octobre.

**ADÉODAT.** Au VIIe siècle, il signa la lettre que Gulosus, Probus et les autres évêques du saint concile de la Proconsulaire adressèrent à Paul, patriarche de Constantinople, sur l'hérésie des Monothélites et qui fut lue au concile de Latran en 649 [1]. Il y souscrivit, en ces termes : *Adéodat, par la grâce de Dieu, évêque de la sainte Église d'Abbir*. Mais nous ne saurions affirmer qu'il appartient à l'évêché d'Abbir-la-Grande plutôt qu'à celui d'Abbir-de-Germanicus.

---

## III. — ABBIR-DE-GERMANICUS.

Nous avons déjà parlé longuement de cette ville épiscopale à propos d'Abbir-la-Grande. Nous ajouterons ici qu'outre Germanicia, ville de Byzacène, il y eut aussi une ville du nom de Germania ou Germanicia dans la Numidie, dont nous traiterons également en son lieu.

Abbir-de-Germanicus doit-elle son nom à une colonie de soldats venus de Germanie et au proconsul Galba qui avait commandé les légions de Germanie avant de venir en Afrique? C'est douteux pour nous, attendu que les manus-

---

(1) Hard., *Conc.*, t. III, pp. 742 et 750.

crits donnent la leçon de Germanicia ou Germaniciana plutôt que celle de Germania. Dès lors il conviendrait de rapporter le nom de cette ville à Germanicus, fils adoptif de Tibère, qui, du reste, devait son nom à ses victoires sur les Germains. En toute hypothèse, Abbir-de-Germanicus était une ville très ancienne puisqu'elle possédait un évêque dès le temps de saint Cyprien, ce qui montre de plus qu'elle avait de bonne heure embrassé la foi chrétienne, à l'exemple d'Abbir-la-Grande, son aînée.

**SVCCESSVS.** Premier évêque connu d'Abbir-de-Germanicus, assista au concile de Carthage, le troisième que saint Cyprien convoqua au sujet du baptême, en 255, comme on le voit par le seizième vote de ce concile qui lui est attribué. Il pensait d'ailleurs, comme saint Cyprien, la question n'ayant pas été tranchée par le siège de Rome, qu'il fallait rebaptiser les hérétiques. Le nom de Successus paraît plusieurs fois dans les lettres de saint Cyprien ; il se trouve encore nommé comme martyr dans les *Actes* des saints Lucius et Montan. Et en effet les *Martyrologes* hiéronymiens l'annoncent en qualité de martyr le 14 et le 19 janvier.

**ANNIBONIVS.** Il assista en 411 à la conférence de Carthage où se trouvait aussi Félix d'Abbir-la-Grande. Mais comme il n'avait point été présent à la réunion de Carthage où avait été voté le mandat, qu'il ne l'avait point dès lors souscrit en personne, il le signa dans la première séance, en employant une autre formule et en disant : « *Je donne mandat et j'approuve.* » Les autres qui avaient été présents à la réunion avaient au contraire souscrit en ces termes : « *J'ai donné mandat et j'ai souscrit.* »

Il est appelé seulement évêque d'Abbir[1] sans autre qualificatif, sans doute parce que l'autre avait clairement signé Félix d'Abbir-la-Grande.

**CANDIDVS.** Il souscrivit, en 419, au concile de Carthage, le dix-huitième de ceux qui furent célébrés sous Aurèle et il le fit en ces termes[2] ; *Candidus d'Abbir,* autrement *Candidus d'Abbir-de-Germanicus,* autrement *Candidus-de-Germanicia,* selon les manuscrits.

## IV. — ABITINA.

La ville et la colonie d'Abitina n'était point éloignée de Membressa, ville qui existe encore sous le nom de Medjez-el-Bab. Les deux cités étaient si rapprochées l'une de l'autre qu'il y eut des combats livrés entre les habitants d'Abitina qui étaient partisans de Primien et ceux de Membressa qui étaient partisans de Maximien, adversaire de Primien. Jusqu'ici cependant on n'a pu déterminer le véritable emplacement d'Abitina. Cette ville fut surtout illustrée, au temps de Dioclétien, par les martyrs d'Abitina, le prêtre Saturnin, Félix, le sénateur Dativus. Ampelius et leurs compagnons, dont nous possédons les *Actes.* Ils furent arrêtés à Abitina pour avoir célébré ou

[1] *Coll. Carth. Cogn.,* I, n. 209.
[2] Hard., *Conc.,* t. I, p. 1252.

entendu la messe dans une maison particulière à cause des édits de persécution, comparurent devant les magistrats au forum de la ville, puis furent conduits à Carthage où ils subirent un glorieux martyre à des époques diverses. Le *Martyrologe* romain les honore tous ensemble le 3 des ides de février. Le calendrier de Carthage, de son côté, annonce plusieurs des saints d'Abitina aux mois de juin, d'août, de septembre et d'octobre. Leur culte se répandit par toute l'Afrique. A Aïn-Regada, près de Calama, en Numidie, on vénérait plusieurs de ces saints au mois de novembre. Saint Augustin parle souvent de ces glorieux martyrs, ainsi que des habitants d'Abitina qu'il avait occasion de visiter en se rendant d'Hippone à Carthage, comme il le dit lui-même [1]. Il est à remarquer que les monuments funéraires d'Avitta Bibba, ville assez rapprochée de Membressa et dont nous parlerons plus tard, nous offrent presque tous les noms des quarante martyrs d'Abitina. Abitina d'ailleurs, autrement Avitina ainsi qu'on le trouve écrit assez souvent, pourrait bien n'être qu'une forme modifiée d'Avitta.

**SATVRNIN.** Il assista au troisième concile tenu à Carthage par saint Cyprien sur la question du baptême, en 255, et il y donna son avis le soixante-quatorzième, conformément à celui de saint Cyprien [2]. C'est ce qui montre bien l'antiquité de ce siège épiscopal. Saint Augustin parle de Saturnin, comme il l'a fait de tous les évêques qui opinèrent dans ce concile [3].

---

(1) *Contra Crescon.*, lib., IV, cap. XLVIII — *Contra Parmen.*, lib. III, cap. VIII.
(2) Hard., *Conc.*, t. I, p. 174.
(3) *De Bapt. contra Donat.*, lib. VII, cap. XXVIII.

**FVNDANVS.** Ce malheureux fut déposé de son siège pour avoir livré les saintes Écritures. Nous lisons, en effet, dans les *Actes* des martyrs d'Abitina : « *Fundanus, autrefois évêque de cette ville, avait livré pour les brûler les saintes Écritures, et, sur ce même forum, le Ciel avait combattu pour les Écritures divines; car lorsque le magistrat impie les mettait au feu, tout d'un coup la pluie survenue dans un ciel serein éteignit les flammes qui entouraient les livres sacrés,* etc. » Ceci se passait avant l'année 304.

**VICTOR.** Il vint à Carthage pour la conférence de 411, mais seulement à la fin du concile et il est cité parmi ceux qui n'ayant pas souscrit en personne le mandat, s'avancèrent à leur tour en employant chacun cette formule [1] : « *Je donne mandat et j'approuve.* » Victor était évêque catholique, mais il avait pour compétiteur à Abitina le donatiste Maxime qui était arrivé plus tôt à Carthage, comme l'indique la formule de sa souscription [2] : « *J'ai donné mandat et j'ai souscrit.* »

**GAVDIOSVS.** Nous voyons qu'il fut exilé, vers l'an 440, en même temps que Quodvultdeus, évêque de Carthage, et avec lui un grand nombre de confesseurs, contraints de quitter l'Afrique, et *que Dieu*, écrit Victor de Vite [3] : « *daigna dans sa miséricordieuse bonté faire arriver, après une heureuse traversée, à Naples, ville de la Campanie.* » L'auteur de la vie de saint Agnellus, abbé,

---

[1] *Cognit.*, I, n. 215.
[2] *Ibid.*, n. 201.
[3] *Pers. Vand.*, lib. I, cap. V.

nous apprend ce qui suit, au sujet de Gaudiosus [1] :
« *Agnellus*, dit-il, *fut élu abbé du monastère fondé dans notre ville de Naples par le zèle du bienheureux Gaudiosus, nommé aussi Septimus Cœlius, évêque de la sainte Église de Bitina, en Afrique, lorsque, fuyant la persécution des Vandales, il vint ici, des régions africaines, avec saint Quodvultdeus et les autres évêques.* » Bitina est évidemment une erreur pour Abitina. Ughelli rapporte la mort de Gaudiosus à l'an 453 et prouve qu'il fut enseveli à Naples où l'on montre encore son tombeau dans la cathédrale de Saint-Janvier. L'Église romaine honore saint Gaudiosus le 28 octobre. A Naples, on le vénérait le 27 octobre.

**RÉPARAT.** Il se rendit au concile tenu à Carthage, par Boniface, en 525, et comme nous le montrent les *Actes*, il y souscrivit avec cinquante-huit autres évêques [2].

**AVGVSTALIS.** On trouve son nom parmi ceux des évêques qui adressèrent à Paul, patriarche de Constantinople, une lettre célèbre contre les erreurs des Monothélites, lettre qui fut lue au concile de Latran en 649 [3]. Sa souscription est ainsi conçue : *Augustalis, par la grâce de Dieu, évêque de la sainte Église d'Abitina, comme ci-dessus.*

---

(1) *Apud* Baron., *Annal.*, et Ruinart *in Hist. Pers. Vand.*, part. II cap. IX.
(2) Hard., *Conc.*, t. II, p. 1082.
(3) Hard., *ibid.*, t. III, p. 749.

## V. — ABORA.

Pline place *Aboria* parmi les villes dont les habitants jouissaient du droit de citoyens romains, c'est-à-dire parmi les Municipes, et il la nomme entre Abutuca et Canope [1]. Elle se trouvait donc probablement dans la partie occidentale de la Zeugitane, et dans l'intérieur des terres.

Nous trouvons un beau témoignage de la foi catholique dont les habitants d'Abora ou Aboria faisaient profession dans la conférence de Carthage. Leur évêque y déclara que les Donatistes n'y avaient aucune entrée : « *Le nom même de Donatiste,* ajoute-t-il, *s'il y était prononcé, y serait lapidé.* » Cet évêque se nommait

**TRIFOLIVS.** Il assista au concile et à la conférence de 411 et il s'y servit de la formule [2] : « *J'ai donné mandat pour ce qui est écrit ci-dessus et j'ai souscrit.* » Une inscription chrétienne de Carthage donne le nom de *Trifolius*.

**FÉLIX.** Il signa la lettre que les évêques de la province Proconsulaire adressèrent, en 646, à Paul, patriarche de Constantinople, comme le montrent les *Actes* du concile de Latran [3].

---

(1) Pline, *Hist. nat.*, lib. V, cap. IV.
(2) *Cogn.* I, n. 133.
(3) Hard., *Conc.*, t. III, p. 750.

Observons que Pline donne, au premier siècle, à Aboria, la qualité d'*Oppidum* et que Trifolius se dit évêque du peuple d'Abora, peuple entièrement catholique, et catholique antérieurement au schisme, toutes circonstances qui permettent de supposer qu'Abora était une ville chrétienne de la première heure, bien que nous ne connaissions que deux de ses évêques.

## VI. — ABSA-SALLA.

Le nom d'*Absa-Salla* est punique ou lybien comme les précédents et peut-être est-il composé d'*Absa* et de *Salla*. *Absa* pourrait d'ailleurs n'être qu'une altération d'*Apisa* dont nous parlerons plus loin. Quoi qu'il en soit, les anciens géographes ne parlent point d'Absa-Salla et nous ne connaissons de cette ville épiscopale qu'un seul évêque.

**DOMINIQVE**, dont le nom se trouve parmi ceux des évêques de la province Proconsulaire qui écrivirent à Paul, patriarche de Constantinople une lettre, laquelle fut lue au concile de Latran, en 649 [1].

Il est évident qu'une ville lybienne, très ancienne par conséquent, a dû avoir des évêques bien avant la seconde moitié du VIIe siècle, mais leurs noms nous sont restés inconnus.

(1) Hard., *Conc.*, t. III, p. 750.

## VII. — ABTVNGA.

Le nom de cette ville varie beaucoup dans les auteurs anciens. Saint Optat l'appelle *Autumni*[1] et saint Augustin *Aptugna*[2], *Aptuca*[3], *Aptuga*[4], *Abtunga*[5], *Aptungi*[6]. Saint Optat la nomme aussi *Autumgi*[7]. Dans un rescrit de l'empereur Constantin, elle est nommée *Aptugni*[8]. Son nom ne s'écrit donc pas toujours et partout de la même manière, ce qui ne doit pas beaucoup nous étonner après les variantes que nous avons observées dans les noms précédents. Il suffit de remarquer, en effet. que les Latins se trouvaient en face de noms puniques ou lybiens qu'il leur était très difficile de saisir et de rendre. Une première observation à faire au sujet d'Abtunga, c'est que le B se change très facilement en P et en V. Nous aurons encore à faire cette observation pour d'autres noms. Une seconde observation porte sur *Tunga* qui se change en *Tuga*, *Tuca*, *Tugni*, *Tumni*. Enfin nous observerons que la finale de l'ethnique varie ici comme pour bien d'autres noms de villes africaines; nous trouvons, en effet, les formes *Abtugnensis* et *Aptugnitanus*, *Abtungensis* et *Abtungitanus*, sans parler des autres.

---

(1) *De schism.*, lib. I, cap. XXVII.
(2) *Contra Cresc.*, lib. III, cap. LXIX, *et alibi*.
(3) *Ad Donat. post Collat.*, cap. XXXII, n. 55.
(4) *Ibid.*
(5) *Cont. litt. Petil.*, cap. XVI, n. 28.
(6) *Epist.*, 152.
(7) *De schism.*, lib. I.
(8) *Cont. Cresc.*, lib. III, cap. LXX.

Abtunga était un municipe, comme on le voit par les *Actes* de la justification de Félix[1]. On y fait mention de son forum, de ses magistrats, de ses duumvirs, et parmi ceux-ci d'*Alfius Cœcilianus,* de *Quintus Sisenna* et du prêtre païen *Speretius,* dont les noms se retrouvent dans les monuments épigraphiques de Thignica, de Chidibbia et d'Avitta-Bibba [2], toutes villes de la région centrale de la Proconsulaire et dont la position est connue. Les mêmes *Actes* nous apprennent que les villes de Furni, de Zama et de Zigua n'étaient pas bien éloignées d'Abtunga. Or, la position de Furni et de Zama est connue aujourd'hui. Nous devons dire aussi que l'antique *Thignica* porte aujourd'hui le nom de *Tunga* dans la langue des indigènes et que c'est dans ses environs que se rencontre une localité appelée Aïn-Tuneg, laquelle représente peut-être l'ancienne Abtunga. Quelle que soit la valeur de cette hypothèse, il nous semble à peu près certain que Thignica et Abtunga étaient voisines l'une de l'autre.

Abtunga ne pouvait être, au reste, très éloignée de Carthage, d'après ce que dit saint Augustin de l'ordination de Cécilien faite par l'évêque Félix [3] : « *La coutume de l'Eglise catholique,* dit-il, *veut que ce soient, non point les évêques de la Numidie, mais les évêques les plus voisins, qui ordonnent l'évêque de Carthage.* »

**FÉLIX I.** Il était évêque de l'Église d'Aptugna en 311 ; car c'est en cette année qu'il sacra Cécilien. Les Donatistes, voulant exclure Cécilien de l'épiscopat, imaginèrent de dire que Félix, son consécrateur, avait commis le crime

---

(1) *Apud Baluz. Misc.,* t. II, p. 81.
(2) *Corpus,* n. 1407, 1351 et 805.
(3) *Brev. Collat.,* cap. XVI, n. 29.

de livrer les saints livres et que, à cause de cette souillure, la consécration de Cécilien était irrégulière et invalide. C'est pourquoi l'empereur Constantin ordonna au proconsul Elien de faire une enquête publique sur la vie de Félix d'Autumni. La cause fut examinée en 313 et Elien y prononça la sentence suivante[1] : « *Il est manifeste que le saint évêque Félix est justifié de l'accusation d'avoir brûlé les instruments sacrés, puisque personne n'a pu, en aucune façon, prouver qu'il ait livré ou brûlé les très saintes Écritures ; l'interrogatoire de tous les témoins, reproduit ci-dessus, prouve en effet, qu'aucune des Écritures divines n'a été soit changée, soit corrompue, soit brûlée. Les Actes prouvent même que le pieux évêque Félix n'était point présent dans ce temps-là, qu'il n'a point trahi sa conscience et n'a rien ordonné de pareil.* » Saint Optat ajoute que « *lavé et justifié de cette accusation infamante, il sortit de ce jugement à son grand honneur* [2].

**MAGNVS.** Le nom de son siège varie extrêmement dans les manuscrits, mais nous croyons devoir attribuer cet évêque à Abtunga. Magnus donna son sentiment le huitième dans le concile de Carthage, sous Gratus, en 349. C'est par suite d'une erreur évidente que les *Décrétales* le nomment *Auguste* [3]. Le canon « *si l'on doit ordonner ou non ceux qui sont obligés à rendre des comptes* » fut fait sur sa demande.

---

(1) *Optat. de schism., ibid.,* lib. I, cap. XXVII.
(2) *Apud Baluz. Misc.,* t. II, p. 81.
(3) *Decret.,* lib. I, tit. XIX.

**FÉLIX II.** Il assista, en 411, à la conférence de Carthage, où il rendit ce témoignage de son Église[1] : « *Elle est tout entière catholique.* »

**SATVRVS.** Son nom se trouve parmi ceux des cinquante-neuf évêques qui souscrivirent, en 525, au concile de Carthage, présidé par l'évêque Boniface[2]. Il y signa ainsi : *Saturus, évêque du peuple d'Aptugni.*

---

## VIII. — ABZIRI.

Pline[3] cite *Abziri* parmi les trente villes libres, c'est-à-dire parmi celles qui, en Afrique, jouissaient de leur autonomie. Ptolémée la nomme *Abdiri* et la place sous la dépendance de Carthage[4]. Les documents ecclésiastiques nous offrent la variante *Auziri* et l'on voit, par les *Actes* de la conférence de 411, que cette ville se trouvait dans le voisinage de Culusi et de Uthina. Or l'emplacement de cette dernière est connu et nous la retrouvons dans les ruines appelées Henchir-Oudna. Abziri ne devait donc pas être très éloignée de Carthage. Quant au changement du B en V et du D en Z, ce n'est pas une chose nouvelle. Rien de plus fréquent, chez les Africains, que ces variantes,

---

(1) *Cognit.*, I, n. 128.
(2) Hard., *Conc.*, t. II, p. 1082.
(3) *Hist. nat.*, lib. V, cap. LV.
(4) *Geog.*, lib. IV, cap. III.

inévitables, puisqu'ils parlaient deux langues et que la plupart de leurs villes portaient des noms puniques qu'ils latinisaient en les accommodant à leur oreille.

**VICTOR.** Il siégea au concile tenu à Carthage par Genethlius, en 390, et il fut nommé le premier dans la préface de ce synode[1] : « *Sous le quatrième consulat du très glorieux empereur Valentinien et le troisième du clarissime Néoterius, aux calendes de juin, à Carthage, dans la basilique rendue de Perpétue, après que l'évêque Genethlius eût pris place avec Victor d'Abziri, un autre Victor de Puppiana et leurs autres collègues des diverses provinces,* etc.

**FRVCTVEVX.** Nous lisons, dans les *Actes* de la conférence, qu'il se rendit à Carthage, en 411, pour prendre part à cette assemblée. Mais il ressort des mêmes *Actes* qu'il était absent, lors de l'appel de son nom, soit qu'il fût retenu par la maladie, soit qu'il fût empêché par quelque autre motif. En effet, après la lecture de son nom, *Vincent, évêque de l'Église catholique* de Culusi, dit : « *Il est à Carthage; il a sa manière de voir.* » Alors l'évêque donatiste Adéodat fit observer que *c'était le diocèse de l'évêque* donatiste *Félicien d'Uthina, lequel y avait un de ses prêtres*[2].

**VICTORIN.** Il signa la lettre que les évêques du saint concile de la Proconsulaire adressèrent à Paul, patriarche de Constantinople, contre les erreurs des Monothélites, et dont une copie fut produite par le pape Martin au

(1) Hard., *Conc.*, t. I, p. 951.
(2) *Cognit.*, 1, n. 128.

concile de Latran, en 649. Il signe : *Victorin, par la grâce de Dieu, évêque d'Auziri, comme ci-dessus* [1].

Nous avons encore ici une ville antique et qui témoigne de ses convictions profondément catholiques à l'époque du schisme. Avait-elle des évêques dès l'époque de Tertullien, comme Uthina sa voisine? Nous l'ignorons. Mais elle dut, à cause de sa proximité de Carthage, connaitre de bonne heure la vérité.

## IX. — ADVOCATA.

Le nom d'Advocata ne se rencontre que dans les *Actes* de la conférence de 411 sans indication de province. Mais, dans les *Actes* de Donat et Advocat, martyrs donatistes [2], il est dit que Honorat, évêque de Sicilibba, se rendit de la ville d'*Abvocata* à Carthage, d'où l'on pourrait conclure qu'Advocata se trouvait entre Sicilibba et Carthage, deux villes dont la position est suffisamment connue. Mais on ne peut dire si elle devait son nom au pseudo-martyr Advocatus. Elle dépendait certainement des Donatistes, comme le montre le seul de ses évêques que nous connaissons, et peut-être n'était-elle qu'une localité de peu d'importance, un lieu de pèlerinage pour les schismatiques.

(1) Hard., *Conc.*, t. III, p. 752.
(2) *Post. Opt.*, p. 190, édit. Antwerp.

**CRESCONIVS.** Il assista, en 411, parmi les Donatistes, à la conférence de Carthage et y fit sa déclaration selon la formule ordinaire : « *J'ai donné mandat et j'ai souscrit*[1], » sans faire mention d'un évêque catholique, dont le nom ne se trouve non plus nulle part ailleurs dans les *Actes*.

## X. — AGBIA.

Les documents ecclésiastiques nous offrent ce nom avec des variantes très nombreuses et considérables. Ainsi nous lisons *Aga*, *Aggya*, *Anguia*, etc. C'était pourtant une ville bien connue, que les anciens géographes nomment tous[2] et qui se trouvait sur la grande voie de Carthage à Théveste, à six milles de Thignica et à sept milles de Musti. Il n'a donc pas été difficile de la retrouver dans les grandes ruines qui avoisinent la source nommée encore aujourd'hui Aïn-Edja. On y remarque une cidatelle byzantine, dont les hautes et solides murailles, flanquées de quatre tours carrées, sont construites avec des matériaux empruntés aux monuments du municipe romain.

Au II<sup>e</sup> siècle, Agbia était composée déjà d'un bourg et d'une cité, comme on le voit à la fin d'une dédicace que Cincius Victor fit[3] d'une statue de la Fortune :

---

(1) *Cognit.*, I, n. 206.
(2) *Itin. Anton.* — *Tab. Peut.* — Ptolémée, etc.
(3) *Corpus*, n. 1548.

DEDIC. ET EA DIE DECVRIONIB PAGI ET CIVITAT SPORTVLAS
A VIII ET VNIVERSIS CIVIBVS EPVLVM DEDIT

A l'époque de Dioclétien, Agbia jouissait du titre de municipe, comme le prouve le texte suivant[1] :

MAGNIS ET INVICTIS DDDD NNNN DIOCLETIANO ET MAXI
MIANO PERPETVIS AVGG ET
CONSTANTIO ET MAXIMIANO NOBB CAESARIBVS
RESPVBLICA MVNICIPI AGBIENSIVM DEDICANTE
M IVLIO T *ullia* NO PROCONS PA MAIESTATI EORVM
DICATO

Au temps de l'empereur Gratien, la ville portait encore ce titre[2], qu'elle avait probablement obtenu de Septime Sévère[3].

La proximité de Musti explique pourquoi ce fut l'évêque de cette dernière ville, Victorien, qui représenta celui d'Agbia à la conférence de Carthage[4]. Agbia était chrétienne de longue date, puisqu'elle avait déjà un évêque au commencement du III⁰ siècle. Cet évêque était

**QVINTVS** qui se rendit à Carthage pour le troisième concile de saint Cyprien sur le baptême, en 255[5]. Il y vota le soixante-cinquième, dans le même sens que le primat de Carthage.

**PASCHASE.** Après avoir chargé Victorien, de Musti, de le représenter à la conférence de Carthage, en 411, il y

---

(1) *Corpus*, n. 1550.
(2) *Ibid.*, n. 1552.
(3) *Ibid.*, n. 1549.
(4) *Cognit.*, I, n. 126.
(5) Hard., *Conc.*, t. I, p. 174.

assista lui-même, et lorsqu'on fit l'appel, il dit[1] : « *Je suis présent, j'ai l'unité,* » c'est-à-dire je gouverne seul l'Église d'Agbia, sans y avoir d'évêque donatiste.

**FORTIS.** Il signa le dernier la lettre que les Pères du saint concile de la Proconsulaire adressèrent à Paul, patriarche de Constantinople, pour le détourner de l'erreur des Monothélites[2]. Cette lettre fut écrite après la mort de Fortunius de Carthage et avant l'épiscopat de Victor, c'est-à-dire avant le mois de juillet 646, date de l'élection de Victor. Aucun des deux, en effet, ne la souscrivit, et la première signature qu'on y lit est celle de Gulosus, évêque de Putput.

## XI. — ALTHIBVRVS.

Cette ville, dont nous avons le nom écrit en punique sur un antique monument, se trouvait comme la précédente sur la grande voie de Carthage à Théveste, à la limite des provinces Proconsulaire et Byzacène, non loin de la Numidie. Les anciens géographes la mettent à quatre milles et demi d'Obba, à seize milles de Lares et à trente-deux milles d'Ammædara. On a donc pu sans peine la reconnaître dans les ruines nommées Henchir-Medeïna, où a été retrouvé le monument précité et où l'on remarque

---

(1) *Cognit.*, I, n. 126.
(2) Hard., *Conc.*, t. III, p. 752.

encore les restes d'un arc de triomphe, d'un théâtre, de plusieurs autres édifices considérables, de quais s'étendant sur les deux cours d'eau qui traversaient la ville. L'enceinte d'Althiburus pouvait avoir un développement de cinq kilomètres.

**VICTOR.** Il appartenait à la secte des Maximianistes et assista, en 393, au concile de Cabarsussi, dans lequel Primien, évêque donatiste de Carthage, fut condamné quoique absent. Il signa le dernier, en ces termes [1] : « *Moi Victor, évêque d'Altiburus, j'ai souscrit.* » Nous ne savons si cette ville avait alors un évêque catholique, mais c'est assez probable et elle devait en avoir depuis longtemps, étant très ancienne, très importante et située sur une grande voie publique.

**BASILE.** Il assista, en 411, à la conférence de Carthage dans les rangs des catholiques et lorsqu'il eût répondu à l'appel [2] : « *Je suis présent.* » Augustalis, évêque donatiste de la même ville, se présenta contre lui et dit : « *Je le connais.* » Il est encore fait mention de ce dernier plus bas, où il est dit [3] qu'il s'avança parmi les siens et fit sa déclaration en ces termes : « *J'ai donné mandat et j'ai souscrit.* »

**VINDEMIVS.** La *Notice* de 482 le porte le quarante-quatrième parmi les évêques de la Proconsulaire, qui, mandés à Carthage avec leurs autres collègues par le roi

---

(1) *Aug. in ps.* XXXVI, serm. II, n. 20.
(2) *Cogn.*, I, n. 128.
(3) *Ibid.*, n. 197.

Hunéric, furent ensuite envoyés en exil. A son nom, en effet, est ajoutée la note d'exil.

**CONSTANTIN.** Il signa la lettre du saint concile de la Proconsulaire, qui fut adressée à Paul, patriarche de Constantinople, avant le mois de juin de l'année 641, comme nous l'avons dit plus haut. Il y souscrivit en ces termes [1] : « *Constantin, par la grâce de Dieu, évêque de la sainte Église d'Altoburis.* »

---

## XII. — APISSANA.

La forme de ce nom nous rappelle celle d'Abitina et de Thimidana, comme aussi celle de Bullama. Car nous savons qu'il existe des villes nommées Bulla, Thimida et Avitta et nous savons également qu'il existe une ville nommée Apissa. En outre, comme il y a deux Avitta, deux Bulla, deux Thimida, nous savons qu'il y a aussi deux Apisa. C'est qu'en effet on a retrouvé Apisa-Majus ou Apisa-la-Grande dans les ruines nommées Henchir-Aïn-Tarf-ech-Chenâ. Les ruines d'Apisa-la-Grande sont situées dans le fahs, en face d'Avitta-Bibba et à une dizaine de milles au nord. Elles s'étendent sur les deux rives bordées de quais de l'oued Aïn-Tarf-ech-Chenâ. Sur le plateau de la rive gauche on remarque les restes d'un vaste édifice où sont

---

(1) Hard., *Conc.*, t. III, p. 751.

épars des fûts de colonnes, des chapiteaux mutilés qui paraissent avoir appartenu à une basilique chrétienne. Les mêmes ruines ont fourni une belle épitaphe chrétienne ainsi conçue [1] :

```
       AVRELLIA
       SALLVSTIA
       IN PACE ☧
```

Elle est gravée sur une plaque de marbre blanc.

On peut lire le nom de la ville gravé sur plusieurs monuments. Et d'abord, c'est une dédicace de l'an 197, conçue en ces termes [2] :

```
          IMP  CAES
       DIVI. MARCI FILIO
     DIVI. COMMODI. FRATRI
      DIVI. PII. NEPOTI. DIVI
      HADRIANI. PRONEPOT
      DIVI. TRAIANI. PARTHICI
      ABNEPOTI. DIVI. NERVAE
             ADNEPOTI
        L. SEPTIMIO. SEVERO
       PIO. PERTINACI. AVG. A
        RABICO. ADIABENICO
       P. P. TRIB. POTEST. VIIII
                XI
     IMP. VIII. COS. II. PROCOS
      CIVITAS. APISA. MAIVS
              D D P P
```

Au temps des empereurs Valentinien et Valens, Apisala-Grande avait depuis longtemps le titre de municipe, ainsi qu'on le voit dans le texte suivant [3] :

---

(1) *Corpus*, n. 791.
(2) *Corpus*, n. 777 — Cf. n. 774, 776.
(3) *Corpus*, n. 779 et 780.

```
        D N
      IMP. AVG.
   FL. VALENTINIANO
   PIO FELICI VICTORI
    AC TRIVMFATORI
   PERPETVO DEVOTVS
    ORDO MCP APISEN
     SIVM MAIORVM
   CVM VALERIO MARINO
        CVR. RP
```

Il y avait à côté une dédicace pareille à l'empereur Valens.

De ce qui précède nous concluons qu'Apisa-la-Grande était une ville importante ; de plus, qu'il y avait une autre ville nommée Apisa-la-Petite, dont nous n'avons aucune mention ni dans les documents ecclésiastiques, ni dans les anciens géographes, ni sur les monuments épigraphiques. De là, après les remarques que nous avons faites pour Bulla, pour Thimida, nous sommes portés à croire que Apissana est un nom composé, pour Apisa-Majus, par exemple. Le redoublement de la lettre S n'infirme en rien cette déduction, car les lettres doubles se suppriment à volonté tant dans les documents manuscrits que dans les monuments épigraphiques, ou bien de même les lettres simples sont redoublées selon la fantaisie des copistes. Ainsi, dans les *Actes* de la conférence, on aurait écrit en abrégeant *Apisamensis* pour *Apisensis Maïensis* ou encore *Apisa-Maïensis*.

**DONAT.** Il assista, dans les rangs des Donatistes, à la conférence de Carthage, en 411. A l'appel, il répondit[1] : *J'ai donné mandat et j'ai souscrit : je n'ai point de compétiteur.* D'où il ressort que les habitants d'Apissana n'avaient point alors d'évêque catholique.

---

(1) *Cognit.*, I, n. 184.

## XIII. — APTVCA.

C'est peut-être la même que Pline appelle[1] *Abutuca* et qu'il dit être une ville de citoyens romains. Elle se trouvait non loin de Libertina, car Victor, évêque de Libertina protesta à la conférence de Carthage, contre un donatiste qui se donnait faussement comme évêque d'Aptuca[2]. Or, pour se porter comme témoin dans cette affaire, il fallait qu'il fût du voisinage. D'autre part, Aptuca ne pouvait être éloignée de Bulla, puisque ce fut Dominique, évêque de Bulla, qui répondit pour l'évêque d'Aptuca. Or, tous ces témoignages concordent pour nous engager à rechercher Aptuca dans les ruines appelées Henchir-Oudeka, situées sur la rive droite de l'Oued-Tessaâ, non loin de Bulla. Les monuments épigraphiques attestent qu'il y avait là une cité avec un forum, des décurions, des édiles, des duumvirs quinquennaux. On y remarque les restes de divers édifices, entre autres ceux d'une grande forteresse romaine[3].

**JANVIER.** Il se rendit à Carthage, en 411, pour assister à la conférence entre les catholiques et les donatistes; mais lorsqu'on fit l'appel de son nom, il était absent de l'assemblée pour raison de santé[4]. C'est pourquoi Dominique,

---

(1) *Hist. nat.*, lib. V, cap. IV.
(2) *Cognit.*, I, n. 201.
(3) *Ephem.*, t. V, n. 562, 563.
(4) *Cognit.*, I, n. 128.

évêque catholique de Bulla-Regia, répondit pour lui : « *Il est à Carthage, mais il est éprouvé par la maladie.* » Dès que l'on commença l'appel des donatistes, un autre Janvier, évêque donatiste de Libertina, se présenta et dit : « *J'ai donné mandat et j'ai souscrit*[1]. » Alors Victor, évêque catholique de Libertina, repartit : « *L'unité existe dans cette Église; il n'est personne qui l'ignore.* »

---

## XIV. — ARADI.

Il se peut que cette ville doive son nom à un membre de la famille des Aradii. Ils sont mentionnés sur des monuments de Thuburnica et de Bulla-Regia, ville de la Proconsulaire[2] et sur beaucoup d'autres monuments de la Byzacène. Nous savons, du reste, que d'autres villes d'Afrique empruntèrent leur nom à de grands personnages romains. Il y eut précisément un Aradius qui fut proconsul d'Afrique au commencement du IVe siècle. Quoi qu'il en soit, on a retrouvé, à douze kilomètres environ au sud-ouest d'Avitta-Bibba, un groupe de ruines portant encore le nom de Bou-Arada, comme aussi toute la région environnante. Les ruines représentent une cité assez ancienne qui pourrait bien être la même que notre évêché, bien qu'aucun monument écrit ne soit venu jusqu'ici confirmer cette hypothèse.

---

(1) *Cognit.*, I, n. 201.
(2) Cf. *Corpus* et Tissot, *Fastes*, p. 209.

**FORTVNATIEN.** Il est nommé le treizième parmi les évêques de la province proconsulaire qui, en 482, furent convoqués à Carthage, sur l'ordre du roi Hunéric. Mais, pendant que d'autres évêques étaient exilés dans d'autres lieux, celui-ci, ainsi le déclare la *Notice*, fut déporté dans l'île de Corse, comme en témoignent les paroles des ministres du roi, rapportées par Victor de Vite dans son histoire[1] : « *En conséquence, ordre est donné de vous déporter dans l'île de Corse pour y couper le bois nécessaire à la marine royale.* » On peut observer en lisant la *Notice* que ce furent spécialement les évêques des environs de Carthage que les Vandales déportèrent dans l'île de Corse.

**ÉMILIEN.** Il souscrivit, en 525, au concile de Carthage, réuni par Boniface[2].

## XV. — ASSVRAS.

Pline mentionne la ville d'Assuras[3], laquelle se trouvait entre Musti et Thucca-Terebinthina, au lieu où se voient aujourd'hui les ruines de Zanfour, sur l'oued Es-Sers qui a conservé la dénomination de la ville antique. Au temps de

---

(1) *Pers. Vand.*, Lib. IV, cap. LIX.
(2) Hard., *Conc.*, t. II, p. 1082.
(3) *Hist. nat.*, lib. V.

Septime Sévère, la ville portait le nom de *Colonia Julia Assuras*, qu'elle devait à Auguste. C'est ce qu'on peut lire sur l'un des arcs de triomphe de la ville[1] :

DIVO SEPTIMIO SEVERO PIO AVG. ARAB. ADIAB. PART. MAX. ET. IMP. CAES. M. AVRELIO ANTONINO. PIO. AVG. FELICI. PART. MAX. BRIT. MAX. GERM. MAX. PONT. MAX. FIL. TRIB. POT. XVIII. IMP. III. COS. III. PP. PROCOS. OPTIMO MAXIMOQVE PRINCIPI ET IVLIAE DOMNAE PIAE FELICI AVG. MATRI AVG. ET CASTRORVM ET SENATVS ET PATRIAE VXORI DIVI SEVERI AVG. PII. COL. IVL. ASSVRAS. DEVOTA NVMINI.
    EORVM      D D P P

Un monument de Mactaris porte *Coloniæ Assuribus* au cas indirect et non pas le cas direct Assuras[2]. D'après une épitaphe de Carthage, conservée au musée de Saint-Louis, la région d'Assuras était régie par un procurateur particulier des empereurs[3].

DIS. MANIBVS. SACRVM
HYPNVS. PIVS. VIXIT.
ANNIS. XXIII. HIC. SITVS. EST.
ASIATICVS. AVG. LIB. PROC.
REGIONIS. ASSVRITANAE
PIO. ALVMNO. BENE. DE. SE
 MERITO   FECIT

Assuras était assurément une ville importante, très ancienne, et elle fut des premières à recevoir les vérités évangéliques. La ville s'étendait sur un plateau aux deux tiers entouré de ravins. Deux ponts avaient été jetés sur le ravin dans lequel coule la rivière. On remarque encore parmi les ruines, l'arc de triomphe de Caracalla et deux

---

(1) *Corpus*, n. 1798.
(2) *Ibid.*, n. 681.
(3) *Ephem.*, t. V, n. 441. — Cf. *An. Const.* 1888, p. 423.

autres portes triomphales, les restes d'un théâtre, d'un temple, de deux grands édifices et des mausolées.

**FORTVNATIEN.** Saint Cyprien écrivait, à son sujet, à l'évêque et au peuple d'Assuras, vers l'an 252[1] : *J'ai été vivement et douloureusement surpris, mes très chers frères, en apprenant que Fortunatien, votre ancien évêque, après sa lourde et profonde chute, cherche maintenant à agir comme si rien n'avait eu lieu et commence à revendiquer son évêché,* etc. » Cet évêque, en effet, avait été déposé parce que, au temps de la persécution de Dèce, il avait trahi misérablement la foi qu'il avait promise à Dieu et offert des sacrifices aux idoles.

**ÉPICTÈTE.** Il fut fait évêque à la place de Fortunatien après que celui-ci eût perdu son siège comme coupable d'apostasie. C'est à lui que saint Cyprien écrivit la lettre que nous venons de citer. Épictète mourut avant 255, martyr probablement, car il est honoré comme tel le 9 janvier, selon le *Martyrologe* de saint Jérôme.

**VICTOR.** — Il assista, en 255, au concile de Carthage, le troisième célébré par saint Cyprien sur la question du baptême. Il y donna son vote le soixante-huitième[2].

**PRÉTEXTAT.** Il était de la secte des Maximianistes et il est nommé parmi les évêques qui se réunirent à Cabarsussi en 393[3]. Il avait été, d'après saint Augustin[4], un des douze consécrateurs de Maximien et l'année suivante

---

[1] Ép. LXXIV.
[2] Hard. *Conc.*, t. 1.
[3] *Aug. in ps.* XXXVI, *serm.* II, n. 20.
[4] *Contra Litt. Petil.*, l. I, cap. X.

il fut condamné dans le concile de Bagaï par les partisans de Primien[1]. Saint Augustin parle ainsi de sa mort[2] : *Ne lit-on pas que Prétextat d'Assuras, bien que condamné dans un concile, attaqué et accusé par vous (Donatistes) dans un acte proconsulaire, a, malgré cette condamnation, conservé sa dignité et est mort dans votre communion?*

**ROGAT.** Après la condamnation de Prétextat, les Donatistes élurent pour le remplacer Rogat qui était de leur secte. Mais cet évêque ayant abandonné le schisme, se fit catholique et eut beaucoup à souffrir pour sa foi de la part des Donatistes. Voici ce qu'en a rapporté saint Augustin[3] : *A la place de Prétextat d'Assuras, un des leurs, ils en avaient déjà ordonné un autre, du nom de Rogat, lequel est maintenant catholique et à qui leur armée, c'est-à-dire la troupe des Circoncellions, a coupé la langue et la main.* Saint Augustin écrivait ceci en 418. Il faut donc croire que Rogat était rentré auparavant dans le sein de l'Église catholique, mais pas avant 397, année où les fidèles d'Assuras avaient déjà un évêque catholique, car ils n'en auraient pas élu un second, s'ils avaient su dès lors que Rogat était devenu catholique.

**ÉVANGELVS.** On trouve plus d'une fois le nom d'Évangelus dans le recueil des canons de l'Église d'Afrique. ainsi[4] : « *Sous le consulat de Césaire et d'Atticus, le 7 des ides de septembre, dans la sacristie de la basi-*

---

(1) *Contra Cresc.*, lib. VIII, cap. IV.
(2) *Epist. contra Donat.*, c. XVIII.
(3) *De Gestis cum Emerito*, n. 9.
(4) Hard., *Conc.*, t. I, p. 882.

lique restituée, *l'évêque Aurèle siégeant avec ses collègues, les diacres étant aussi présents, arrivaient encore Victor de Puppiana, Tutus de Migirpa, Évangelus d'Assuras*, etc. » Or, ce concile était le troisième des conciles d'Aurèle, et il fut tenu en 397. On trouve encore Évangelus cité dans le même recueil et on voit qu'il assista à un autre concile de l'année 401, où l'on traita de l'ordre à rétablir dans l'église d'Hippone-Diarrhyte[1]. Dix ans plus tard, il vivait encore et il se rendit pour la troisième fois à Carthage à l'occasion de la conférence qui eut lieu entre les évêques donatistes et les catholiques. Dans cette réunion, il répondit à l'appel de son nom : « *Je suis présent*[2]. » Aucun compétiteur ne se présenta pour dire qu'il le connaissait. Mais le donatiste Pétilien ajouta : « *Celui que nous avions là est mort, il peut le dire.* »

**PÉRÉGRINVS.** La *Notice* le mentionne le dix-neuvième parmi les évêques de la province Proconsulaire qui, en 482, convoqués par le roi Hunéric en assemblée générale à Carthage, furent envoyés en exil pour les punir de leur profession de foi catholique. Au nom de Peregrinus on a ajouté la note : « *en exil ici*, » mais à Carthage sans doute. Car les ministres du roi disent d'après Victor de Vite[3] : « *Le roi a ordonné que vous ne revoyiez jamais plus vos villes ni vos églises, mais que vous soyez transportés au loin et mis au rang des colons pour cultiver les champs.* » Cette mention, du reste, peut très bien signifier que Pérégrinus fut exilé au lieu même où se trouvait l'annotateur.

---

(1) Hard., *Conc.*, t, I, p. 986, can. LXXVIII.
(2) *Cognit.*, I, n. 120.
(3) *Hist. Pers. Vand.*, lib. IV, cap. V.

Plus tard, Assuras eut des évêques simplement titulaires, dont voici les noms :

Pierre GIOÉNI, en 1743;
Jean-Baptiste MAYGROT, en 1753;
Jean-Dominique DE SAINTE-THÉRÈSE, en 1756;
François-Xavier DE SCHEBEN, en 1765;
Sébastien DE CAHUZAC, en 1780;
Blaise DE PALMA, en 1798;
Benoît DE ZRAMOLI, en 1803;
Rodolphe SALA, en 1818;
Ceslas REYNEN, vicaire apostolique de Curaçao, en 1886.

## XVI. — AVBVZZA.

Aubuzza, la même sans doute qu'Abbenza, était un gros bourg de la région de Sicca, qui est représenté aujourd'hui par les ruines de Djezza. Victor de Vite laisse entendre en effet qu'Abbenza se trouvait dans la Zeugitane, lorsqu'il parle de l'évêque Valérien dont nous traiterons un peu plus bas. Il dit qu'un certain Proculus fut envoyé par Genséric dans la Zeugitane *pour forcer les prêtres du Seigneur à livrer tous les livres et instruments divins* et aussitôt après il cite Abbenza et son évêque.

On a retrouvé à Djezza la dédicace d'un paganicum ; elle est ainsi conçue[1] :

GENIO COLONIAE IVLIAE. VENERIAE CHIRTAE NOVAE....
*qui* AVBVZZA CONSISTVNT. PAGANICVM. PECVNIA SVA. A SOLO RESTITVERVNT

Aubuzza obtint plus tard le rang de cité[2]. On y remarque une forteresse byzantine, construite avec les matériaux de la ville antique. On y a découvert aussi une longue inscription qui contient une liste de noms qui pourraient fort bien être ceux des saints confesseurs que le roi Hunéric fit réunir à Sicca et à Lares[3]. On devait les conduire au désert, mais selon Victor de Vite, ils jalonnèrent la route de leurs cadavres[4].

Il y a sans doute une variante assez sensible entre Aubuzza et Abbeza, mais elle rentre tout à fait, comme nous l'avons vu, dans les habitudes africaines.

**FORTVNAT.** En 411, il se trouva à Carthage au nombre des évêques réunis par devant le tribun et notaire Marcellin, lorsque dans le Secretarium des Thermes de Gargilius eurent lieu, entre les Catholiques et les Donatistes, les discussions connues sous le nom de conférences de Carthage et dont les séances durèrent trois jours. L'Église de Fortunat était restée pure de toute complicité avec les Donatistes. Aussi dit-il expressément[5] : « *J'ai l'unité.* »

---

(1) *Ephem.*, t. V, n. 638.
(2) *Ibid.*, n. 1261.
(3) *Corpus*, VIII, 16396.
(4) *Pers. Vand.*, lib. II, cap. IX-XI.
(5) *Cognit.*, I, n. 133.

**VALÉRIEN.** Il vivait vers l'an 460, sous Genséric, qui, malgré son grand âge, le condamna à un exil cruel. Les *Martyrologes* l'honorent, les uns le 4 des calendes de décembre, les autres le 18 des calendes de janvier. Mais nous le connaissons surtout par le témoignage que lui rend Victor de Vite [1] en faisant connaître sa dernière épreuve : « *Alors aussi, dit-il, Valérien, le saint évêque de la ville d'Abbenza, s'étant refusé courageusement à livrer les instruments divins, fut condamné à demeurer seul, hors la ville, avec défense générale de lui donner asile soit dans les maisons, soit dans les champs. Il demeura ainsi dépouillé de tout, en plein air, sur la voie publique ; il était cependant plus qu'octogénaire. Nous eûmes l'honneur, tout indignes que nous sommes, de le saluer en cet exil.* »

## XVII. — AVSANA.

Nous apprenons par la *Notice* que Ausana se trouvait dans la Proconsulaire ; mais ce peut être la même ville que Uzappa, que les documents ecclésiastiques écrivent constamment Ausafa. Or, il y a bien peu de différence entre Ausafa et Ausana, surtout dans les textes manuscrits, alors encore que ce nom ne se rencontre qu'une seule fois et dans un seul manuscrit, celui de la bibliothèque de Laon.

---

(1) *Pers. Vand.*, lib. I, cap. XII.

Nous exprimons donc le doute que nous avons touchant cette ville et nous renvoyons le lecteur à Uzappa.

**CASSOSVS.** On le trouve le quarante-septième sur la liste des évêques de la province Proconsulaire que le roi Hunéric appela à Carthage en 482 avec leurs autres collègues. A son nom, on a ajouté la note *ici* pour indiquer que son exil eut lieu de la manière que nous avons indiquée à l'article d'Assuras.

## XVIII. — AVZVAGA.

D'après les *Actes* de la conférence, il semble qu'il y avait en 411 sur le territoire même de Vaga, la moderne Béja, deux évêques qui prenaient le titre d'Auzvaga. Ils étaient, du reste, donatistes tous deux et ils ont pu très bien être du nombre de ces évêques d'occasion que le schisme multipliait pour tenir tête aux catholiques. On observera encore que dans Auzvaga entre le nom même de Vaga. Cependant nous devons nous rappeler qu'au temps de saint Cyprien il y eut un évêque catholique d'Auzvaga. Cet évêque se nommait.

**AYMMVS.** Il vota le cinquantième au troisième concile que saint Cyprien tint à Carthage en 255 sur la question du baptême [1]. Il y a de très nombreuses variantes

---

(1) Hard., *Conc.*, t. I, p. 171.

dans la manière d'écrire le nom de son siège et nous ne les reproduisons pas ici, car elles n'éclairciraient guère la question.

**IANVARIANVS.** Il mourut vers l'époque de la conférence de Carthage, comme l'atteste Primien à la secte duquel il appartenait[1]. Voici du reste un résumé de ce qui se passa à la conférence.

On lut le nom de Privat d'Azuga, donatiste ; sur ce, Ampelius, évêque catholique de Vaga, fit observer qu'il avait pour compétiteur Primulus de Vaga, lequel était revenu au catholicisme et il ajouta que depuis cette conversion, l'unité existait non seulement dans la cité de Vaga, mais encore dans tous les diocèses formés sur le territoire de Vaga. A la demande d'Aurèle de Carthage, on relut les deux derniers noms, savoir, ceux de Donatien de Bagaï et de Privat de Vaga. Alors Alype de Thagaste cria au mensonge, et Rogat, évêque catholique de Gaguar, prétendit que l'évêque en question était Januarianus et non Privat ; il ajouta qu'il connaissait Januarianus et non Privat. A ce moment, Primien, évêque donatiste de Carthage, expliqua l'erreur en disant qu'il y avait deux Auzagga, l'une dont Januarianus, mort récemment, était évêque et l'autre dont l'évêque était actuellement Privat. La question était obscure et après cette explication de Primien, personne ne jugea plus à propos de parler. Mais pour nous, il reste douteux qu'il y ait eu deux Auzvaga.

**PRIVAT.** C'est celui dont nous venons de parler. Il était donatiste et il dit en 411 à l'appel de son nom[2] : *J'ai donné mandat et j'ai souscrit.* »

---

(1) *Cognit.*, I., n. 179.
(2) *Cognit.*, I, n. 176 et 179.

Était-il successeur de Januarianus ou avait-il un siège distinct du sien? Il pouvait être successeur de Januarianus mort récemment et avoir un siège différent avec le même diocèse.

Observons en terminant que l'unique manuscrit, celui de Lyon, aujourd'hui à Paris, porte deux fois Auzagga et non Auzvaga.

## XIX. — AVISSA.

*Avissa,* autrement *Avisa, Abissa,* n'est peut-être autre que *Apisa-la-Petite,* dont nous avons dit un mot à l'article de *Apissana.* On peut regarder comme presque certain qu'elle se trouvait dans le voisinage immédiat d'Uchi-la-Grande, ville dont la position est connue. Le diocèse d'Uchi dépendait, en effet, comme on le voit dans les *Actes* de la conférence, de l'évêque donatiste d'Avisa.

**VICTORIEN.** Il assista, en 411, à la conférence de Carthage, dans les rangs des Donatistes et approuva l'élection des députés de son parti, choisis pour disputer avec les catholiques, en employant la formule usitée : « *J'ai donné mandat et souscrit.* » Et il ajouta : « *J'ai un compétiteur dans mon diocèse*[1]. » Par où nous apprenons que l'Église

---

(1) *Cogn.,* I, n. 163.

d'Avissa avait alors aussi un évêque catholique. Une raison de santé l'empêcha sans doute d'assister aux séances de Carthage.

Nous trouvons ailleurs dans les *Actes* de la même conférence que, quand Octavien, évêque catholique d'Uchi-la-Grande, répondant à l'appel de son nom, eût affirmé qu'il avait l'unité[1], Salvien, évêque donatiste de Lepti, se leva pour protester et dit : *c'est le diocèse du vénérable Victorien* de Avissa, *qui y a le prêtre Janvier*. Il s'ensuit donc que Victorien se regardait comme évêque d'Uchi-la-Grande pour les Donatistes et que Avissa se trouvait dans le voisinage d'Uchi.

## XX. — AVITTA.

Avita, autrement Abita, doit être probablement la même qu'Avitta. Or, il y avait deux villes de ce nom, car l'une d'elles, retrouvée dans les ruines de Bou-Ftis, est appelée *Avitta-Bibba*, ce qui est l'indice d'une seconde ville du même nom. La dénomination actuelle n'est, d'ailleurs, qu'une altération du nom ancien. Pline fait mention d'Avitta et dit que c'est une ville libre d'Afrique[2]. La table de Peutinger la place à cinq milles de Thuburbo-la-Grande et c'est bien à cette distance que se rencontrent les ruines de Bou-Ftis

---

(1) *Cogn.*, I. n. 133.
(2) *Hist. nat.*, lib. 5.

Les monuments, d'autre part, attestent qu'Avitta-Bibba était une cité dès le temps de Trajan et qu'elle avait gardé ses suffètes de l'époque punique. Nous lisons, en effet, dans une dédicace[1] :

```
         VICTORI
       AE. AVG.
    CIVITAS AVIT
    TENSIS. BIBBA
       D. D.  P. P.
        MANLIVS
      HONORATVS
      ET  mc TEL
    LVS. SVFETES
      FACIVNDAM
     CVRAVERVNT
```

Vers la fin du règne d'Hadrien, Avitta Bibba reçut le titre de municipe[2], qu'elle gardait encore au temps d'Honorius, d'après une dédicace que nous allons reproduire[3] :

```
           D N
    FLAVIO HONORIO
      INVICTO IMP
      SEMPER AVG
      MVNICIPIVM
      AVITTA BIBBA
    DEVOTVM NVMINI
    MAIESTATIQVE
           EIVS
```

Les ruines dites Henchir-Bou-Ftis couvrent un plateau incliné en pente douce; elles sont assez étendues. Les restes de deux arcs de triomphe, de divers monuments,

(1) *Ephem.*, t. V. n. 304. — *Corpus*, n. 797.
(2) *Corpus*, n. 799 et 801.
(3) *Ephem.*, t. V, n. 304.

prouvent que la ville était florissante à l'époque des Antonins. Signalons une inscription relative au dallage d'un sanctuaire d'Avitta et qui porte la date du 11 mars 338[1].

// AETERNO. NVMINI. PRAESTANTI. PROPITIO. SACRVM
*vi* CTORIS. SACERDOTIS. ET. ARRI. SERVILI. REM. AGENTIB.
// NON. ET. SILICEM. OMNE. SANCTVARIVM. STRAVIT
*q* VINT. IDVS. MARTIAS. VRSI. ET. POLLEMI. CONSVLATVS

Nous ne connaissons pas exactement l'emplacement de la seconde Avitta. Cependant un fragment d'inscription, découvert près de Thuburbo-la-Petite, mentionne un *Municipium Ælium Avitta*[2]. Mais auquel des deux appartenait l'évêque Tertullus dont nous allons parler? Il n'est guère possible de le dire.

**TERTVLLVS.** Il était Donatiste et de la secte nouvelle des Maximianistes. Nous lisons son nom dans la lettre synodale de Cabarsussi, que rapporte saint Augustin[3].

(1) *Corpus*, n. 796.
(2) *Corpus*, n. 1177.
(3) *In ps.* XXXVI, serm. II, n. 20.

## XXI. — BENCENNA.

La cité de Bencenna était assurément voisine d'Uchi-la-Grande, si l'on en juge par la dédicace suivante, trouvée récemment en cette dernière ville[1].

```
        CONCORDIAE AVG SACRVM
    PRO SALVTE IMP CAES DIVI SEPTIMI
       SEVERI PII NEPOTIS DIVI
        MAGNI ANTONINI PII FILI
        M AVRELI SEVERI ALEXANDRI
       PII FELICIS AVGVSTI PONTIF
       MAX TRIB POTEST. VIII. COS Iii
       p ROCOS PP QVOD INDVLGEN
       tia AVGVSTI NOSTRI COLONIA
       ALEXAndRIANA. AVGVSTA. VCHI
     MAIVS PRolaTA HONORATAQVE SIT
      ORDO CIVita TIS. BENCENNENSIS
       STATVAM CONcorDIAE PERPETVAE
           DEDIT. ET. DEdICAVIT
```

Ce texte permet aussi d'attribuer à Bencenna une assez haute antiquité, mais nous ne connaissons qu'un seul de ses évêques,

**ADÉODAT**, qui assista, parmi les catholiques, à la conférence de Carthage, en 411, et rendit de son Église ce glorieux témoignage[2] : « *Je suis présent; elle est catholique depuis son origine.* »

---

(1) *Ephem.*, t. V, n. 558.
(2) *Cogn.*, I, n. 128.

## XXII. — BÉNÉVENT.

Les Africains avaient aussi leur Bénévent, ville maritime probablement, située dans la région même de Carthage et représentée peut-être par la petite ville de *Beniata* que l'on rencontre entre Bizerte et Porto-Farina.

**ANASTASE.** Nous lisons son nom parmi les souscriptions du concile d'Arles, réuni en 314. Il y prend le titre d'évêque de la cité de Bénévent[1].

**GVLOSVS.** La *Notice* le cite le neuvième parmi les évêques de la province Proconsulaire que le roi Hunéric appela à Carthage avec leurs collègues, en 482, et qu'il envoya ensuite en exil. L'annotation *Corsic*, indique qu'il était du nombre de ceux qui furent relégués dans cette île.

## XXIII. — BILTA.

C'est une chose assez étrange qu'une ville aussi importante que celle-ci et dont on connaît quatre évêques ne soit connue par aucun document autre que des souscriptions

---

[1] Hard., *Conc.*, t. I, p. 267.

épiscopales. Le nom de Bilta ou Vilta qui offre, du reste, assez de variantes, serait-il lui-même altéré et faudrait-il lire par exemple Villa ou Billa? Nous savons qu'il y avait aussi dans la Proconsulaire une cité appelée Villa-Magna peut-être pour la distinguer d'une autre du même nom. Quoi qu'il en soit, nous allons énumérer les évêques de Bilta, puisque nous adoptons cette forme.

**CAECILIVS.** C'est à lui que semble avoir été écrite la soixante-troisième lettre de saint Cyprien sur le sacrement du calice du Seigneur. Il exposa le premier son sentiment dans le troisième concile que saint Cyprien convoqua à Carthage sur la question du baptême, en 255[1]. Il paraît vraisemblable qu'il était le doyen des évêques de la province Proconsulaire.

**FÉLICIEN.** Il était de la secte des Donatistes et assista en 411 à la conférence de Carthage. A l'appel de son nom, il répondit[2] : « *J'ai donné mandat et j'ai souscrit,* » sans indiquer s'il avait à Bilta un compétiteur catholique.

**RESTITVT.** Il souscrivit au concile de Carthage convoqué par Boniface en 525[3].

**THÉODORE.** Il est certain qu'il signa la lettre du concile de la Proconsulaire adressée, vers l'an 646, à Paul, patriarche de Constantinople et dont nous lisons encore le texte dans le concile de Latran sous le pape Martin I[4].

---

(1) Hard., *Conc.*, t. I, p. 159.
(2) *Cogn.*, I, n. 208.
(3) Hard., *Conc.*, t. II, p. 1082.
(4) *Ibid.*, t. III, p. 749.

## XXIV. — BISICA.

Bisica ne se trouve dans les monuments ecclésiastiques que sous la forme Visica ou Visita, les Africains prenant sans cesse l'une pour l'autre les lettres B et V, comme nous l'avons vu encore à l'article précédent.

La table de Peutinger la nomme Risca et la place à dix milles de Coreva et à dix-huit milles d'Avitta, mais les chiffres ont été transposés et c'est le contraire qui est vrai. Du reste, les ruines de Bisica ont conservé leur ancien nom et on les appelle encore Henchir-Bijga. Ces ruines, dont l'étendue est d'une cinquantaine d'hectares, couvrent un plateau qui domine la plaine du Riah et celle de Bou-Arada.

On a rencontré à Bisica de nombreuses dédicaces qui offrent son nom et lui donnent le titre de municipe. Ainsi [1] :

```
        M. CORNELIO. OC
      TAVIANO. V. P. PRAEF
     CLASSIS. PRAET. MISEN.
         DVCI. PER. AFRICAM
       NVMIDIAM. MAVRETA
        NIAMQVE. SPLENDI
         DISSIMVS. ORDO.
        MVNICIPI. BISICENSIS
       PATRONO. INCOMPARA
          BILI. OB. MERITA
```

[1] *Éphem.*, t. V, n. 301. — Cf. *Éphem.*, t. VII, n. 100.

Elle devait probablement ce titre à Hadrien[1]. Bisica était voisine de Tabbora, aujourd'hui Tembra, dont l'évêque donatiste la revendiquait comme étant de son diocèse en 411.

Il y eut, du reste, plusieurs villes portant le nom de Bisica. Ainsi une dédicace de Rome mentionne *Bisica Lucana ex Africa*[2]. On croit que celle-ci n'est autre que la ville actuelle de Testour, mais d'autres pensent que Testour représente plutôt *Tichilla*. Quoi qu'il en soit, Testour nous offre beaucoup de souvenirs chrétiens, entre autres le suivant[3] :

SANTÆ TRES
MAXIMA
ET DONATILLA
SECVNDA
BONAPVELLA
STEFANUS

Il faut remarquer que les saintes Maxima, Donatilla et Secunda, d'après leurs *Actes*, ont souffert à Thuburbo-Lucernaria.

FÉLIX. Il se rendit, en 411, avec les évêques catholiques à la conférence de Carthage où, après avoir répondu à l'appel de son nom, qu'il était présent, il ajouta, au sujet de son Église[4] : *Je n'ai point d'évêque contre moi.* A quoi, Victor, évêque donatiste de Tabbora, repartit : « *Il s'est retiré dernièrement, c'est moi qui interviens là.* » Il veut

---

(1) *Ephem.*, t. V, n. 299.
(2) Reines, p. 511.
(3) La pierre est au musée de Tunis.
(4) *Cogn.*, I, n. 126.

dire : c'est à moi que les Donatistes de Bisica ont été confiés.

**VALENTINIEN.** Il signa la lettre adressée, en 641, par le concile de la Proconsulaire à Paul, patriarche de Constantinople, contre les Monothélites[1].

## XXV. — BONVSTA.

On ne voit aucune mention de Bonusta dans les anciens géographes, mais on peut supposer qu'elle se trouvait dans la presqu'île du cap Bon, si l'on tient compte de plusieurs particularités relatives à ses évêques et qui vont être signalées.

**RVFINIEN.** Il assista au concile et à la conférence de Carthage en 411, et à l'appel de son nom il dit[2] : *J'ai donné mandat pour ce qui est ci-dessus et je l'ai signé.* Puis il ajouta au sujet de son Église : « *Il n'y a jamais eu de Donatistes.* » Cependant lui-même avait été autrefois de leur secte, car Primien de Carthage repartit : « *Il a été des nôtres, mais nous y avons un peuple pour qui nous pouvons ordonner,* » c'est-à-dire je pense, à qui nous pouvons donner un évêque de notre parti. Rufinien répondit : « *Il n'y en a jamais eu.* »

(1) Hard., *Conc.*, t. III, p. 749.
(2) *Cogn.*, I, n. 138.

**CYPRIEN.** Il figure le trente et unième dans la liste des évêques de la province Proconsulaire que le roi Hunéric appela à Carthage en 482 et qu'il exila à cause de leur foi catholique dans l'île de Corse.

---

## XXVI. — BOTRIANA.

Botriana est un nom sujet aux mêmes remarques que Apissana et d'autres villes africaines. On croit l'avoir retrouvée dans les ruines nommées Henchir-Batria d'après deux inscriptions portant les sigles suivantes, R. P. B. et VOTA P. B qu'on a interprétées : *Respublica Botrianensis et Vota publica Botrianensium*[1].

Cette ville se trouve dans l'Enfida, sur un contrefort du Djebel-Zeriba et offre un pourtour de trois kilomètres environ. On y remarque un *castrum* byzantin, deux grandes constructions fort bouleversées, dans lesquelles deux pierres portent le monogramme du Christ, un mausolée et deux réservoirs d'eau.

**DONAT.** Il semble avoir été considéré comme l'un des principaux évêques donatistes, car à la conférence de Carthage, en 411, il fut élu après Primien de Carthage et Félix prétendu évêque de Rome pour soutenir les intérêts de son parti. Il reconnut sa souscription en ces termes[2] : « *J'ai souscrit ce mandat.* »

---

(1) *Corpus*, n. 915. — *Ephem.*, t. V, p. 336.
(2) *Cogn.* I, n. 149.

## XXVII. — BVLLA.

Il y eut assurément dans la Proconsulaire deux villes qui portèrent le nom de Bulla, savoir : Bulla-Regia dont nous parlerons ci-après, c'est-à-dire Bulla-la-Royale ou Bulla-la-Grande et Bulla-la-Petite ou simplement Bulla dont nous avons à nous occuper en ce moment. L'emplacement de Bulla-la-Royale est connu. Il n'en est pas de même pour la seconde Bulla, autrement Vulla, selon la mode africaine. On n'en a guère parlé ou bien on l'a confondue avec Bulla-Royale. Nous ignorons donc complètement où elle se trouvait. Observons toutefois que, à sept kilomètres de Vaga, sur la voie qui mène de cette ville à Thuburbo-la-Petite, il y a des ruines qui portent le nom de Sidi-Embarek sur l'oued Boul, affluent de l'oued Béjà. L'oued Boul a pu conserver le nom de Bulla, comme l'oued Thibar a conservé celui de Thibari, et comme l'oued Meliz a conservé le nom de Melzi. En tout cas, c'est une hypothèse à faire connaître.

**FÉLIX.** Il figure le trente-quatrième parmi les évêques de la province Proconsulaire qui, appelés à Carthage par le roi Hunéric en 482, avec les autres évêques, dont la *Notice* a reproduit les noms, furent envoyés en exil. L'annotation prbt, *probatus* a été ajoutée à son nom pour nous apprendre qu'il mourut martyr de la foi catholique dans son exil.

**PORPHYRE.** En l'année 525, sous le règne du roi Hildéric, il assista au premier concile que Boniface réunit à Carthage après la longue persécution de l'Église africaine. Il y souscrivit des derniers, soit le quarante-neuvième, car cinquante-neuf évêques seulement se réunirent alors à Carthage[1].

## XXVIII. — BVLLA-LA-ROYALE.

Bulla-Regia, par contraction Bulla-Ria, autrement Bulla-Major, et par contraction Bulla-Ma, est représentée aujourd'hui par les ruines imposantes de Hammam-Derradj, nom qui est dû à ses eaux thermales. Cette ville est située au-dessus d'une vaste plaine qu'on appelait jadis le *Campus-Bullensis*, que les Arabes longtemps encore nommèrent *Fahs-Boll* et qui s'appelle aujourd'hui *Dakhla*. Pline[2] cite Bulla-la-Royale comme une ville libre et saint Augustin la mentionne comme étant dans la Numidie Proconsulaire et assez rapprochée d'Hippone-la-Royale parce qu'elle se trouvait sur la grande voie de Carthage à cette ville[3]. Procope, après Ptolémée et l'*Itinéraire* d'Antonin, en fait aussi mention, et bien avant lui Polybe et Appien avaient signalé les grandes plaines de Bulla. Aujourd'hui encore on y retrouve un sanctuaire musulman appelé Salah-el-Bulli. Les ruines de Bulla-la-Royale couvrent un plateau appuyé aux pentes du djebel Rebia et baigné au sud-est par un marais. Le

---

(1) Hard., *Conc.*, t. II, p. 1082.
(2) *Hist. nat.*, lib. V, cap. III.
(3) *Epist.* LXV.

municipe était situé sur la rive gauche de l'oued Bedjeur ou Bedja ; il formait un triangle dont chacun des côtés mesure huit cents mètres. Son mur d'enceinte, flanqué de tours, était percé de quatre portes. On y remarquait une puissante citadelle, au centre de laquelle s'élevait un bel édifice, des thermes, un amphithéâtre, un grand théâtre. Mais à part un marbre orné du monogramme du Christ, tous les monuments relevés à Bulla portent l'empreinte du paganisme.

Orose[1] nous apprend que Hiertas, roi de Numidie, fut pris et tué à Bulla par Pompée. Saint Augustin a fait un discours à Bulla-la-Royale pour la fête des Machabées[2].

**THÉRAPIVS** de Bulla assista au troisième concile convoqué à Carthage par saint Cyprien sur la question du baptême en 255. Il y exposa son sentiment le soixante et unième. Dans un exemplaire de l'édition latine, Thérapius est appelé *confesseur* comme plusieurs des Pères de ce concile et nous savons que beaucoup de leurs collègues comme Cyprien, leur primat, ont été honorés de la palme du martyre[3].

**ÉPIGONE.** Il donna plusieurs fois son avis dans le concile de Carthage que Genethlius réunit en l'année 390[4] et il participa également ensuite aux premiers conciles d'Aurèle[5].

**DOMINIQVE.** Il assista, en 411, au concile et à la conférence de Carthage parmi les évêques catholiques et à la

---

(1) *Hist.*, lib. V, cap. XXI.
(2) *Bible Casin.*, t. I, p. 220.
(3) Hard., *Conc.*, t. I, p. 174.
(4) Hard., *Conc.*, t. I, pp. 951 et 952, n. 2 et 7.
(5) *Ibid.*

lecture de sa souscription il dit[1] : « *J'ai pour compétiteur Félix, mais il n'y a qu'une seule personne qui soit de sa communion.* » Celui-ci ajouta alors : « *Je le connais.* » Et ensuite à l'appel de son nom, il dit [2] : « *J'ai donné mandat et j'ai souscrit.* »

**JEAN.** La *Notice* le place le cinquantième parmi les évêques de la province Proconsulaire que le roi Hunéric appela, en 482, à la réunion générale de Carthage et qu'il condamna à l'exil, en même temps que les autres évêques.

**QVODVVLTDEVS.** Il assista et souscrivit au concile de Carthage que Boniface réunit *la seconde année du très glorieux règne d'Hildéric, aux nones de février, dans la sacristie de la basilique du saint martyr Agilée*[3]. C'était en l'an 525 de l'ère chrétienne.

**MELLOSVS.** Il signa la lettre du concile de la Proconsulaire adressée, en 646, à Paul, patriarche de Constantinople, contre les erreurs des Monothélites. Sa souscription est ainsi formulée[4] : « *Mellosus, par la grâce de Dieu, évêque de la sainte Église de Bullaria comme ci-dessus.* »

---

(1) *Cognit.* I, n. 135.
(2) *Cognit.*, I, n. 208.
(3) Hard., *Conc.*, t. II, p. 1082.
(4) *Ibid.*, t. III, p. 752.

## XXIX. — BVLNA.

Le nom de Bulna serait-il altéré dans les manuscrits et pris pour celui de Bulla? Il serait téméraire de l'affirmer. Les géographes ne disent rien de cette ville et nous ne connaissons qu'un seul de ses évêques,

**VICTOR,** qui figure parmi les signataires de la lettre adressée, en 646, par les évêques du concile de la Proconsulaire à Paul, patriarche de Constantinople, et dont on lut le texte dans le concile de Latran sous le pape Martin I[1].

## XXX. — BVRE.

Le nom de Bure entre dans celui de Thubursicum-Bure et de Thimidabure, qui sont deux villes aujourd'hui connues. On pourrait en conclure que Bure se trouvait dans leur voisinage, d'autant plus que Thubursicum-Bure et Thimidabure sont rapprochées l'une de l'autre. Nous n'en pouvons rien dire de plus et nous ne connaissons qu'un évêque de Bure, savoir :

(1) Hard., *Conc.*, t. III, p. 756.

**DONAT,** qui assista à la conférence de Carthage, l'an 411. Après la lecture de son nom, il dit[1] : « *Les Donatistes n'ont personne là.* »

---

## XXXI. — BVRVNI.

Victor de Vite parle de Buruni à propos de trois martyrs qui ont remporté, sous Genséric, la palme du martyre, dans le pays des Maures, c'est-à-dire dans le désert au-delà de l'Aurès. *Là,* dit-il[2], *jusqu'à ce jour Notre-Seigneur Jésus-Christ ne cesse d'opérer de grands miracles.* Puis il affirme que l'évêque de Buruni a été témoin d'un de ces prodiges. Or, Buruni a été retrouvée dans la plaine de Dakhla, sur la rive gauche du Bagradas, à trois kilomètres au nord de Souk-el-Khemis. On y voit les ruines d'un *saltus*, c'est-à-dire d'une exploitation agricole impériale, très florissante au temps de l'empereur Commode. Le *saltus Burunitanus* comprenait toute la région montagneuse qui s'étend entre l'oued Bou-Heurtma, l'ancien Armascla et la source de l'oued Badja. Un monument qui reproduit une requête adressée à l'empereur Commode par les colons du domaine impérial nous a conservé le nom de la ville. On peut le lire à la douzième ligne de la seconde colonne du texte : *Saltum Burunitanum*[3]. Le *saltus* était un immense domaine privé

---

(1) *Cognit.*, I, n. 132.
(2) *Hist. Pers. Vand.*, lib. I, cap. x et xi.
(3) *Corpus*, n. 10570.

qu'habitait une nombreuse population groupée autour de la villa ou résidence du propriétaire et formant des bourgs semblables à des municipes ainsi qu'on le voit dans la description de Frontin[1].

**FAVSTE.** Il paraît avoir vécu à la fin du V⁰ siècle, mais avant le règne du roi Hunéric; car il n'est fait aucune mention de lui dans la *Notice* de 482. Victor de Vite, dans le passage que je viens de rappeler, s'exprime en ces termes[2] : « *Le bienheureux Fauste qui fut évêque de Buruni nous a attesté qu'une femme aveugle avait recouvré la vue en sa présence.* »

---

## XXXII. — CANOPE.

Ptolémée et Strabon mentionnent Canope. Pline nous apprend qu'il y avait deux villes de ce nom, dont l'une avait le titre de cité et l'autre celui de municipe[3]. Elle devait son nom apparemment à un temple de Sérapis.

**FÉLIX.** Il assista en 411 au concile et à la conférence de Carthage, comme on le voit par sa souscription qui est ainsi formulée[4] : « *J'ai donné mandat pour ce qui est*

---

(1) *Gromat Veter*, p. 53, Ed. Lachm.
(2) *Pers. Vand.*, lib. I, cap. XI.
(3) *Hist. nat.*, lib. V. — Strabon, XVII, XVII.
(4) *Cognit.*, I, n. 139.

*ci-dessus et je l'ai souscrit à Carthage.* » Il n'avait point contre lui un évêque, mais seulement un prêtre donatiste. C'est pourquoi après la lecture de la souscription de Félix, Valentinien, diacre de Primien dit : « *nous avons là un prêtre; il s'appelle Restitut.* »

**RÉDEMPTVS.** Il signa la lettre que le saint concile de la Proconsulaire adressa, vers l'an 646, à Paul, patriarche de Constantinople, contre le Monothélisme. Il souscrivit en ces termes[1] : « *Rédemptus, par la grâce de Dieu, évêque du municipe de Canope, comme ci-dessus.* »

## XXXIII. — CARPI.

La colonie de Carpi ou Carpos se trouvait en face de Carthage, de l'autre côté du golfe, à El-Meraïssa, le petit port, où l'on rencontre ses ruines, près des eaux thermales appelées aujourd'hui encore Hammam-Corbès. Ce sont les antiques *Aquæ-Carpitanæ*, qui coulent au pied du djebel Corbès, forme arabe de la dénomination primitive. Pline, Ptolémée et autres anciens auteurs et géographes font

---

(1) Hard., *Conc.*, t. III, p. 750.

Dans les *Actes* des martyres Maxima, Donatilla et Secunda, qui souffrirent à Thuburbo-la-Petite, il est dit qu'elles furent arrêtées dans une localité voisine assurément de Thuburbo et nommée Cephali; elles avaient été dénoncées en ce même lieu par une personne que les *Actes* appellent *Campitana* et qui pourrait bien être une *Canopitana*.

mention de Carpi. Les ruines de cette ville s'étendent sur plus d'un mille de longueur, du sanctuaire de Sidi-Ali-Reïs jusqu'à la mer. On y remarque un amphithéâtre creusé dans les flancs d'une colline et dont l'arène mesurait quarante pas de long sur vingt-deux de large. Au dix-septième siècle le port s'appelait toujours Mersa-Corbès. Depuis ce nom s'est perdu, mais un édifice situé à un kilomètre des eaux, s'appelle encore *Kenisieh* (église) et paraît avoir été jadis une chapelle chrétienne.

Carpi était une colonie d'Auguste et son titre se lit dans une inscription retrouvée à Hippone-Diarrhyte et ainsi conçue[1] :

GENIO. COL. IVLIAE
HIPP. DIARR. SACR
COLONI. COL. IVLIAE
CARPIT *anae, etc.*

La ville est mentionnée plus tard dans une dédicace à l'empereur Constantin le Jeune[2] :

DN. FLAVIO. IVLIO
CONSTANTINO. PIO
FELICI. SEMPER
AVG
DEDICANTE.
VIRIO LVPO
VC. PROC. PA. P
DEVOTA. KAR. POS

Elle était donc très ancienne ; aussi nous lui voyons des évêques dès le temps de saint Cyprien.

---

(1) *Corpus*, n. 1206.
(2) *Corpus*, n. 994. — Cf., n. 995.

**SECVNDINVS.** Il donna son avis le vingt-quatrième dans le concile de Carthage de 255, le troisième de ceux que saint Cyprien réunit au sujet du baptême[1].

**ANTOINE.** Il assista, en 411, à la conférence de Carthage parmi les évêques catholiques. Lorsqu'il eut répondu, à l'appel de son nom[2] : « *Je suis présent,* » un évêque donatiste s'avança et dit : « *Je le connais.* » Cet évêque se nommait Vératien. Il fut plus tard désigné par ceux de sa secte pour être conservateur. Nous apprenons aussi de lui qu'il succéda à Faustinien, car, répondant à l'appel parmi les siens, il dit[3] : « *J'ai donné mandat et j'ai souscrit, moi, successeur de Faustinien, qui avait été ordonné par Donat dans l'unité de la vérité; mais, bientôt après, à l'époque de Macaire, vinrent là les traditeurs.* » On peut croire que cet Antoine est le même que celui dont le nom se trouve le sixième dans la lettre des évêques de la Proconsulaire au pape Innocent[4].

**PENTADIVS.** On le trouve au nombre des évêques du concile de Carthage de l'an 419, auquel assista, comme légat de l'Église romaine, Faustin, évêque de Potenza, dans le Picenum. Pentadius souscrivit le neuvième aux *Actes* de ce concile[5].

**FÉLIX.** La *Notice* le cite le vingt-neuvième parmi les évêques de la Proconsulaire qui, convoqués à Carthage par

---

(1) Hard., *Conc.*, t. I, p. 166.
(2) *Cogn.*, I, n. 126.
(3) *Cogn.* I, n. 224. — Cf., n. 187.
(4) Hard., *Conc.*, t. I.
(5) *Ibid.*, p. 939.

un édit du roi Hunéric pour l'assemblée générale de 482 furent ensuite tous exilés. Une note ajoutée au nom de Félix, fait connaître qu'il fut relégué dans l'île de Corse, comme la plupart des évêques des environs de Carthage.

**VÉNÉRIVS.** Il assista, en 525, au concile de Carthage, convoqué par Boniface. C'est ce que nous savons par sa souscription qui est ainsi conçue : *Vénérius, évêque du peuple de Carpi, dans la province Proconsulaire*[1].

**BASSVS.** Son nom se lit dans les souscriptions de la lettre synodale adressée en 646 par le concile de la Proconsulaire à Paul patriarche de Constantinople, pour l'exciter contre les Monothélites[2].

## XXXIV. — CEFALA.

Si l'on s'en rapporte à la signification grecque de son nom la ville de Cefala devait occuper un promontoire, mais les géographes ne la mentionnent pas. Le livre des *Miracles*

---

(1) Hard., *Conc.*, t. II, p. 1081.
(2) *Ibid.*, t. III, p. 750.

Il est probable que le saint évêque et martyr Patrice qui souffrit, à ce que l'on présume, durant la persécution de Dioclétien, vers l'an 292, sous le proconsulat de (Marcus) Julius, et qui est honoré le 28 avril, a occupé le siège de Carpi et non celui de Pruse en Bithynie ou de Pertusa en Afrique.

Cf. Dureau de la Malle, *Recherches sur Carthage*, appendice.

de saint Étienne à Uzalis mentionne une bourgade nommée *Promontorium* qui peut être la ville actuelle de Ras-el-Djebel entre Bizerte et Porto-Farina. La bourgade possédait une église [1]. D'autre part, les *Actes* des saintes Maxima, Donatilla et Secunda, qui souffrirent à Thuburbo, nous disent qu'elles furent arrêtées non loin de la ville, dans la localité de *Cephali*.

**FIDENTIVS.** Cet évêque assista, en 411, à la conférence de Carthage et à l'appel de son nom il répondit[2] : « *J'ai l'unité.* » Il avait perdu naguère son compétiteur donatiste, car Valentinien, diacre de Primien de Carthage, ajouta : « *Il est mort récemment; il s'appelait Fidentius.* » Il faisait peut-être allusion à la conversion de Fidentius qui serait passé du donatisme au catholicisme.

**CRESCENT.** Il signa la lettre du saint concile de la Proconsulaire adressée en 646 à Paul, patriarche de Constantinople contre les Monothélites[3].

## XXXV. — CELLA.

La province Proconsulaire avait une ville nommée Cella, mais les géographes n'en disent rien. Nous avons vu plus

---

[1] Lib. I, cap. VII.
[2] *Cogn.*, n. 133.
[3] Hard., *Conc.*, t. III, p, 750.

haut qu'une des deux Abbir avait porté le qualificatif de Cella. On pourrait en conclure que Cella était voisine de la ville d'Abbir. D'autre part, on a retrouvé près de Zouarin, non loin d'Obba et d'Assuras, un monument qui atteste l'existence sur ce point d'une localité appelée *Chella*. Le voici[1] :

CHELLENSES<br>
NVMIDAE<br>
PCCCCXLIII.

Chella équivaut à Cella comme Chirta équivaut à Cirta. Les ruines d'Aïn-Zouarin, situées dans la Numidie Proconsulaire, pourraient donc aussi représenter l'ancien évêché de Cella, d'autant plus qu'en 411, l'évêque de Cella intervint pour son voisin l'évêque de Casæ-Medianæ, ville située dans cette même région.

**HONORIVS.** Il assista, en 411, à la conférence de Carthage, et quand il eut répondu[2] : « *Je suis présent,* » son adversaire, le donatiste Castus dit : « *Je le connais.* » Puis nous voyons Honorius répondre pour son collègue, l'évêque des Casæ-Medianæ, ainsi que nous l'avons déjà fait observer. Enfin Castus parut à son tour[3] parmi les Donatistes et fit aussi sa déclaration.

**CYPRIEN.** Il est le quarante-cinquième sur la liste des évêques de la province Proconsulaire qui en 482 après l'assemblée de Carthage, furent envoyés en exil avec les

---

(1) *Cogn., Explor.*, II<sup>e</sup> fasc., p. 150.
(2) *Cogn.*, I, n. 126.
(3) *Cogn.*, I, n. 197.

autres par le roi Hunéric. A son nom est ajoutée expressément la note *en exil,* et il était sans doute encore exilé quand l'écrivain annotait la *Notice.*

## XXXVI. — CERBALI.

C'est une ville qui ne nous est connue que par un seul de ses évêques,

**CONSTANCE** qui souscrivit au concile de Carthage réuni par Boniface en l'année 525, la seconde du très glorieux règne d'Hildéric. Il est dit évêque du peuple de Cerbali[1]. Serait-ce la même ville que Cefali ou Cephali ou que Cincari?

## XXXVII. — CICSI.

Cicsi, autrement Cissi, dans les documents ecclésiastiques, Cicisa, Cigisa, Cisisa, Sigisa et Cesinsa pour les anciens géographes, se trouvait sur la grande voie de Carthage à Théveste, à vingt-sept kilomètres de la métropole

---

(1) Hard., *Conc.*, t. II, p. 1082.

et à quarante-deux de Thuburbo-la-Petite. Malgré la précision de ces chiffres, on n'a pu encore l'identifier avec certitude ni la retrouver.

**FLAVOSVS.** Cet évêque était de la secte des Donatistes et il assista en 411 à la conférence de Carthage où il répondit à l'appel[1] : « *J'ai donné mandat et j'ai souscrit.* »

**CRESCENT.** Il est le vingt-septième parmi les évêques de la Proconsulaire qui, en 482, appelés à Carthage par un édit du roi Hunéric pour une assemblée générale de l'épiscopat, furent condamnés à l'exil avec tous les autres à cause de leur profession de foi catholique. A son nom est ajoutée aussi la note *en exil*.

## XXXVIII. — CILIBIA.

Le nom de cette ville peut être reconnu dans celui de *Henchir-Kelbia*, ruines d'une ville antique, importante, et que l'on rencontre entre Uthina et Vina.

D'autres ont lu le nom de Cilibbia sur les monuments de Slouguia, petite ville située sur la rive droite du Bagrada et qui a joui autrefois du titre de municipe. Cependant leur lecture n'est pas admise par tous. Il y en a, en effet,

---

(1) *Cogn.*, I, n. 208.

qui veulent que ce soit le municipe de *Chidibbia*[1]. Sans nous arrêter à ces divergences, énumérons les évêques connus de Cilibia et d'abord

**TERTVLLVS** qui assista en 411 à la conférence de Carthage où il répondit à l'appel de son nom[2] : « *J'ai donné mandat et j'ai souscrit.* » Il était Donatiste et il n'est fait aucune mention d'un évêque catholique de Cilibia.

**RESTITVT.** Nous lisons son nom parmi ceux des évêques du concile de Carthage, célébré en 525, par Boniface[3].

**JEAN.** Il souscrivit la lettre du concile de la Proconsulaire adressée en 646 à Paul, patriarche de Constantinople[4].

## XXXIX. — CINCARI.

Cincari est la Clucar ou Cluacaria des anciens géographes, la Cæciri du concile de Latran. On l'a retrouvée dans les ruines de Bordj-Toum, sur la rive gauche du Bagrada. Elle avait le titre de municipe, comme le marque une dédicace qui se trouve au musée de Saint-Louis et que nous allons reproduire[5] :

---

(1) *Corpus*, n. 1332 et seq.
(2) *Cogn.*, I, n. 206.
(3) Hard., Conc., t. II, p. 1082.
(4) *Ibid.*, t. III, p. 749.
(5) *Ephem.*, t. V, n. 527.

```
      MEMORIAE TI
    BERI CLAVDI IVLI
    ANI VNIVERSI CV
    RIALES MVN CIN
    PROVOCATI LAR
    GITIONE MATRIS
    EIVS AERAE COL
    LATO DE Suo PO
    SVERVNT LD DD
```

Les évêques connus de Cincari ou Cæciri sont :

**RESTITVT** qui assista, en 411, parmi les catholiques à la conférence de Carthage où, après la lecture de sa souscription, il dit[1] : « *J'ai pour adversaire l'évêque Campanus*. Celui-ci se présenta et dit : « *Je le connais*. » Puis lui-même répondit à l'appel[2] : « *J'ai donné mandat et j'ai souscrit.* »

**QVODVVLTDEVS.** Nous lisons son nom abrégé *Quobulus* parmi ceux des évêques du saint concile de la Proconsulaire qui, vers l'an 646, écrivirent à Paul, patriarche de Constantinople, pour le détourner des erreurs des Monothélites[3].

---

(1) *Cogn.*, I, n. 133.
(2) *Cogn.*, I, n. 188.
(3) Hard., *Conc.*, t. III, p. 751.

## XL. — CLYPIA.

Clypia ou Clypea, l'Ασπισ des Grecs, célèbre dans l'histoire des guerres puniques, doit son nom à l'assiette qu'elle occupe et qui ressemble à un bouclier. Beaucoup d'auteurs l'ont citée avec éloge et nous la retrouvons bien déchue dans la Klibia actuelle.

Pline l'appelle une ville libre[1]. On attribuait sa fondation à Agathocle, tyran de Sicile, au temps où il conduisit sa flotte contre les Carthaginois[2]. Florus, après Polybe, dit qu'elle tomba la première de toutes les villes d'Afrique, au pouvoir des Romains. *Le premier trophée de la guerre*, dit-il[3], *fut la ville de Clypea, parce que c'est elle qui s'avance le plus loin sur le littoral punique, comme une citadelle et un observatoire.* Clypia était située, en effet, près du promontoire de Mercure, sur une colline rocheuse, haute de cent cinquante mètres, que couronne aujourd'hui une forteresse arabe.

On remarque encore les restes de la citadelle antique, du mur d'enceinte percé de plusieurs portes, des deux grands bassins qui servaient de port, des quais magnifiques et assez bien conservés. La ville moderne est à un mille et demi de la cité antique.

En fait de souvenirs chrétiens, les ruines de Clypia ne fournissent que quelques épitaphes dont une porte[4] :

---

(1) *Hist. nat.*, lib. V, cap. IV.
(2) Strabon, lib. XVII, p. 573.
(3) *Épit. rer. Rom.*, lib. II, cap. II.
(4) *Corpus*, n. 983.

IOBIANA FIDELIS IN
PACE *vixit ann* LXV D
XIII KAL DECEMBR

Nous connaissons plusieurs évêques de Clypia, savoir :

**LAODICVS** qui se trouva à la conférence de Carthage en 411. Lorsqu'on fit l'appel de son nom, il dit[1] : « *J'ai contre moi Geminius,* » lequel se présenta lui-même ensuite pour répondre[2] : « *J'ai donné mandat et j'ai souscrit.* »

**AVRÈLE.** Il figure le trente-huitième sur la liste des évêques de la province Proconsulaire qui, convoqués par le roi Hunéric, se réunirent à Carthage, en 482, et, s'étant avec les autres évêques déclarés catholiques, subirent avec une admirable constance l'exil qui leur fut infligé. Une note, ajoutée au nom d'Aurèle, nous apprend qu'il fut relégué dans l'île de Corse.

**CRESCENT.** Il signa, en 525, les *Actes* du concile de Carthage[3], que Boniface tint sous le roi Hildéric.

**ÉTIENNE.** Nous lisons son nom entre les signatures de la lettre synodale écrite en 646 par les Pères du concile de la Proconsulaire, à Paul, patriarche de Constantinople, contre les Monothélites[4].

---

(1) *Cogn.*, n. 133.
(2) *Ibid.*, n. 198.
(3) Hard., *Conc.*, t, II, p. 1082.
(4) *Ibid.*, t. III, p. 752.

## XLI. — CRESIMA.

La ville de Cresima doit peut-être son nom à quelque riche propriétaire appelé *Chresimus*. Ce nom se trouve, en effet, dans une dédicace à Aïn-Sbir, non loin de Vaga [1]; mais nous ne voudrions aucunement assurer que là sont les ruines de Cresima.

**DONAT.** Il assista, en 411, parmi les Donatistes, à la conférence de Carthage où il répondit à l'appel de son nom [2] : « *J'ai donné mandat et j'ai souscrit,* » ajoutant, au sujet de son Église : « *Je n'ai point de compétiteur.* »

---

## XLII. — CVBDA.

Si le nom de cette ville n'est pas altéré et si ce n'est la même que Thubba retrouvée à Sidi-Chouégui, près Thuburbo-la-Petite, il faut avouer que sa position n'est pas encore connue. On lui reconnaît, du reste, deux évêques, qui sont :

---

(1) *Bull. acad. Hipp.*, n. 20, p. 3.
(2) *Cogn.*, I, n. 187.

**THOMAS**, lequel assista, en 511, parmi les évêques catholiques, à la conférence de Carthage, où il répondit, à l'appel de son nom[1] : « *Nous n'avons personne contre nous.* »

**GENTIL.** Nous le trouvons avec les Pères du concile de la Proconsulaire qui, en 646, par une lettre célèbre qu'ils adressèrent à Paul, patriarche de Constantinople, fauteur des Monothélites, s'efforcèrent de le ramener dans la bonne voie[2].

---

## XLIII. — CVLVSI.

Culusi, autrement Culsi, Culcita, etc., doit sa plus grande gloire aux martyrs qui, sous le roi Hunéric, sacrifièrent leur vie avec un noble courage plutôt que d'abandonner la foi catholique : « *Je ne puis,* dit Victor de Vite[3], *raconter les faits qui se sont passés dans la ville de Culusi, parce qu'il est impossible de supputer le nombre de ses martyrs ou même de ses confesseurs.* » Il rapporte ensuite brièvement le martyre d'une matrone, nommée Victoire, qui ne se laissa vaincre ni par les prières de son mari ni par les larmes de ses enfants[4].

(1) *Cogn.*, I, n. 133.
(2) Hard., *Conc.*, t. III, p. 749.
(3) *Hist. Pers. Vand.*, lib. V, cap. III.
(4) *Ibid.*

Plusieurs évêques de Culusi nous sont connus et cette ville devait avoir une certaine importance. Tout porte à croire qu'elle n'était pas très éloignée de Carthage : néanmoins, jusqu'ici aucun indice n'est venu mettre sur la voie de son emplacement.

**NICAISE.** Dans le concile de Carthage, convoqué par Gratus, en 349, il donna son avis le sixième, en ces termes : *que ceux qui sont au service de Dieu et membres du clergé, ne se mêlent point de la gestion, ni de l'administration, ni de la procure des biens des particuliers*[1].

**VINCENT.** Saint Paulin en fait mention dans la vie de saint Ambroise[2] ; mais on le voit encore plus souvent cité dans la conférence de Carthage en 411, où, par mandat de tous les évêques, il fut chargé de défendre la cause des catholiques. Il souscrivit en ces termes[3] : « *Vincent, évêque de l'église de Culusi, étant à Carthage en présence du clarissime tribun et notaire Marcellin, j'ai accepté et signé ce mandat.* » Après la lecture de sa souscription, il ajouta lui-même en parlant de son Église : « *Elle est catholique.* » Les Pères du concile de Carthage de l'an 407 l'avaient député auprès des empereurs avec Fortunatien de Sicca[4]. Enfin, déjà fort avancé en âge, il assista aux deux conciles de Carthage de l'année 419[5]. Il y figura le premier parmi les évêques de sa province, immédiatement après Aurèle, évêque de la métropole.

(1) Hard., *Conc.*, t. I, p. 686.
(2) N. 54.
(3) *Cogn.*, I, n. 138.
(4) Hard., *Conc.*, t. I, p. 919.
(5) *Ibid.*, p. 1249.

**ÉMILIEN.** La *Notice* le nomme le trente-troisième parmi les évêques de la province Proconsulaire qui, convoqués à Carthage par le roi Hunéric furent ensuite condamnés à l'exil avec tous leurs collègues qui s'y réunirent. Émilien fut du nombre de ceux qu'on relégua en Corse.

**MARCIEN.** Nous trouvons son nom dans les signatures du concile de Carthage réuni par Boniface en 525[1], et aussi dans la lettre du même Boniface aux évêques de la région de la Proconsulaire[2], ce qui semblerait indiquer que Culusi était assez voisine de Carthage.

**PIERRE.** Il signa la lettre du saint concile de la Proconsulaire adressée en 646 à Paul de Constantinople[3].

## XLIV. — CVRVBI.

Curubi était une ville importante de la province Proconsulaire, nommée libre par Pline[4], et située sur le littoral entre Neapolis et le cap Bon. Le nom de *Colonia Julia Curubis* lui est donné dans une dédicace aux *Pontii*[5], nom qui rappelle celui du diacre Pontius exilé à Curubi même avec saint Cyprien son évêque. Voici cette dédicace :

---

(1) Hard., *Conc.*, t. II, p. 1082.
(2) *Ibid.*, p. 1075.
(3) *Ibid.*, t. III, p. 750.
(4) *Hist. nat.*, lib. V, c. IX.
(5) *Corpus*, n. 980.

```
            PONTI
    C. HELVIO. C.F. ARN. HONORA
   TO. AEDIL. IIVIR. IIVIR. QQ. IIi
  ET. CVRAT. ALIMENT. DISTRIB
      OB. INSIGNES. LIBERALITA
    TES. IN. REM. PVB. ET. CIVES
       AMOREM. VIRO. BONO
    COL. IVL. CVRVBIS. D.D. P.P.
```

Dans une autre dédicace, on lit *Colonia Julia Curubi*[1] et dans une troisième l'ethnique *Curubitanus ordo*[2]. En l'an 39 de notre ère, Curubis n'était qu'un *Oppidum*, comme le montre le texte suivant[3] :

```
       C. CAESARE. IMP. COS. II
       L. POMPONIVS. L. L. MALC
              DVO. VIR. V
   MVRVM. OPPIDI. TOTVM. EX. SAXO
      QVADRATO. AEDIFIC. COER
```

La colonie de César, la ville forte du premier siècle, n'est plus qu'une bourgade, toujours élevée sur une colline à quinze minutes de la mer. On n'y voit plus que des ruines, les restes d'un aqueduc, un port comblé par le sable.

Saint Augustin rapporte[4] qu'un habitant de Curubi, atteint de deux maladies, se trouva subitement guéri en recevant le baptême. Les évêques connus de cette ville sont :

**VICTOR**. Il était de la secte des Donatistes et, en 411, répondant parmi eux à l'appel dans la conférence de Car-

---

(1) *Ephem.*, t. VII, n. 144.
(2) *Ibid.*, n. 145.
(3) *Corpus*, n. 977.
(4) *Civ. Dei*, lib. XXII, cap. VIII, n. 5.

thage, il dit[1] : « *J'ai donné mandat et j'ai souscrit.* » Mais il ne paraît pas que Curubi ait eu alors un évêque catholique.

**FÉLIX.** Il figure le trente-sixième parmi les évêques de la province Proconsulaire, nommés par la *Notice* avec les autres évêques qui, en 482, sur l'ordre du roi Hunéric, se rendirent à Carthage et furent de là envoyés en exil dans l'île de Corse.

**PÉRÉGRINVS.** Il assista en 525 au concile de Carthage réuni par Boniface sous le règne du roi Hildéric[2], et il signa le premier après les députés de sa province.

**BÉNÉNATVS.** Nous lisons son nom l'avant-dernier parmi les signatures de la lettre adressée en 646 par les Pères du concile de la Proconsulaire à Paul, patriarche de Constantinople, pour le détourner de l'hérésie des Monothélites qu'il favorisait[3].

## XLV. — DRVSILIANA.

D'après la table de Peutinger, Drusiliana se trouvait sur la voie de Carthage à Sicca, entre Tacia et Siguese. On croit l'avoir retrouvée dans les ruines du Khanguet-el-Kdim

---

(1) *Cogn.*, I, n. 198.
(2) Hard., *Conc.*, t. II, p. 1081.
(3) *Ibid.*, t. III, p. 752.

et l'on prétend avoir lu son nom sur une borne milliaire[1] qui porte le chiffre CVI (106) qui représente la distance de Carthage à cette ville.

**RVFIN.** Il siégea parmi les catholiques à la conférence de Carthage en 411 et répondit[2] à l'appel de son nom qu'il était présent. Son adversaire donatiste, Restitut, assistait à la même conférence, et dit alors : « *Je le connais.* » Puis appelé à son tour il répondit[3] : « *J'ai donné mandat et j'ai souscrit.* »

## XLVI. — ÉLÉPHANTARIA.

La ville d'Éléphantaria se trouvait sur la voie de Carthage à Théveste et la table de Peutinger la place à dix milles de Cincari et à treize milles de Teglata. On croit par conséquent que les ruines considérables de Sidi-Djedidi représentent Éléphantaria. Elle est à dix kilomètres de Membressa.

**MIGGIN.** Il fut Maximianiste et un des douze consécrateurs de Maximien. Au concile de Cabarsussi en 393, il condamna Primien[4] et fut à son tour condamné l'année suivante au concile de Bagaï[5].

---

(1) *Bullet. des Ant. afric.*, III, p. 177.
(2) *Cogn.*, I, n. 121.
(3) *Ibid.*, n. 187.
(4) Aug. *in Ps.*, XXXVI, serm. II, n. 20.
(5) Aug. *cont. Crescon.*, lib. IV, c. IV.

## XLVII. — FVRNI I.

Il y eut deux villes de ce nom dans la Proconsulaire sans qu'aucune épithète les distinguât l'une de l'autre. Celle dont nous nous occupons en premier lieu a été retrouvée dans les ruines dites El-Msaadin situées non loin de Thuburbo-la-Petite. C'est ce que nous apprend la dédicace suivante[1] :

```
       CLEMENTISSIMO
       PRINCIPI AC TO
       TIVS ORBIS AVG
       DN VALENTINI
       ANO PROCONS
       IVLI FESTI VC SI
       CVM ANTONIODRA
       CONTIO VC AGVPP
       ORDO FVRNITA
       NVS CONSECRAVIT
```

Furni était chrétienne de longue date, puisqu'elle avait un évêque au temps de saint Cyprien. Cet évêque était

**GEMINIVS**, qui assista au concile tenu à Carthage, en 253, contre deux évêques espagnols, Basilide et Martial, qui s'étaient souillés par *l'usage des formules idolâtriques et dont la conscience était chargée de crimes infâmes*[2]. Un prêtre espagnol, nommé Félix, avait écrit à leur sujet. Plus tard, Geminius assista au concile de 255, où il

---

(1) *Corpus*, n. 10609.
(2) Hard., *Conc.*, t. I, p. 149.

donna son avis le cinquante-neuvième sur la rebaptisation de ceux qui sortaient de l'hérésie[1]. Mais il mourut avant saint Cyprien, car nous avons encore la lettre que ce dernier adressa au clergé et au peuple de Furni et où il leur dit[2] : « *Nous avons été grandement émus, moi et mes collègues, en apprenant que notre frère Geminius Victor a nommé en mourant le prêtre Geminius Faustus curateur par son testament.* » Saint Cyprien donne à Geminius le nom de Victor, selon la coutume des anciens païens, parce qu'il avait à nommer deux Geminius.

**SIMÉON.** Il souscrivit au concile de Carthage réuni par Boniface en 525[3]. C'est aussi sous son épiscopat qu'eut lieu à Furni la dédicace d'un nouveau temple dédié au vrai Dieu et dont Boniface, évêque de Carthage, fit la consécration liturgique[4]. En cette circonstance saint Fulgence fit un sermon au peuple de Furni.

## XLVIII. — FVRNI II.

Le municipe de Furni, distinct de la précédente ville, se trouvait près d'Urusi, de Zama et de Limisa, dans les ruines appelées aujourd'hui Henchir-Boudja. C'est ce que nous apprend la dédicace suivante[5] :

---

(1) Hard., *Conc.*, t. I.
(2) Ép. LXXVI.
(3) Hard., *Conc.*, t. II, p. 1082.
(4) *Vita S. Fulgent.*, cap. XIX.
(5) Cagn., *Nouv. Explor.*, p. 17.

```
      P. MVMMIO. L. F. PAPIR
     SATVRNINO. SAC. P.A.A. CXIII
         DEC. II. VIRAL MVNICIP
       FVRNITANI. CVI. CVM. OR
        DO. HONOREM. FL. OBT
            VLISSET. etc.
```

Un fragment d'une autre dédicace porte le nom même de *Furnis*[1]. On remarque à Boudja les restes d'une forteresse byzantine. Mais cette ville, c'est-à-dire Furni, fut rendue célèbre par le courageux martyr Mansuetus d'Urusi, qui, au rapport de Victor de Vite[2], fut brûlé vif à la porte d'Urusi, qu'on nommait porte de Furni au temps de Genséric. D'après les *Actes* de la justification de Félix d'Abtunga, les basiliques de Furni et de Zama furent brûlées par les persécuteurs en 305. Zama n'est qu'à cinq kilomètres de Furni[3].

**FLORENTIN.** Il était de la secte des Donatistes et assista en 411 à la conférence de Carthage où, à l'appel de son nom, il dit[4] : « *J'ai donné mandat et j'ai souscrit.* » Il ne fit d'ailleurs aucune mention d'un évêque catholique et il a pu appartenir à la première Furni, bien que son nom paraisse parmi ceux d'évêques de la Byzacène, province très voisine de la seconde Furni.

---

(1) *Ephem.*, t. V, n. 1201.
(2) *Hist. pers. Vand.*, lib. I, cap. III.
(3) *Patr. lat.*, t. VIII, col. 722.
(4) *Cogn.*, I, n. 198.

## XLIX. — GISIPA-LA-GRANDE.

Il y eut assurément deux Gisipa dans la province Proconsulaire. Elles sont restées toutes deux inconnues jusqu'à ce jour. Ni les anciens géographes ni les monuments épigraphiques ne nous fournissent aucun indice à leur sujet et nous ne connaissons que le nom de quelques-uns de leurs évêques. Voici celui qu'on peut attribuer à Gisipa-la-Grande :

**IANVARIANVS.** Il assista, en 411, parmi les catholiques à la conférence de Carthage où, après avoir répondu à l'appel, il ajouta, en parlant de l'évêque donatiste[1] : « *Nous n'en avons point.* »

---

## L. — GISIPA-LA-PETITE.

Nous attribuons à Gisipa-la-Petite tous les évêques dont les noms sont accompagnés seulement du titre *Gisipensis* sans épithète. Ce sont :

**CARISSIMVS,** que la *Notice* nomme le vingt-quatrième parmi les évêques de la province Proconsulaire qui, s'étant

---

(1) *Cogn.*, I, n. 133. — Cf. Trisipa.

rendus à Carthage en 482, par ordre du roi Hunéric, furent ensuite exilés par ce prince avec tous leurs collègues. A son nom est ajoutée la note *en exil*.

**REDEMPTVS.** Il souscrivit[1] un des derniers au concile de Carthage réuni par Boniface en 525.

**MELLOSVS.** Nous lisons son nom le sixième dans les signatures de la lettre adressée en 646 à Paul de Constantinople contre les Monothélites[2].

## LI. — GIVFI.

Giufi était située au nord de Thuburbo-la-Grande, à six milles environ à l'est d'Abbir-Cella, entre le Djebel-Boucha et le Djebel-el-Oust. Les ruines de la cité antique sont groupées autour de Bir-Mecherga. Elle avait le titre de municipe, ainsi que nous le lisons dans une dédicace[3] :

```
LICINIAE SATVR
NINAE AVRELLI
DIONYSI PATRO
NI CONIVGI
MVNICIPES
MVNICIPII. AVREL
```

(1) Hard., *Conc.*, t. II, p. 1082.
(2) *Ibid.*, t. III, p. 749.
(3) *Corpus*, n. 866. — Cf. n. 864 et 865.

LI ALEXANDRIA
NI. AVGVSTI
MAGNI. GIVFITANI

Ce texte semble indiquer qu'il y avait plusieurs villes du même nom, comme nous l'observerons à l'article suivant.

Dans ces mêmes ruines on a retrouvé la touchante épitaphe de Pescennia, que nous reproduisons[1] :

```
PESCENNIA QVODVVLDEVS
HM.F. BONIS NATALIBVS
NATA. MATRONALITER
NVPTA. VXOR CASTA
MATER PIA GENVIT FILI
OS. III. ET FILIAS II. VIXIT
ANNIS. XXX. P. VICTORI
NA. VIXIT. ANNIS. VII. P.
SVNNIVS. VIXIT. ANNIS
III. P. MARCVS. VIXIT
ANNIS. II. P. MARCEL
LVS. VIXIT. ANNV. I. P. FO
RTVNATA. VIXIT. ANNIS
XIII. M. VIII. P. MARCEL
LVS /// CONIVGI DIGNAE
SED ET FILIS. FILIABVS
QVE NOSTRIS ME VI
VO MEMORIAM FECI
OMNIBVS. ESSE. PERENNEM
```

Nous connaissons deux évêques de Giufi; c'est d'abord

**VICTOR.** Il se rendit à Carthage, en 411, pour assister à la conférence parmi les catholiques et après avoir répondu à l'appel qu'il était présent, il ajouta au sujet de son Église[2] : « *Nous avons l'unité.* »

---

(1) *Corpus*, n. 870.
(2) *Cogn.*, I, n. 126.

**FORTVNIVS.** Il assista, en 646, au concile de la Proconsulaire et signa la lettre qui fut alors adressée à Paul, patriarche de Constantinople, contre les Monothélites, et dont le pape Martin fit lire le texte au concile de Latran[1].

## LII. — GIVFI SALARIA.

Giufi Salaria, autrement Giutsi, est sans doute la seconde Giufi dont nous avons parlé à l'article précédent. Mais on ignore son emplacement. On ne lui reconnaît, du reste, qu'un seul évêque,

**PROCVLVS,** qui était à Carthage en 411 et assista parmi les évêques catholiques à la conférence où, après l'appel de son nom, il dit de son Église[2] : « *Elle est catholique.* » Mais Habetdeum, diacre donatiste de Primien de Carthage, ajouta : « *Elle a le prêtre Lillybius.* »

---

(1) Hard., *Conc.*, t. III, p. 750.
(2) *Cogn.*, I, n. 135.

## LIII. — GIVTRAMBACARIA.

C'est sans doute la même ville que la précédente, mais altérée par les copistes. Les lettres initiales et finales sont en effet les mêmes.

**BENENATVS.** Il signa, en 646, la lettre du concile de la Proconsulaire adressée à Paul, patriarche de Constantinople, contre les Monothélites[1].

## LIV. — GOR.

La cité de Gor, déjà épiscopale au temps de saint Cyprien, a été reconnue au nord-ouest du Zaghouan dans les ruines qui portent aujourd'hui le nom de Drâ-el-Gamra. C'est ce qu'attestent plusieurs dédicaces dont nous ne mentionnerons ici qu'une seule[2].

MENSVRI
P. LIGARIO. MAXIMI. LIGARI. FIL. POTITO
DECVRIONI ET MAGISTRATO. ANNVALI. CI
VITATIS. SVAE. GORITANAE QVIEXSVALI
BERALITATE. REI. PVBL. SVAE. HS. IIII. MIL.
N. INFERENDA. REPROMISIT, etc.

---

(1) Hard., *Conc.*, t. III, p. 751.
(2) *Ephem.*, t. V, n° 328 — Cf. n. 329. — *Corpus*, VIII, n. 12421.

La ville eut assurément de la splendeur. Pourtant nous ne connaissons qu'un seul évêque de Gor :

**VICTOR.** Il fit connaître, le quarantième, son sentiment dans le concile de Carthage, le troisième réuni par saint Cyprien, sur la question du baptême, en 255[1].

---

## LV. — GVMMI.

Gummi, autrement Gummenar, doit être la ville que les anciens géographes appellent *Aquæ Gummitanæ* et qui était située entre Maxula et Carpi, près de Hammam-el-Enf, bourgade encore existante. Guido la nomme Gummina et c'est peut-être celle que l'arabe Edrisi appelait *Kasr Goum*. Quoi qu'il en soit de la terminaison Nar, on a découvert à Hammam-el-Enf, dans une antique synagogue, une mosaïque offrant les inscriptions suivantes[2] :

SANCTA SINAGOGA NARON PROSA
LVTEM SVAM ANCILLA TVA IVLIA
NAP DESVO PROPIVM TESELAVIT

ASTERIVS FILIVS RVS
TICI ARCOSINAGOGI
MARGARITA RIDDEI PAR
TEM PORTICI TESSELAVIT

(1) Hard., *Conc.*, t. I.
(2) *Ephem.*, t. V, n. 1222. — *Corpus*, VIII, n. 12457.

```
    ISTRV        ISTRV
    MENTA        MENTA
    SERVI        seRvi
    TVI NA       TVI ANA
    RITANVS      RONI
```

Il est probable que Gummi est la ville dont l'évêque, au XI⁰ siècle, disputait la prééminence à celui de Carthage.

**SABINIEN.** On le trouve parmi les signataires du concile de Carthage convoqué par Boniface en 525. Il est appelé évêque du peuple de *Gummenartarum* peut-être pour *Gummi Naronitarum* ou *Naritanorum*[1].

---

# LVI. — GVNELA.

Gunela, autrement Gunelma, serait-elle la même que Onellana, placée par la *Table* de Peutinger entre Thuburbo-la-Grande et Uthina? C'est une hypothèse que nous nous contentons de faire connaître, car on ne sait absolument rien de Gunela, sinon qu'elle a eu pour évêque

**PASCHASIVS,** qui figure le sixième parmi les évêques de la province Proconsulaire réunis à Carthage en 482. Ils furent tous condamnés à l'exil par le roi Hunéric et Paschasius fut de ceux qu'on relégua dans l'île de Corse.

---

(1) Hard., *Conc.*, t. II, p. 1082.

## LVII. — HILTA.

La lettre du concile de la Proconsulaire insérée dans les *Actes* du synode de Latran, qui porte les signatures de l'évêque de Hilta et de celui de Bilta, prouve que ces deux localités ne doivent pas être confondues. Elles peuvent à la rigueur avoir porté le même nom, si l'on admet, par exemple, qu'il y a eu deux cités appelées Villa, dont l'une serait Villa-Magna, comme nous le verrons en son lieu. Mais ce ne sont là que de pures hypothèses et la vérité est que nous ne savons rien encore ni de Bilta ni de Hilta.

**HILARIEN.** Il assista, en 411, à la conférence de Carthage. Après la lecture de sa souscription, il ajouta[1] : *Je n'ai point de compétiteur.* Alors se leva Victor qui se donnait pour évêque des Donatistes de Hilta, et dit : *J'ai été ordonné il y a peu de temps.* Mais Hilarien répondit : *Il n'y a personne;* c'est-à-dire point d'Église qui lui obéisse, parce que toute la ville était catholique.

**PARIATOR.** Il souscrivit le quatrième à la lettre du concile de la Proconsulaire adressée en 646 à Paul, patriarche de Constantinople, contre les Monothélites, et que le pape Martin fit lire ensuite au concile de Latran[2].

(1) *Cogn.*, I, n. 133.
(2) Hard., *Conc.*, t. III, p. 749.

## LVIII. — HIPPONE-DIARRHYTE.

Il y avait deux Hippone, Hippone-Diarrhyte et Hippone-Royale. Hippone appelée Diarrhyte par les Grecs à cause des eaux qui la traversent[1] est la moderne Bizerte ou Benzert, altération du nom antique. Elle est toujours traversée par le canal qui fait communiquer son lac poissonneux avec la Méditerranée. Pline[2] en parle de cette sorte : *On trouve, en Afrique, la colonie d'Hippone voisine de la mer et contiguë à un lac navigable. L'estuaire en ressemble à un fleuve qui, selon que la marée monte ou descend, sort du lac ou y rentre.* Hippone-Diarrhyte était en effet une colonie d'Auguste comme le montre cette inscription déjà citée[3] :

>     GENIO. COL. IVLIAE
>     HIPP. DIARR. SACR
>            *etc.*

Elle était située près du cap Blanc, appelé encore aujourd'hui Ras-el-Abiodh. Tous les anciens auteurs la mentionnent aussi bien que les modernes, car Bizerte est restée une ville maritime importante. C'est la patrie de sainte Restitute, vierge et martyre, qui souffrit la mort sous Dioclétien et dont les reliques sont conservées à Naples dans une église consacrée à sa mémoire. Elle est

---

(1) *Solin Polyh.*, cap. XXVII.
(2) Lib. IX, *Ep.* XXXIII.
(3) *Corpus*, n. 1206.

honorée le 17 mai. Saint Augustin a prêché plusieurs fois à Hippone-Diarrhyte, dans les basiliques Florentia, Margarita et de saint Quadratus[1].

**PIERRE.** Il donna son avis le soixante-douzième dans le concile de Carthage de 255, le troisième que réunit saint Cyprien sur la question du baptême. Certains manuscrits donnent à Pierre le titre de martyr[2].

**EQVITIVS.** Il était évêque avant l'année 400. Condamné par un concile, pour des crimes que nous ne connaissons pas, à se démettre de l'épiscopat, il refusa d'accepter cette sentence. Aussi dans le synode de Carthage de 401, il fut enjoint, sur la proposition d'Aurèle, à l'évêque que les Pères déléguaient auprès de l'Empereur, d'avoir, s'il venait à rencontrer Equitius dans ces contrées, à faire contre lui ce qu'il faudrait et où il le pourrait, dans l'intérêt de l'Église. C'est ce que nous lisons dans le soixante-cinquième canon du Code de l'Église africaine. De plus, en 404, selon le canon quatre-vingt-treizième de ce même recueil, les Pères furent d'avis d'ajouter, dans la lettre adressée par eux aux juges d'Afrique que, *conformément aux édits des empereurs, Equitius devait être chassé du diocèse d'Hippone-Diarrhyte, à cause de l'audace avec laquelle il revendiquait, sans droit aucun, les privilèges de l'épiscopat*. Déjà les mêmes Pères avaient envoyé à Hippone vingt évêques, parmi lesquels Augustin, Alype, Evode et Evangelus, pour établir à sa place un nouvel élu; ce que l'on sait par le soixante-dix-huitième canon

---

(1) *Bibl. Casin*, t. I, p. 220 et *alibi*.
(2) Hard., *Conc.*, t. I.

du même recueil[1]. L'évêque élu fut probablement celui dont le nom suit :

**FLORENTIVS.** Il siégea, en 411, parmi les catholiques à la conférence de Carthage. Après la lecture de sa souscription, il reconnut qu'il avait un adversaire donatiste[2] : *J'ai Victor contre moi*, dit-il. Le diacre Habetdeum ajouta : *On l'a nommé conservateur*. Appelé à son tour, Victor répondit[3] : *J'ai donné mandat et souscrit*. C'est Florentius sans doute qui fonda à Hippone la basilique qui portait son nom.

**MARIEN.** Il est le cinquième sur la liste des évêques de la Proconsulaire qui, répondant à l'appel du roi Hunéric, se rendirent avec les autres à Carthage et furent ensuite exilés. D'après la *Notice*, Marien fut de ceux qu'on relégua dans l'île de Corse.

**PALMATIVS.** Il souscrivit au concile de Carthage réuni par Boniface en 525[4]. Il y est simplement appelé évêque d'Hippone, mais on n'en doit pas moins croire qu'il occupait le siège d'Hippone-Diarrhyte. De même nous trouvons des évêques d'Abbir, de Bulla, de Gisipa, etc., sans qualificatif.

**DONAT.** Nous trouvons son nom dans les signatures de la lettre des Pères du concile de la Proconsulaire, adressée en 646 à Paul de Constantinople pour le détourner de favoriser les Monothélites[5].

---

(1) Hard., *Conc.*, t. I, p. 906.
(2) *Cogn.*, I, n. 139.
(3) *Cogn.*, I, n. 180.
(4) Hard., *Conc.*, t. II, p. 1082.
(5) Hard., *Conc.*, t. III, p. 749.

Hippone-Diarrhyte a eu plus tard des évêques titulaires dont voici les noms :

>Jean MARCIONE, en 1728 ;
>François DE MEAN, en 1785 ;
>Michel ARGELATI, en 1795 ;
>Grégoire ZIRKEL, en 1802 ;
>Sébastien LOMBARDO, en 1818 ;
>Gaspar DE KARL, en 1843 ;
>François CANTARINES, en 1845 ;
>Dominique DE ANGELIS, en 1874 ;
>Antonin SAELI, en 1882 ;
>François KERSUZAN, en 1883 ;
>Mathieu GIBNEY, en 1886.
>Jean-Joseph TOURNIER, en 1892.

## LIX. — HORTA.

Horta pourrait bien s'être trouvée dans la région qu'on appelle encore aujourd'hui Srâ Orta et qui est située au sud de Sicca. On y trouve des ruines assez considérables. Les saints Marien et Jacques, qui souffrirent à Cirta, sont appelés martyrs d'Horta, peut-être parce qu'ils étaient originaires de cette ville[1].

**DONAT.** Il assista, en 646, au concile de la Proconsulaire, que présida Gulosus, évêque de Putput, parce que

---

(1) *Acta sinc. apud* Ruinard.

l'évêque de Carthage, Victor, n'était pas encore élu. Il souscrivit la lettre synodale adressée alors par les Pères à Paul, patriarche de Constantinople, contre les erreurs des Monothélites[1].

## LX. — LACVBAZA.

C'est un nom qui paraît être composé et altéré par la négligence des copistes. Les variantes des manuscrits pour ce nom en sont la preuve. Mais faut-il rapporter l'évêque Vindicien, dont nous allons parler, à l'évêché de Vazi? Nous ne voulons pas l'affirmer.

**VINDICIEN.** Il est mentionné parmi les premiers entre les évêques avec lesquels Gratus, de Carthage, tint un concile en 349. Son nom figure le quatrième dans la préface de ce concile[2].

## LXI. — LAPDA.

L'emplacement de Lapda, autrement Labda, est resté jusqu'ici inconnu, mais nous connaissons les noms de trois de ses évêques.

(1) Hard., *Conc.*, t. III, p. 751.
(2) Hard., *Conc.*, t. I, p. 685.

**RVFIN.** Il était de la secte des Donatistes, parmi lesquels il assista, en 411, à la conférence de Carthage. A l'appel de son nom, il dit [1] : *J'ai donné mandat et j'ai souscrit.* Lapda ne paraît pas avoir eu alors d'évêque catholique.

**IONAS.** La *Notice* le nomme le dix-huitième sur la liste des évêques de la province Proconsulaire qui se rendirent, en 482, à la réunion de Carthage, convoquée par le roi Hunéric, et furent ensuite condamnés à l'exil avec les autres évêques. Une note ajoutée à son nom indique que Jonas fut de ceux que le roi arien fit déporter dans l'île de Corse, d'où on pourrait supposer que Lapda était dans la presqu'île du cap Bon, puisque la plupart des évêques de cette région et des environs de Carthage furent relégués en Corse.

**VICTOR.** Il souscrivit au concile de Carthage, réuni par Boniface en 525 [2] sous le règne de Hildéric, qui se montra doux et bienveillant envers les catholiques.

## LXII. — LARES.

Victor de Vite mentionne plus d'une fois la ville de Lares en même temps que celle de Sicca, où le roi Hunéric avait fait réunir ceux qu'il fit ensuite transporter dans

---

(1) *Cogn.*, I, n. 198.
(2) Hard., *Conc.*, t. II, p. 1082.

les régions désertes de l'Afrique, au-delà de l'Aurès[1]. Procope a parlé de Lares[2], et l'itinéraire d'Antonin, qui lui donne le nom de colonie, la place sur la grande voie de Carthage à Théveste. Lares, aujourd'hui Lorbeus, du cas indirect Laribus, était située à douze milles de Drusiliana et à sept milles d'Obba. Une inscription qu'on y a recueillie confirme le titre de colonie qu'elle avait. La voici[3] :

```
        DIVO
      ANTONINO
       CAESARI
       COLONIA
         AELIA
     AVG. LARES
```

La ville était considérable et ses ruines couvrent une très grande étendue. La mosquée paraît avoir remplacé une basilique chrétienne, et on peut reconnaître une autre basilique dans un vaste édifice dont la forme apparaît distinctement. Lares était, du reste, fort ancienne, et Salluste en parle comme d'une ville forte [4]. Tous les auteurs et même les Arabes l'ont célébrée. Saint Augustin en parle dans sa lettre au comte Darius[5].

Voici les noms des évêques connus de cette ville :

**HORTENSIANVS.** Il prit d'abord part au concile de Carthage de l'an 252, dans lequel on traita la question des *Lapsi*[6]. Il assista ensuite à un autre, le troisième que

---

(1) *Hist. Pers. Vand.*, lib. I, cap. VI et IX.
(2) *Bell. Vand.*, lib. II, cap. XXII et XXVIII.
(3) *Corpus*, n. 1779.
(4) *Jug.*, cap. XC.
(5) *Ep.*, CCXXIX.
(6) Hard., *Conc.*, t. I, pp. 133 et 166.

saint Cyprien tint sur la question du baptême en 255. Il y fit connaître son sentiment le vingt et unième.

**VICTORIN.** On sait qu'il assista, en 411, à la conférence de Carthage où, après avoir répondu à l'appel de son nom qu'il était présent, il eut contre lui Honorat qui dit[1] : *Je le connais.* Puis il répondit lui-même à l'appel[2] : *J'ai donné mandat et j'ai souscrit.*

**QVINTIEN.** Victor de Vite[3] mentionne deux évêques, Paul et Quintien, qui, au commencement de la cruelle persécution du roi Hunéric contre les catholiques, prédirent quelque chose des malheurs qui allaient fondre sur eux et que Dieu leur avait révélés. Aussitôt après, Victor de Vite nomme les deux cités de Sicca et de Lares, puis il fait mention des évêques, des prêtres, des diacres qui furent condamnés, même avant la réunion de Carthage, à l'exil dans le désert. Or, comme ni ces deux cités ni ces deux évêques ne se trouvent mentionnés dans la *Notice*, il est permis de reconnaître dans Quintien, selon l'ordre du récit, l'évêque de Lares. On peut donc dire que Quintien vivait vers l'an 480.

**VITVLVS.** Il souscrivit au concile tenu en 525 à Carthage par Boniface, sous le roi Hildéric[4].

Les évêques titulaires connus de Lares sont :

Denys DE EGUILUZ, en 1716 ;
Jean LLANO, en 1769 ;

---

(1) *Cogn.*, I, n. 131.
(2) *Ibid.*, n. 197.
(3) *Pers. Vand.*, lib. I, cap. VI et VII.
(4) Hard., *Conc.*, t. II, p. 1082.

Thomas Scotti, en 1794 ;
Dominique Lombardi, en 1821 ;
François Philippe, en 1886.

## LXIII. — LIBERTINA.

Les anciens géographes ne nous ont rien laissé touchant cette ville ; mais, d'après ce qui a été dit à l'article d'Aptuca, elle devait se trouver dans la région de Bulla-la-Royale, et nous connaissons la position de cette dernière. Quant au nom de Libertina, il peut venir de soldats ayant appartenu à la classe des affranchis qu'on y aurait établis. Nous savons, par exemple, qu'Auguste enrôla deux fois des affranchis[1].

**VICTOR.** Il assista, en 411, à la conférence de Carthage et il y est appelé évêque de l'Église catholique de Libertina[2]. Lorsqu'il eut répondu : *Je suis présent,* le donatiste Janvier s'avança et dit : *Je le connais, c'est mon diocèse.* Mais Victor répliqua : *Comme il n'y a là personne, ni Église, ni qui que ce soit en communion avec lui, c'est en vain qu'il ment en disant que c'est son diocèse.* Alors Janvier lui demanda : *Etaient-ils en communion avec vous avant vos violences ?* Indiquant sans doute par là que les Donatistes de ce lieu, après avoir abjuré leurs erreurs,

---
(1) Sueton, *in Aug.*, cap. XXV.
(2) *Cogn.*, I, n. 116.

étaient, grâce au zèle de Victor, revenus à l'Église catholique. Mais le débat ne finit point ainsi, car le donatiste Pétilien objecta : *Dans le seul peuple confié aux soins de Janvier, notre collègue ici présent, dans un seul diocèse, sont établis quatre évêques contre lui, afin d'augmenter ainsi le nombre des évêques catholiques.* A quoi Alype répondit : *Qu'on lui demande depuis combien d'années il est évêque.* Pétilien répliqua : *Vous êtes quatre contre un.* Enfin le clarissime Marcellin, qui présidait la conférence, mit fin à la discussion en disant : *Tout ceci ne regarde en rien la question présente; qu'on achève la lecture commencée.*

**IANVIER.** Il signa la lettre du concile de la Proconsulaire, adressée en 646 à Paul de Constantinople contre les Monothélites qu'il favorisait ouvertement[1].

## LXIV. — LVPERCIANA.

Sans entrer dans la question de savoir si ce nom vient des Lupercales, fêtes en l'honneur de Pan, nous nous permettrons d'émettre l'hypothèse que Luperciana est la même ville que Libertina et qu'il y a dans les manuscrits une erreur de copistes touchant l'un ou l'autre nom.

(1) Hard., *Conc.*, t. III, p. 750.

**PÉLAGIEN.** Il assista au concile de Carthage, le troisième que tint saint Cyprien au sujet du baptême, en 255, et il y fit connaître son sentiment le quarante-quatrième[1].

## LXV. — MARCELLIANA.

Cette ville, distincte de Giru Marcelli, se trouvait dans la Proconsulaire et dans le voisinage immédiat de Vazi, dont la position est maintenant connue.

**IVLIEN.** Il assista en 255 au concile de Carthage, le troisième tenu par saint Cyprien sur la question du baptême. Il y fit connaître son sentiment le soixante-sixième[2].

**LVCIDVS.** Il se rendit à Carthage, en 411, pour assister parmi les catholiques à la conférence avec les Donatistes. Il y témoigna que son Église était catholique[3]. Mais sa souscription, qui fut lue, était conçue en ces termes : *Lucidus, évêque du peuple de Marcelliana et de Bazi, en présence de l'illustre tribun et notaire Marcellin, j'ai donné mandat pour ce qui est écrit ci-dessus et l'ai signé à Carthage.* Le bourg de Bazi avait un évêque donatiste, comme on le voit ensuite dans la même conférence. Car, plus bas, Manilius de Bazi attesta avoir

---

(1) Hard., *Conc.*, t. I, p. 171.
(2) *Aug.*, lib. VII, *de Bapt. contra Donat.*, cap. XXX.
(3) *Cogn.*, I, n. 133.

souscrit pour son évêque[1]. Manilius était prêtre, et comme le tribun Marcellin demandait pour quel évêque il avait souscrit, personne n'en dit le nom ; mais le donatiste Pétilien ajouta seulement : *Il est aveugle.* Puis, de nouveau, à la demande d'Alype, évêque catholique, s'il était au moins présent, Primien de Carthage répondit : *Disons la vérité : il est aveugle et, n'ayant pu venir, il a envoyé son prêtre.*

## LXVI. — MATAR.

Matar est probablement la moderne Mateur que Pline appelle *Matera* et dit être une ville libre[2]. Un monument chrétien de Mateur offre le monogramme du Christ avec ce texte significatif[3] :

PAX DEI PATRIS

La ville actuelle possède un mur d'enceinte percé de trois portes.

**QVINTASIVS.** Il assista, en 411, à la conférence de Carthage où, après la lecture de sa souscription il dit au sujet de son Église[4] : *Elle a l'unité.* Cependant le diacre

---

(1) *Cogn.*, I, n. 182.
(2) *Hist. nat.*, lib V, cap. IV.
(3) *Corpus*, n. 1214.
(4) *Cogn.*, I, n. 133.

Habetdeum ajouta : *Nous avons eu Rusticien qui vient de mourir.*

Il faudrait entendre cette parole d'une mort spirituelle, d'un retour à l'unité, si Rusticien est cet évêque qui a assisté au concile de Carthage en 416.

## LXVII. — MATTIANA.

Mattiana est une cité encore inconnue, mais ce nom peut être altéré comme tant d'autres de la liste contenue dans les *Actes* du concile de Latran. Quoi qu'il en soit, faisons connaître le nom de l'évêque de Mattiana.

**MARCEL** signa le troisième la lettre du concile de la Proconsulaire adressée, en 646, à Paul, patriarche de Constantinople, contre les Monothélites[1].

## LXVIII. — MAXVLA.

Maxula était connue des anciens géographes, qui lui donnent le titre de colonie et qui l'appellent parfois Maxula Major et Maxula Pratès. C'est ce dernier nom qui lui est resté, car la ville s'appelle aujourd'hui Radès. En réalité

(1) Hard., *Conc.*, t. III, p. 750.

elle comprenait deux parties : une cité proprement dite et un quartier maritime, situé sur l'isthme en face de Carthage, de l'autre côté de la Ligula ou goulette qui fait communiquer le lac avec la mer. Les dénominations répondent à celles de Maxula l'ancienne et de Maxula ville et port dont se servent les auteurs grecs. Une dédicace du Musée de Saint-Louis, trouvée parmi ses ruines, confirme le nom de Maxula, car on y lit[1] :

```
    L. AELIO DIONYSIO. PRO
   COS. P. A. IIII. AMATORI OR
       DINIS. AEQVE MAXVLAE
   OB MVLTA ERGASE MERITA
       VNIVERSVS OBSEQVENS
       GRATVS ORDO. MAXVL
```

Située sur une colline, Maxula occupait une position avantageuse et elle dut avoir toujours une certaine importance. Elle est la clef des deux routes qui conduisaient du littoral à Carthage.

Maxula fut illustrée par les martyrs dits de Maxula que l'Église romaine honore le 9 avril et l'Église ancienne de Carthage le 11 des calendes d'août. Saint Augustin a prononcé un sermon le jour de leur fête[2].

**NVMIDVS I.** Il assista au concile de Carthage réuni par Genethlius en 390 et où il prit souvent la parole, comme les *Actes* nous le montrent[3].

Plus tard, on le voit assister à d'autres conciles. En 411, il revint à Carthage pour la conférence. Lorsqu'il eut

---

(1) *Ephem.*, t. V, n. 340. — *Corpus*, VIII, n. 12459.
(2) *Serm.* CCLXXXIII.
(3) Hard., *Conc.*, t. I, p. 951.

répondu à l'appel de son nom qu'il était présent[1], son compétiteur, le donatiste Félix s'avançant au milieu de l'assemblée dit : *Je le connais*. Enfin, étant déjà très avancé en âge, il assista, en 416, au concile de Carthage tenu contre les Pélagiens. Dans la lettre synodale adressée au pape saint Innocent, Numidius est nommé le premier après Aurèle, évêque de Carthage[2]. Il paraît avoir gouverné l'Église de Maxula plus de vingt-six ans. Il l'aurait même gouvernée davantage, si c'est lui qui a été envoyé comme légat au concile d'Aquilée, en 381.

**CARCADIVS.** La *Notice* le cite le trentième parmi les évêques de la province Proconsulaire qui, sur l'ordre du roi Hunéric, se réunirent à Carthage en 482, et de là furent envoyés en exil avec leurs autres collègues. Carcadius fut du nombre de ceux que le roi arien fit déporter dans l'île de Corse.

**NVMIDIVS II.** Il souscrivit au concile de Carthage convoqué par Boniface en 525[3].

Les évêques titulaires connus de Maxula sont :

André Monteaguto, en 1739 ;
Jean Percoto, en 1765 ;
Jean Ioung, en 1792 ;
Jacques Perocheau, en 1817.

---

(1) *Cogn.*, I, n. 112.
(2) Hard., *Conc.*, t. I, p. 2013.
(3) *Ibid.*, t. II, p. 1082.

## LXIX. — MEDELI.

Outre Midila de Numidie, il y eut une ville de la Proconsulaire qui porta le nom de Medeli et que l'on a retrouvée dans les ruines appelées aujourd'hui Henchir-Mengoub, situées sur la rive gauche de la Meliana. C'est ce qu'atteste une dédicace transportée depuis sa découverte à Florence. Elle s'exprime comme il suit[1] :

```
         IVLIAE. DOMNAE. AVG.
           MATRI. CASTRORVM
          MATRI AVGVSTORVM
   IMP. CAES. L. SEPTIMI. SEVERI. PII
       PERTINACIS. AVG. CONIVGI
  Q. SILICIVS. VICTOR. ET. C. TADIVS. FOR
      TVNATVS. OB. HONOREM. FLAM
       SVI. PERPETVI. STATVAM. CVM
    BASE. EX. HS BINIS. MILIB. N. LEGI
        TIMIS. ADJECTIS. TERTIS EX DE
     CRETO. PAGANOR. PAGI. MERCVRIALIS
       VETERANORVM. MEDELI TANOR
     S. P. F. IDEMQVE. DEDICAVERVNT.
```

Medeli, fondée par des vétérans était ancienne. Aussi, nous lui voyons un évêque dès le temps de saint Cyprien.

**IADER.** Il assista au concile de Carthage, le troisième tenu par saint Cyprien sur la question du baptême, en 255. Selon des manuscrits, Iader confessa la foi et fut martyr. Et, en effet, c'est de lui que saint Cyprien fait mention au

---

(1) *Corpus*, n. 885.

commencement de la lettre qu'il écrivit à Némésien et aux autres confesseurs condamnés aux mines. Iader répondit avec Félix, Polianus et ses autres compagnons des mines de Sigua, c'est-à-dire des environs de Sicca probablement et sa souscription fut : *Iader, j'ai signé*[1]. L'Église romaine l'honore dans son *Martyrologe* le 4 des ides de septembre avec Némésien et ses compagnons comme ayant mérité la couronne du martyre. Le nom de Iader se retrouve sur les monuments africains sous la forme *Iadir*[2] et dans l'usage actuel des indigènes Berbères il se prononce *Idir*.

## LXX. — MEGLAPOLIS.

Les anciens manuscrits s'accordent tous à nommer cette ville Meglapolis, au lieu de Megalopolis qu'elle a dû être naturellement appelée par les Grecs. Cette ville est différente de *Villa Magna* qui devait se trouver pourtant dans la même région et dont le nom latin répond à celui de Meglapolis. Diodore mentionne Meglapolis[3] et il est évident qu'elle n'était pas éloignée de Tunis. D'autre part, l'intervention de Félix, évêque donatiste de Maxula, à la conférence de 411, conduit à la même conclusion. Faut-il la reconnaître dans Mohammedia, centre peu éloigné de

---

(1) *Ep.* LXXVII et LXXX.
(2) *Corpus*, n. 9923.
(3) Lib. XX, cap. VIII.

Tunis? Toujours est-il qu'on y a retrouvé l'épitaphe suivante[1] :

```
ROMANVS EPISCOpus
EXITIOSVS EPCP
IN PC. DP.     IN PACE. D. XIKal
GIII KLDC
RVSTICVS EPISCOPVS IN PACE D. K. I
```

Il y est question de trois évêques dont un, Romanus, porte le même nom qu'un évêque de Meglapolis.

C'est ainsi qu'il faut lire cette épitaphe :

*Romanus episco (pus) in pace d (epositus) XI K (alendas...) Exitiosus ep (is) c (o) p (us) in p (a) c (e) d (e) p (ositus) VIIII K (a) l (endas) d (e) c (embres) Rusticus episcopus in pace d(epositus) K(alendis) I(anuariis?).*

Mohammedia a fourni également l'épitaphe d'un sous-diacre, laquelle mérite d'être rapportée ici[2] :

```
COSTANTINVS
SVBD IN PACE VIXIT
ANN LXX DXVI K F b
```

Énumérons maintenant les évêques connus de Meglapolis.

**ROMANVS.** Il assista, en 411, parmi les évêques catholiques à la conférence de Carthage où, à l'appel de son nom, il dit[3] : *Je n'ai point de compétiteur.* Mais Félix, évêque donatiste de Maxula, lui répliqua : *Nous avons là le prêtre Maximien; il est présent.*

---

(1) *Corpus*, n. 879.
(2) *Corpus*, n. 880.
(3) *Cogn.*, I, n. 133.

**CORONIVS.** Il figure le quarantième sur la liste des évêques de la province Proconsulaire que le roi Hunéric exila avec tous les autres évêques après la réunion de Carthage en 482. Coronius fut un de ceux qu'on déporta dans l'île de Corse.

**REPARATVS.** Il assista, en 646, au concile de la province Proconsulaire et signa avec les autres la lettre synodale adressée alors à Paul patriarche de Constantinople qui, par un coupable exemple, favorisait les erreurs des Monothélites[1]. Une copie de cette lettre figure dans les *Actes* de l'ancien concile de Latran.

## LXXI — MELZI.

Parmi les villes libres de la province Proconsulaire, Pline compte Melzi[2] que Ptolémée appelle en grec Meldi[3] et qui doit répondre aux ruines situées sur l'oued Meliz, affluent de droite de la Medjerda, dans laquelle il se jette à l'ouest de Simitthu. L'oued Meliz a conservé le nom de l'antique Melzi ou Melizi, comme l'oued Thibar a conservé le nom de Thibari, etc.

---

(1) Hard., *Conc.*, t. III, p. 750.
(2) *Hist. nat.*, lib. V, cap. IV.
(3) *Geog.*, lib. XVIII.

**VALÈRE.** Il était du nombre des Maximianistes qui furent condamnés au concile de Bagaï, en 394, par Primien et ses partisans[1].

**TVTVS.** Il assista, en 411, parmi les évêques catholiques à la conférence de Carthage où, après avoir répondu à l'appel de son nom qu'il était présent[2], il ajouta : *Je n'ai personne contre moi*. Cet évêque assista aussi aux conciles de Carthage de 416 et de 424 et son nom est inscrit le quatrième en tête de la lettre, adressée par le concile[3] au pape saint Célestin, à propos des accusations portées contre le prêtre Apiarius de Sicca et des aveux de celui-ci.

---

## LXXII. — MEMBRESSA.

Membressa était une ville connue de la Proconsulaire qui, au rapport de Procope[4], se trouvait à 350 stades de Carthage. L'*Itinéraire* d'Antonin la place, en effet, sur la grande voie de Carthage à Théveste, entre Sicilibba et Musti. Selon la *Table* de Peutinger elle se trouvait à huit milles de Thisiduo et à seize milles de Tichilla dont nous avons déjà parlé. Dès lors, il est facile de la reconnaître dans la ville moderne de Medjez-el-Bab, qui occupe une

---

(1) *Aug. contra Crescon.*, l. IV, cap. IV.
(2) *Cogn.*, I, n. 121.
(3) Hard., *Conc.*, t. I, p. 947.
(4) *Bell. Vand.*, lib. II, cap. XV.

éminence sur la rive droite du Bagradas. Sa position lui a toujours donné une certaine importance, car elle est la clef de la vallée supérieure du fleuve ainsi que du bassin de Vaga. Son nom actuel, Medjez-el-Bab, le passage de la porte, lui vient d'un arc de triomphe qui s'élevait à l'extrémité d'un pont antique et sur lequel on lisait ces lignes[1] :

SALVIS ET PROPITIIS DDD NNN GRATIANO
VALENTINIANO THEODOSIO INVICTISSIMIS PRIN
CIPIBVS DVPLICI EX MORE CONDITO DECRETO

La quatrième ligne du texte manque.

Corippe nous apprend[2] que Bélisaire infligea une sanglante défaite à Stozza et à ses Maures dans la plaine au sud-ouest de Membressa.

La plus grande célébrité de cette ville vient de ses martyrs Ammon, Émilien et beaucoup d'autres que l'Église honore le onze février.

**LVCIVS.** Il fit connaître son sentiment le soixante-deuxième au concile de Carthage, le troisième tenu par saint Cyprien sur la question du baptême, en 255. Dans certains manuscrits Lucius porte le titre de confesseur[3].

**SALVIVS.** Il est compté parmi les Donatistes les plus marquants qui consacrèrent Maximien. Il condamna Primien au concile de Cabarsussi[4] qu'il tint avec ses collègues en 393. Il fut lui-même l'année suivante con-

---

(1) *Corpus*, n. 1296.
(2) Johann, lib. III, v. 311.
(3) *De Bapt. contra Don. Aug.*, lib. VI et VII.
(4) Aug., *in Ps.* XXXVI, serm. II, n. 20.

damné avec eux dans celui de Bagaï[1]. Saint Augustin revient plusieurs fois sur les mauvais traitements que peu de temps après lui firent souffrir les habitants d'Abitina, ses voisins, enhardis par la sentence du proconsul Seranus : *Car*, dit-il, *s'étant saisis de ce vieillard, ils lui attachèrent au cou des chiens morts et dans cet état le firent danser avec eux tant qu'ils voulurent.*[2]

**GENNADE.** Il assista, en 411, avec les évêques catholiques à la conférence de Carthage où, après la lecture de sa souscription, il ajouta[3] : *J'ai pour compétiteur Restitut,* lequel s'avança et dit : *Je le connais.* Puis répondant lui-même à l'appel parmi les siens il dit[4] : *J'ai donné mandat et j'ai souscrit.* Cet évêque est celui qui, au rapport de saint Augustin[5], avait été ordonné à la place de Salvius. Ce dernier se serait-il converti au catholicisme? La chose est très possible, mais nous ne pouvons l'affirmer et saint Augustin du reste n'en dit rien.

**BONIFACE.** Il se rendit à Carthage, en 482, pour la réunion convoquée par le roi Hunéric. Dans la *Notice* on a ajouté à son nom la mention *Fug.* il a fui, parce que sans doute il avait prévenu la sentence d'exil portée contre tous les évêques.

**PASCASE.** Il souscrivit au concile de Carthage convoqué par Boniface en 525[6].

---

(1) Aug., *Contr. Crescon.*, lib. IV, cap. IV et XLIX.
(2) Aug., *Epist.*, 108.
(3) *Cogn.*, I, n. 133.
(4) *Ibid.*, n. 198.
(5) *Epist.*, 108, n. 14.
(6) Hard., *Conc.*, t. II, p. 1082.

**VICTOR.** Son nom se trouve parmi ceux des signataires de la lettre adressée en 646 à Paul, patriarche de Constantinople, contre les Monothélites[1].

---

## LXXIII. — MEMBRONE.

Membrone, autrement Memplone et même Membione et Memblosa, se trouvait située entre Utique et Tinisa, à 15 kilomètres de Tinisa et à 9 kilomètres d'Utique. Edrisi la nomme encore au XIIe siècle et l'appelle Anbelouna. Depuis elle a disparu et ses ruines gisent à Sidi-Mohammed-Farès. Le livre des miracles de saint Étienne d'Uzali nous apprend qu'un citoyen de Memplone fut guéri par l'intercession du saint diacre[2].

**THEASIVS.** Il occupait le siège épiscopal de Membrone avant 404 ; car cette année là il fut chargé avec Évode d'Uzali par le concile de Carthage[3], le huitième de ceux d'Aurèle, d'une mission auprès des empereurs contre les Donatistes. On lit même dans le quatre-vingt-treizième canon du *Recueil de l'Église d'Afrique* les instructions données par le concile à ces députés. Plus tard, en 411, il assista à la conférence de Carthage où, après la lecture de sa souscription, il rendit de son Église ce témoignage[4]. *Il n'y a là que l'unité de l'Église catholique.*

(1) Hard., *Conc.*, t. III, p. 750.
(2) Lib. I, cap. v.
(3) Hard., *Conc.*, t. I.
(4) *Cogn.*, I, n. 133.

Ce que confirma aussi un autre évêque, nommé Salvien, en rappelant la triste fin de l'ancien évêque donatiste[1]. *Au temps de la persécution,* dit-il, *l'évêque de cet endroit y a succombé.*

Theasius prit encore part au concile de Carthage tenu en 416 contre les Pélagiens et son nom figure dans le titre de la lettre[2] adressée par les Pères au Pape Innocent. Cet évêque vivait encore en 424, car son nom se retrouve également dans le titre de la lettre adressée par les Pères du concile de Carthage au pape Célestin[3].

## LXXIV. — MIGIRPA.

Les géographes ne font pas mention de Migirpa et les documents ecclésiastiques ne nous fournissent que les noms de quelques-uns de ses évêques.

**FÉLIX.** Il donna son avis le second au concile de Carthage de l'an 255, le troisième tenu par saint Cyprien sur la question du baptême[4].

**TVTVS.** Il est mentionné dans la préface du concile de Carthage de 397 que l'on croit être le troisième de ceux d'Aurèle[5].

---

(1) *Cogn.*, I, n. 133.
(2) Hard., *Conc.*, t. I. p. 1213.
(3) *Ibid.*, p. 947.
(4) Hard., *Conc.*, t. I.
(5) *Ibid.*, p. 882.

**VICTOR.** Il assista avec les évêques catholiques, en 411, à la conférence de Carthage dans laquelle à l'appel de son nom il répondit qu'il était présent[1]. Mais son compétiteur, le donatiste Gloriosus, s'y trouvait également et il dit : *Je le connais.* Puis, à l'appel de son nom, il répondit[2] : *J'ai donné mandat et j'ai souscrit.*

**PASCASE.** La *Notice* le cite le vingt-troisième parmi les évêques de la province Proconsulaire, que le roi Hunéric, après la réunion de Carthage en 482, condamna à l'exil avec tous leurs autres collègues, Pascase fut du nombre de ceux que l'on déporta dans l'île de Corse.

## LXXV. — MISSVA.

Pline[3] fait mention de la ville de Missua dans le golfe de Carthage près de Carpi et non loin du promontoire de Mercure ou cap Bon, du côté de l'ouest. Ptolémée la mentionne également et Procope nous apprend[4] que les Carthaginois avaient de son temps à Missua leurs chantiers maritimes. Et en réalité Missua s'est retrouvée aux ruines de Sidi-Daoud-en-Noubi, comme le prouve la dédicace suivante qui se voit au Musée de Saint-Louis[5] :

---

(1) *Cogn.*, I, n. 126.
(2) *Ibid.*, n. 198.
(3) *Hist. nat.*, lib. V, cap. IV.
(4) *Bell. Vand.*, lib. II, cap. XIV
(5) *Corpus*, n. 989.

```
           FL. ARPACII. VC.
    FL. ARPACIO. FL. PP. HVIVSCE
       CIVITATIS. EX AGENTE IN
       REBVS VC. EX ADIVT. INL.
        VIRI MAG. OFFICIOR. V.
        SPECTAB. TRIB. ET. NOT.
         OB INSIGNIA. EIVS ERGA
       REMP. MERITA ET. PRAECIPVE
       OB. PAT. BENEF. STATVAM AD
          AETERNITATEM MERI
        TORVM EIVS. MISS. CIVES
             CONLOCAVERVNT
```

Les ruines assez étendues de Sidi-Daoud offrent les restes d'une puissante construction, assise sur une éminence près du rivage et qui est peut-être un débris de l'arsenal que Carthage possédait à Missua.

**HIRVNDINVS.** La *Notice* le cite le dix-septième parmi les évêques de la province Proconsulaire, que le roi Hunéric fit exiler avec leurs collègues après la réunion de Carthage, en 482. Hirundinus fut déporté dans l'île de Corse, comme l'indique la note ajoutée à son nom.

**SERVVSDEI.** Il souscrivit au concile de Carthage réuni par Boniface en 525[1].

---

(1) Hard., *Conc.*, t. II, p. 1082.

## LXXVI. — MIZIGI.

Victor de Vite parle de la cité de Mizigi[1] et il dit qu'elle était la patrie d'un glorieux confesseur de la foi, Cresconius, dont le cadavre déjà en décomposition fut trouvé dans une caverne du mont Ziqua, à l'époque de la persécution arienne contre les catholiques sous le roi Hunéric. On a retrouvé cette ville au bourg arabe de Douéla situé à cinq milles environ au nord-est de Carpi et qui occupe l'emplacement d'une petite cité antique. Un fragment d'inscription confirme cette découverte. Le voici complété[2] :

    FELICITA *tis restitutori*
    CLEMEN *tissimo Impera*
    TORI DO *mino nostro Fl*
    CONSTAN *tino maximo p*
    IISSIMO *ac victori aug*
    MVNICI *pes municipii Mizi*
    GITANI *n. m. q. ejus dicatis*
    SIMI *d. d. p. p.*

D'après la tradition locale, une des mosquées de Douéla occupe l'emplacement d'une église chrétienne. Ximenès et Peyssonnel ont lu sur la façade la dédicace suivante qui n'existe plus[3] :

    DDI ET CRIS
    TI FECIT A
    DEODATVS

---

(1) *Pers. Vand.*, lib. V, cap. XV.
(2) *Corpus*, n. 991.
(3) *Corpus*, n. 992.

Il faut lire : *De donis Dei et Christi fecit Adeodatus*. C'était probablement un évêque de Mizigi. L'Église était partagée en trois nefs par deux rangs de colonnes et telle était la forme ordinaire des basiliques africaines.

**PLACIDE.** Il souscrivit au concile de Carthage célébré sous le primat Boniface, en 525[1].

---

## LXXVII. — MVLLI.

Les géographes ne parlent point de cette ville et nous n'en savons absolument rien.

**CANDORIVS.** Il assista, en 411, à la conférence de Carthage où, après la lecture de sa souscription, le donatiste Marcellin, son compétiteur, dit[2] : *Je le connais*. Et lui-même répondit à l'appel de son nom[3] : *J'ai donné mandat et j'ai souscrit*.

**LIBÉRAT.** La *Notice* le mentionne le quinzième parmi les évêques de la province Proconsulaire que le roi Hunéric après la réunion de Carthage, en 482, exila avec tous les autres évêques. Il fut du nombre de ceux qu'on déporta dans l'île de Corse.

---

[1] Hard., *Conc.*, t. II, p. 1082.
[2] *Cogn.*, I, n. 133.
[3] *Ibid.*, n. 198.

**SEGETIVS.** Il souscrivit au concile de Carthage convoqué par Boniface sous le roi Hildéric en 525[1].

## LXXVIII. — MVSTI I.

Musti, ville ancienne et assez connue, était située sur la grande voie de Carthage à Théveste et de Carthage à Cirta, à 30 milles de Lares, à 32 milles de Sicca, à 7 milles d'Agbia et à la même distance de Thacia. Dès lors il n'était pas difficile de la reconnaître dans les ruines qui ont conservé le nom de l'ancienne ville, savoir Henchir-Mest, autrement Sidi-Abd-er-Rebbou.

Le périmètre de la ville antique peut être évalué à un mille romain. Au centre, se voit une belle source ; à côté sont les restes d'un Nymphæum. Les deux portes monumentales de Musti étaient reliées par une belle rue, très longue, qui se confondait avec la grande voie de la Numidie. Sur l'un de ces arcs, qui date du règne de Gordien, on lit en toutes lettres l'ethnique *Mustitanis*[2]. On a distingué deux parties dans la ville de Musti ou mieux deux cités distinctes, l'une civile et l'autre militaire, ce qui suffit pour expliquer l'existence des deux évêques qu'elle avait au temps de la conférence de Carthage et c'est pourquoi nous avons aussi distingué les deux évêchés de Musti tout en n'admettant qu'une seule ville de ce nom.

---

(1) Hard., *Conc.*, t. II, p. 1082.
(2) *Corpus*, n. 1577 — Cf. n. 1579. — *Ephem.*, t. V, n. 582.

Sa vaste nécropole porte aujourd'hui le nom de Henchir-Aïn-Galian.

C'est à Musti que Regulus tua le serpent énorme dont parle Vibius Sequester[1].

**VICTORIEN.** Il assista à la conférence de Carthage, en 411, parmi les évêques catholiques. Après avoir répondu à l'appel de son nom qu'il était présent[2], il ajouta : *J'ai pour adversaires Félicien de Musti et Donat de Turris*. Ce Félicien est celui-là même qui assistait en 393 au concile de Cabarsussi avec les Maximianistes[3] et qui condamna Primien pour être à son tour, l'année suivante, condamné par les partisans de Primien au concile de Bagaï[4]. Il est inscrit le onzième parmi les douze évêques qui avaient sacré Maximien. Aussi à la conférence, Alype, évêque catholique, fit une observation en ces termes : *Au sujet de Félicien, est-il en communion avec Primien ?* Car, comme nous l'avons dit, cet évêque avait été maximianiste. Alors Pétilien de Cirta, mandataire des Donatistes, entra en discussion avec Alype de Thagaste et dit que cette affaire étant intérieure, Alype n'avait pas à s'en enquérir.

**ANTONIEN.** Nous lisons son nom le soixante et onzième sur la liste des évêques de Numidie que le roi Hunéric, après la réunion de Carthage, en 482, fit exiler avec leurs autres collègues. A cette époque Musti était comprise dans la Numidie Proconsulaire.

---

(1) *Edit. Argent. Oberbini*, p. 7.
(2) *Cogn.*, I, n. 121.
(3) Aug., *in ps.* XXXVI, serm. II, n. 20.
(4) Aug., *Cont. Crescon.*, lib. IV, cap. IV. — Épist. CVI.

**JANVIER.** Il signa la lettre du concile de la Proconsulaire adressée, en 646, à Paul, patriarche de Constantinople contre les Monothélites[1].

## LXXIX. — MVSTI II.

S'il n'y avait pas deux villes de Musti autrement que comme nous avons dit à l'article précédent, il est certain du moins qu'au temps de la conférence de Carthage il y avait deux évêchés de ce nom et deux évêques catholiques qui se disaient évêques de Musti. Saint Augustin, dans l'abrégé de la conférence[2], explique cette situation particulière. Il y dit, en effet, qu'il y avait à Musti, dans le diocèse de Musti, deux évêques donatistes, Félicien et Cresconius et en outre Donat de Turris ; que le même fait avait eu lieu pour d'autres diocèses, comme nous le verrons pour le diocèse de Capsa. C'est sans aucun doute pour tenir tête aux Donatistes qui avaient établi plusieurs évêques dans les villes formées de plusieurs centres, que les catholiques y constituèrent également plusieurs évêques, et c'est ce qui sera arrivé à Musti.

**LÉONCE.** Il assista, en 411, à la conférence de Carthage où, après la lecture de sa souscription, il ajouta[3] : *Je*

---

(1) Hard., *Conc.*, t. III, p. 750.
(2) *Brev. coll.*, cap. XII.
(3) *Cogn.*, I, n. 133.

*n'ai point de compétiteur*. Il voulait dire : en ce moment. Mais le diacre Habetdeum, qui assistait les Donatistes, lui répliqua : *Cresconius vient d'être ordonné contre lui.* Ce dernier, en effet, se présenta à son tour parmi les Donatistes et dit[1] : *J'ai donné mandat et j'ai souscrit.*

## LXXX. — MVZVCA.

Le municipe de Muzuca doit être distingué de la cité du même nom attribuée à la province de Byzacène. Les anciens géographes ne parlent ni de l'un ni de l'autre ; les documents ecclésiastiques ne les distinguent même pas, car les noms y sont le plus souvent altérés par l'ignorance des copistes et si en certaines circonstances nous ne rencontrions pas deux évêques ayant porté le même titre avec des noms différents nous ne saurions aucunement qu'il y a eu deux sièges du même nom dans la même province ou dans des provinces différentes. C'est ce qui est arrivé pour Muzuca ou Muzua.

Il y avait une ville de ce nom dans la Proconsulaire et une autre dans la Byzacène, mais du reste très rapprochées l'une de l'autre. Aussi, en 411 et en 482, nous voyons apparaître simultanément deux évêques de Muzuca, ce qui montrait assez l'existence de deux évêchés. D'ailleurs, les découvertes archéologiques sont venues depuis peu éclairer

---

(1) *Cogn.*, I, n. 206.

les documents ecclésiastiques. Les deux villes de Muzuca avec leurs véritables noms ont été retrouvées. Celle dont nous nous occupons ici était située au confluent de l'oued Bargou et de l'oued Mahrouf, à 12 kilomètres à l'est de la seconde Muzuca. C'est aujourd'hui une vaste ruine nommée Henchir Khachoun. On y voit un mamelon couronné par une citadelle byzantine de cent pas environ de côté. La ville avait une superficie de quinze hectares environ. Une voie bordée de tombeaux la reliait à Zama. Le forum de l'antique ville s'étendait à l'est du mamelon. Elle avait le titre de municipe, comme le montre une base trouvée au forum [1].

DN FLAVIO VALERI
O CONSTANTIO IN
INVICTO ET NOBILISSI
MO. CAES ORDO MV
N. MVZ DEVOTVS
NVMINI MAIES
TATIQ EIVS DD PP

L'ethnique se lit en entier sur une autre base [2] :

DIVO MAGNO AN
TONINO PIO CONDI
TORI MVNICIPII PA
*tri imp. caes. m. au*
*reli antonini*
*pii felicis invicti*
*aug.* MVNICIPE *s mu*
ZVCENSES DD PP

Nous y voyons de plus que le municipe devait son titre à Caracalla. La ville, en effet, était plus ancienne et elle existait au temps de saint Cyprien.

(1) *Ephem.*, t. V, n. 1209 — *Corpus*, VIII, n. 12062 — Cf. 1207, 1208, etc.
(2) Cagnat, *Nouv. Explor.*, p. 10.

**JANVIER.** Il assista, en 255, au troisième concile que saint Cyprien tint à Carthage sur la question du baptême et il y donna son sentiment le trente-quatrième[1].

**RESTITVT.** Il est cité parmi les évêques catholiques qui, en 411, se réunirent à Carthage pour la Conférence, où, après la lecture de sa souscription, il ajouta[2] : *Nous avons contre nous Idaxius*, lequel s'avança alors et dit : *Je le connais*. Puis, à l'appel de son nom, il répondit[3] : *J'ai donné mandat et j'ai souscrit*.

**FÉLIX.** Il figure le quarante-neuvième parmi les évêques de la province Proconsulaire qui se rendirent, en 482, à Carthage, et furent envoyés en exil avec les autres évêques que le roi Hunéric avait convoqués.

## LXXXI. — NARAGGARA.

Naraggara, autrement Nadagara ou Maraggara, appelée aujourd'hui Mraou, mais complètement ruinée, se trouvait entre Sicca et Thagura, à cinq journées de Carthage, comme le rapporte Tite-Live[4], et dans la Numidie Proconsulaire.

L'*Itinéraire* d'Antonin, place Naraggara, à trente-deux milles de Sicca, à vingt-cinq milles de Thagaste, et à vingt

---

(1) Hard., *Conc.*, t. I.
(2) *Cogn.*, I, n. 133.
(3) *Ibid.*, n. 206.
(4) Lib. XXX, cap. XXIV, n. 29.

milles de Thagura. La *Table* la met à quinze milles de Gegetu. Toutes ces données montrent que Naraggara ne peut être à Ksar-Djabeur, mais à Fedj-Meraou, altération du reste de l'ancien nom que Polybe écrivait Margaron. D'autre part à Meraou se voient de grandes ruines qui ne peuvent être que celles de Naraggara. On y a retrouvé un certain nombre d'épitaphes chrétiennes, entre autres celles d'un clerc[1] :

†
III KLD DECB
SERBVCA
CLERICVS
ANNORVM
COBITFIN

Nous lisons ce texte : *III Kalendas decembris Serbuca clericus annorum C obiit fidelis in pace*. Il est assurément remarquable à plus d'un titre.

**FAVSTIN.** Il assista parmi les Donatistes à la conférence de 411. Il y répondit à l'appel[2] : *J'ai donné mandat et j'ai souscrit*. Nous ignorons s'il y avait alors à Naraggara un évêque catholique.

**MAXIMIN.** Il est le quarante-huitième sur la liste des évêques de la province Proconsulaire qui, en 482, se rendirent à la réunion générale de Carthage, convoquée par ordre du roi Hunéric. A son nom est accolée la note *Ici*, pour marquer peut-être que Maximien subissait son exil au même lieu que l'annotateur de la *Notice*.

---

(1) *Ephem.*, t. V, n. 798.
(2) *Cogn.*, I, n. 208.

**VICTORIN.** Il souscrivit au concile de Carthage, réuni par Boniface, en 525[1].

**BENENATVS.** Il assista au concile de la Proconsulaire célébré à Carthage, en 646, après la mort de Fortunius. Il y signa un des derniers la lettre que les Pères adressèrent alors à Paul, patriarche de Constantinople, pour le retirer des erreurs des Monothélites[2] dont il s'était fait le fauteur. Le texte de cette lettre est conservé dans les *Actes* du premier concile de Latran.

## LXXXII. — NEAPOLIS.

Thucydide mentionne une Neapolis africaine et l'appelle un marché carthaginois[3]. Pline la qualifie de libre[4] et Ptolémée de colonie. Cette ville, située à douze milles de Putput et à quatorze milles de Curubi, existe et a conservé son nom de Nebeul. Cependant la bourgade actuelle n'occupe pas l'emplacement de la cité antique ; elle est à vingt minutes du littoral. L'ancienne Neapolis se trouvait plus près de la mer, mais son port si célèbre autrefois est comblé par le sable. Au temps d'Edrisi, il restait encore le château byzantin et les ruines de quelques édifices ; aujourd'hui il ne reste plus rien de la Nebeul-Kedima que son nom.

(1) Hard., *Conc.*, t. II, p. 1082.
(2) Hard., *Conc.*, t. III, p. 751.
(3) Lib. VII, p. 521.
(4) *Hist. nat.*, lib. V.

Son titre de *Colonia Julia Neapolis* se lit dans la dédicace suivante[1] :

```
        IMP. CAESARI
        M. AVRELIO KAR
        PIO FELICI AVG
       PONT. MAX. TRIB. P
       COS. PP. PROC. COL
        IVL. NEAP. DEVOT
         NVMINI. EIVS
```

L'inscription suivante montrera l'importance maritime de Neapolis au commencement du cinquième siècle[2].

```
         SALVIS DD NN
       ARCADIO ET HONORIO
      INCLYTIS SEMPER. AVGG
        ADMINISTRANTE DM
         GABINIO BARBARO
        POMPEIANO. VC. PROC
     P. A. V. S. I. COELIVS TITIANVS
       VH. EX. T. ET. NAV. EX. MVN
         ET EXCVRATORE R. P
          CVM COELIO RES
        TITVTO VH FILIO SVO
          SVMPTV PROPRIO
           INSTANTIA SVA
             DEDICAVIT
           ADMINISTRANTE
     PVBLIANO. V. H. F. P. CVRAT. R. P.
```

Il s'agit des transports publics, réglés par plusieurs rescrits des Empereurs adressés à ce même proconsul pompéien[3].

---

(1) *Corpus*, n. 968.
(2) *Corpus*, n. 969 — Cf. n. 970.
(3) *Cod. Theod. an.* 400 et 401.

**IVNIVS.** Il assista au concile de Carthage, le troisième tenu par saint Cyprien sur la question du baptême, en 255. Cet évêque donna son avis le dernier, c'est-à-dire le quatre-vingt-sixième [1].

**FORTVNATIEN.** Cet évêque assista d'abord, en 411, à la conférence de Carthage où il répondit à l'appel [2] : *Je suis présent.* Son adversaire, l'évêque Ampelius, dit : *Je le reconnais.* Appelé à son tour, il ajouta [3] : *J'ai donné mandat et j'ai souscrit.* L'an 419, Fortunatien assista encore au concile de Carthage en qualité de député de la province Proconsulaire où il est nommé le second parmi les dix qui remplirent les mêmes fonctions [4].

**CLÉMENTIN.** Il est le trente-cinquième sur la liste des évêques de la Proconsulaire qui, en 482, se rendirent à Carthage d'après l'ordre du roi Hunéric et furent ensuite envoyés en exil. Clémentin fut du nombre de ceux que le roi fit déporter dans l'île de Corse.

**JEAN.** On le trouve parmi les évêques qui souscrivirent au concile de Carthage, réuni par Boniface en 525 [5].

**RÉDEMPTVS.** Il signa la lettre du concile de la Proconsulaire adressée en 646 à Paul, patriarche de Constantinople, contre les Monothélites [6].

---

(1) Hard., *Conc.*, t. I.
(2) *Cogn.* I, n. 126.
(3) *Ibid.*, n. 206.
(4) Hard., *Conc.*, t. I, p. 1249.
(5) *Ibid.*, t. II, p. 1082.
(6) Hard., *Conc.*, t. III, p. 760.

## LXXXIII. — NOVA.

Nova-Aquiliana, autrement Aquæ-Novæ, se trouvait entre Bulla-Regia et Vicus Augusti. Aquæ-Novæ était assurément une ville épiscopale, comme nous le montrerons lorsque nous traiterons de la Numidie. Mais Nova est-elle la même ville que les Aquæ ? Nous ne saurions le dire. On a identifié les Aquæ-Novæ avec les ruines importantes de Sidi-Ali-Djebin, situées au confluent de l'oued Kessab et de la Medjerda.

**ROGATIEN.** Il se rendit à Carthage en 255 pour y assister au troisième concile que saint Cyprien réunit sur la question du baptême. Il donna son avis le soixantième. Il est appelé évêque de Nova sans épithète et il a pu appartenir aux Aquæ-Novæ, autrement Novæ-Aquilianæ. C'est à Rogatien qu'est adressée la soixante-cinquième lettre de saint Cyprien.

## LXXIV. — NVMMVLI.

La ville de Nummuli devait peut-être son nom aux marbres à nummulites que l'on trouve dans les montagnes de Djebba. Ces montagnes séparent le bassin de la Medjerda de celui de l'oued Khalled. C'est là, croyons-nous, qu'il faut chercher Nummuli et, en effet, on vient de retrouver le *Municipium Numiulitanum* à Henchir-Maatria, près de Thibari ; là se voient des ruines considérables avec un temple Capitolin.

**AVRÈLE.** Il assista parmi les évêques catholiques à la conférence de Carthage, en 411. A l'appel il répondit qu'il était présent et il ajouta[1] : *Je n'ai pas d'évêque contre moi.* A quoi Habetdeum, diacre de Primien, repartit : *Il est mort.*

**DONATIEN.** Il signa, avec les Pères du concile de la Proconsulaire, la lettre adressée en 646 à Paul, patriarche de Constantinople, contre les Monothélites[2].

## LXXXV. — OBBA.

Obba, Abba de Polybe, la moderne Ebba, est située sur la grande voie de Carthage à Théveste, à sept milles de Lares et à seize milles d'Althiburus. Tite-Live[3] la mentionne comme Polybe[4] et beaucoup d'autres auteurs. Elle est aujourd'hui bien déchue.

---

(1) *Cogn.*, I, n. 126.
(2) Hard., *Conc.*, t. III, p. 751.
(3) Lib. XXX, cap. VII.
(4) Lib. XIV, cap. VI-XII.

**PAVL.** Cet évêque assista au troisième concile que saint Cyprien réunit à Carthage sur la question du baptême, en 255 et il y donna son avis le quarante-septième. Certains manuscrits lui donnent le titre de confesseur et c'est lui bien certainement qui est mentionné comme martyr dans les *Actes* des saints Lucien et Montan. C'est lui encore sans doute que le *Martyrologe* romain annonce le 19 janvier.

**FÉLICISSIME.** Il était du nombre des Donatistes et il se rendit avec eux à la conférence de Carthage en 411. A l'appel de son nom, il répondit[1] : *J'ai donné mandat et j'ai souscrit*, sans faire aucune mention d'un évêque catholique.

**VALÉRIEN.** Cet évêque se trouvait parmi les Pères du second concile de Constantinople, célébré en 553. Il y souscrivit en ces termes : *Valérien, par la miséricorde de Dieu évêque de la sainte Église catholique de la cité d'Obba, de la province d'Afrique*[2].

Nous connaissons quelques évêques titulaires d'Obba, savoir :

Louis d'ORGEVAL, en 1780 ;
Antoine GAONA, en 1800 ;
Vasco DE LA BONNE-MORT, en 1805 ;
Patrice MORAU, en 1872 ;
Étienne JUNAT, en 1875 ;
Herman COECHEMAN, en 1881.

---

(1) *Cogn.*, I, n. 193.
(2) Hard., *Conc.*, t. III, p. 203.

## LXXXVI. — PARIA.

Le nom de cette ville nous paraît être altéré par les copistes et mis pour Bure, car le manuscrit de la bibliothèque Barberini porte : *Ecclesiœ Bari(tanœ)*.

**FÉLIX.** Il signa un des premiers la lettre du concile de la Proconsulaire adressée en 646 à Paul, patriarche de Constantinople, contre les Monothélites[1].

## LXXXVII. — PERTVSA.

D'après les *Itinéraires*, Pertusa devait se trouver sur la voie de Carthage à Sicilibba, à quatorze milles de Carthage. Elle est représentée évidemment par les ruines de El-Haraïria, situées au pied nord des collines de Birin, où se voit la coupure qui avait donné son nom à la ville antique.

**MARTIAL.** Il fut le dernier des douze évêques consécrateurs de Maximien, que le concile de Bagaï condamna en 394[2]. Cependant il n'avait point pris part, avec les

---

[1] Hard., *Conc.*, t. III, p. 749.
[2] Aug., *Cont. Crescon.*, lib. IV, cap. IV.

autres Maximianistes, au concile de Cabarsussi de l'année précédente et n'avait pas voté la déposition de Primien. Du moins, on ne trouve pas son nom dans les *Actes* de ce dernier concile.

## LXXXVIII. — PIA.

Nous sommes encore sans doute en présence d'un nom altéré par les copistes et mis pour *Vina,* ville connue dont nous parlerons en son lieu; à moins qu'il ne faille reconnaitre ici le nom de *Picus,* que la *Table* place entre Vicus Augusti et les Novæ Aquilianæ. On s'accorde à identifier Picus avec les ruines appelées Henchir-el-Amri, sur la rive gauche du Bagrada.

**FÉLIX.** Il est le quatrième sur la liste des évêques de la Proconsulaire que le roi Hunéric exila en 482 et qu'il fit déporter en Corse. D'où nous sommes portés à croire que Félix était bien évêque de Vina.

## LXXXIX. — PISI.

La ville de Pisi n'est représentée aujourd'hui que par des ruines qui portent le nom de Bou-Chateur-Sidi-Mansour, situées à l'ouest d'Hippone-Diarrhyte[1]. Elle est mentionnée par l'auteur des livres sur les miracles de saint Étienne, l'évêque Évode d'Uzali. Il y rapporte[2], en effet, la guérison à Uzali, dans le sanctuaire du proto-martyr, d'un aveugle, nommé Donatien et sa déclaration à Évode lui-même, le vénérable évêque, qui l'interrogeait, en présence de toute l'Église, *que la vue du corps et celle de l'âme lui avaient été rendues par le secours d'un médecin surnaturel.*

**AMBIVIVS.** Il assista, en 411, avec les catholiques, à la conférence de Carthage dans laquelle, après la lecture de sa souscription, il ajouta[3] : *J'ai pour compétiteur Félix.* Mais Félix était absent à cause de son grand âge, comme l'attesta ensuite Valentinien, diacre de Primien. Ambivius, plus jeune que son compétiteur, paraît avoir assisté au concile de Carthage de 416 contre les Pélagiens[4].

## XC. — POCOFELTA.

Sans aucun doute, Pocofelta est un nom altéré. Les nombreuses variantes des manuscrits l'attestent suffisamment. Mais quelle ville est cachée sous cette forme corrompue ? Est-ce Hilta ou Bilta ? Nous ne pouvons le dire.

(1) *Corpus*, n. 1211 et 1212.
(2) Lib. I. cap. III.
(3) *Cogn.*, I, n. 133.
(4) Hard., *Conc.*, t. I, p. 2013.

Du reste, nous n'avons qu'un évêque à attribuer à Pocofelta, c'est :

**SVRGENTIVS,** qui assista, en 314, au concile d'Arles avec Cécilien de Carthage et d'autres évêques d'Afrique. Il en approuva aussi lui-même les canons par sa signature conçue en ces termes[1] : *Surgentius, évêque de la cité de Pocofelta.* Il vient le sixième après Cécilien de Carthage et les évêques d'Uthina, d'Utique, de Bénévent et de Thuburbo.

## XCI. — PVPPIANA.

Puppiana ou Pappiana, dont le nom semble dériver de celui d'une famille romaine, n'est pas citée par les anciens géographes, et sa position est restée jusqu'ici inconnue. Étant donnée pourtant la propension des Africains à pendre le P pour le B et réciproquement, on serait porté à croire qu'il s'agit ici de Bibæ ou Bibba. Or Biba, d'après la *Table* de Peutinger, se trouvait à seize milles d'Onellana (Zaghouan?), entre cette ville et Mediccera (Mdeker). Nous avons parlé de Bibba à l'article d'Avitta et d'Onellana à l'article de Gunela. Disons encore que la terminaison *na* ou *ana* pourrait faire supposer qu'il y avait deux villes du nom de Puppi ou Putput dont nous allons

---

(1) Hard., *Conc.*, t. I, p. 267.

bientôt parler. Mais nous sommes déjà restés trop longtemps sur ce terrain d'hypothèses. Revenons aux évêques connus de Puppiana.

**VICTOR.** Il est cité dans la préface du concile de Carthage, réuni sous Genethlius en 390[1]. On peut croire qu'il était alors déjà l'un des évêques les plus anciens de sa province, car il est appelé plus bas *senex*.

**RÉPARAT.** Il figure le douzième sur la liste des évêques de la province Proconsulaire que le roi Hunéric appela à la réunion de Carthage en 482 et qu'il fit exiler ensuite avec leurs autres collègues. C'est également lui qui avait inauguré le monastère de l'abbé Pierre dont il est question dans le mémoire présenté par cet abbé à l'évêque Boniface dans le concile de Carthage en 525[2]. Cette particularité semble indiquer que Puppiana n'était pas très éloignée de la Byzacène, et c'est ce qui est vrai de Bibæ et aussi de Putput.

**GAVDIOSVS.** Il souscrivit un des derniers au concile de Carthage en 525 ; d'où il suit que Réparat a vécu longtemps ou que Gaudiosus a été créé tard évêque à sa place[3].

**BONIFACE.** Son nom se trouve parmi ceux qui écrivirent à Paul de Constantinople contre les Monothélites, en 646[4].

---

(1) Hard., *Conc.*, t. I, p. 951.
(2) Hard., *Conc.*, t. II, p. 1087.
(3) Hard., *Conc.*, t. II, p. 1082.
(4) *Ibid.*, t. III, p. 750.

## XCII. — PVTPVT.

Putput, autrement Puppi, s'élevait au débouché du défilé que traverse la voie de Carthage à Hadrumète entre Vina et le littoral, sur un plateau dont les pentes descendent jusqu'à la mer. Ses ruines, nommées Souk-el-Abiodh, couvrent un espace assez étendu.

Cette correspondance est certaine, car elle est prouvée par la distance qu'indiquent la *Table* et l'*Itinéraire* entre Putput, Vina, Siagu, Neapolis et Horrea Cælia. C'est à Putput que se détachait de la grande route du littoral la voie secondaire qui conduisait à l'extrémité de la presqu'île du cap Bon. Si l'on en croit Priscien[1], Tite-Live parle de Pudpud dans son *Histoire,* au livre cent-treizième que nous n'avons plus.

**PANNONIVS.** Il assista en 411, parmi les catholiques à la conférence de Carthage où, après avoir répondu à l'appel de son nom qu'il était présent[2], le donatiste Victorien s'avança et dit : *Je le connais.* Il répondit ensuite lui-même à l'appel[3] : *J'ai donné mandat et j'ai souscrit.*

**PASTINATVS.** Il figure le onzième parmi les évêques de la province Proconsulaire que le roi Hunéric appela en 482 à la réunion de Carthage et qu'il condamna ensuite avec

---

(1) Lib. VI, *de parte orat.*
(2) *Cogn.*, I, n. 126.
(3) *Ibid.*, n. 187.

tous leurs autres collègues à la peine de l'exil. Pastinatus fut de ceux qu'on déporta dans l'île de Corse.

**FORTVNAT.** Il figure parmi les Pères du concile de Carthage, convoqué par Boniface en 525 [1].

**GVLOSVS.** En l'année 646, lorsque l'Église de Carthage après la mort de Fortunius était encore privée d'évêque, Gulosus, en qualité de doyen, tint un concile de la Proconsusulaire contre les Monothélites et signa le premier la lettre qui fut alors envoyée à Paul, patriarche de Constantinople. Sa souscription est formulée en ces termes [2] : *Gulosus, par la grâce de Dieu, évêque de l'Église de Pupi, j'ai signé cet exposé de notre vraie croyance.*

## XCIII. — RVCVMA.

La ville de Rucuma, autrement Rucumma, nom punique, comme tant d'autres appellations de villes africaines, est restée jusqu'ici inconnue.

**LVCIEN.** Il donna son avis le quarante-troisième dans le concile que tint saint Cyprien à Carthage en 255 sur la question du baptême. Il paraît être aussi celui dont le nom

---

(1) Hard., *Conc.*, t. II, p. 1082.
(2) Hard., *Conc.*, t. III, p. 750.

figure dans la lettre que saint Cyprien et ses collègues écrivirent au pape Corneille au sujet de la paix à donner aux *lapsi*[1].

**MAXIME.** Il signa la lettre du concile de la Proconsulaire adressée en 646 à Paul, patriarche de Constantinople, contre les Monothélites, dont les Pères réfutaient les erreurs[2].

## XCIV. — RVSVCA.

Rusuca pourrait être par abréviation la ville que Tite-Live[3] appelle Rusuc-Mona, port voisin d'Utique et qui paraît répondre au port actuel de Porto-Farina.

**CRESCONIVS.** Il assista, en 411, parmi les catholiques, à la conférence de Carthage dans laquelle, après la lecture de sa souscription, il ajouta au sujet de son Église[4]. *J'ai l'unité*, témoignage que confirma Habetdeum, diacre de Primien de Carthage, en disant : *Nous n'y avons personne.*

(1) Ep. LIV.
(2) Hard., *Conc.*, t. III, p. 749.
(3) Lib. XXX, cap. x.
(4) *Cogn.*, I, n. 133.

## XCV. — SCILLI.

Scilli ou Scillium, ville d'ailleurs obscure, fut illustrée par les martyrs de ce nom, qui consommèrent leur martyre à Carthage, le 16 des calendes d'août de l'année 180. Une basilique leur était dédiée à Carthage sur la voie qui portait leur nom, hors la ville[1] et saint Augustin y a prononcé un discours[2], le jour de leur fête, que l'on célébrait à Carthage le 15 des calendes d'août. Les restes sacrés de saint Félix, évêque de Tubyza, avaient été déposés sur la voie des Scillitains. Saint Félix de Girone et saint Cucuphas, tous deux martyrs, étaient originaires de Scilli. Il semble que cette ville n'était pas bien éloignée de la métropole.

**SQVILLACIVS.** Il assista, en 411, dans les rangs des évêques catholiques, à la conférence de Carthage et il y fut choisi comme conseiller. Il avait pour compétiteur dans son Église l'évêque Donat, ainsi qu'il le déclara lui-même[3] : *J'ai contre moi Donat,* lequel s'étant avancé dit : *Je le connais.* Puis, quand il fut appelé à son tour, il ajouta[4] : *J'ai donné mandat et j'ai souscrit.*

**PARIATOR.** Cet évêque signa la lettre que le concile de la Proconsulaire adressa, en 646, à Paul, patriarche de Constantinople, contre les Monothélites[5].

---

(1) Victor Vit., *Hist. Pers. Vand.*, lib. I, cap. III.
(2) Serm. CLV, *Possid. ind.*, cap. IX.
(3) *Cogn.*, I, n. 143.
(4) *Ibid.*, n. 206.
(5) Hard., *Conc.*, t. III, p. 750.

Scilli avait encore un évêque en 883, selon la *Notice* de Léon Le Sage.

## XCVI. — SEBARGA.

Nous ne savons absolument rien de cette ville, sinon qu'elle eut pour évêque :

**RESTITVT**, qui souscrivit en 525 au concile de Carthage, réuni par Boniface et dont presque tous les Pères étaient de la province Proconsulaire[1].

## XCVII. — SEDELA.

Tout ce que l'on peut dire de Sedela, c'est qu'elle était voisine d'Uthina, si l'on suit l'ordre de souscription des évêques au concile de l'an 525. Mais c'est un indice bien peu certain et ce peut être la même ville que Medeli.

**FÉLICISSIME.** Il souscrivit au concile de Carthage réuni par Boniface sous le roi Hildéric[2].

---

(1) Hard., *Conc.*, t. II, p. 1082.
(2) *Ibid.*

## XCVIII. — SELENDETA.

C'est un nom aussi inconnu que le précédent et qui représente une ville voisine peut-être d'Ammædara et située par conséquent aux frontières de la Proconsulaire, si c'est en raison du voisinage que l'évêque d'Ammædara intervint en 411 en faveur de son collègue de Selendeta. Mais tout cela est bien incertain.

**VICTORIN.** Il était donatiste et se rendit en 411 à Carthage pour participer à la conférence avec ses collègues. Mais il tomba malade et ne put y assister. Quand son nom fut prononcé, Crescentien d'Ammædara dit[1] : *Il est à Carthage, mais il est malade.*

---

## XCIX. — SEMINA.

La ville de Semina n'est connue que par un seul évêque, et c'est :

**FLORENTIVS**, que la *Notice* nomme le quarante-deuxième parmi les évêques de la Proconsulaire que le roi Hunéric exila en Corse l'an 482. Cette particularité

---

[1] *Cogn.*, I, n. 208.

peut faire supposer que Semina se trouvait dans la presqu'île du cap Bon. Peut-être même faut-il lire *Temina*, nom qui se serait conservé dans le Menzel-Temine, gros bourg qui a succédé à un établissement antique. Les Corses révèrent Florentius comme un saint[1].

## C. — SENEMSALA.

Senemsala, autrement Selem-Sala et plus tard Duas-Senem-Sala, quand l'union fut accomplie entre les catholiques et les donatistes, pourrait bien être représentée par plusieurs groupes de ruines qui portent le nom de Henchir-Selem et sont situées à l'est de l'Enfida. Le nom de cette ville parait être en effet composé et nous avons parlé plus haut de Absa-Sala.

**FÉLIX.** Il assista en 390, au concile de Carthage réuni par Genethlius et il y apparaît comme l'auteur de trois canons[2], dont deux ont été insérés par Gratien dans son décret[3].

**FORTVNATIEN.** Cet évêque assista parmi les Donatistes à la conférence de Carthage en 411 et répondit à l'appel[4] : *J'ai donné mandat et j'ai souscrit*, sans faire mention d'un évêque catholique.

---

(1) Boll., t. II, jun., p. 179.
(2) Hard., *Conc.*, t. I, p. 952.
(3) Part. II, *Conc.*, XV, Qu. VII, cap. IV.
(4) *Cogn.*, I, n. 202.

**MANNVCIVS.** Il est le seizième des évêques de la Proconsulaire, mentionnés dans la *Notice* et qui, en 482, répondant à l'édit du roi Hunéric, se rendirent à Carthage, de là furent envoyés en exil. Mannucius est dit évêque des deux Senemsala, parce que l'union avait eu lieu comme nous avons dit. Un des canons attribué à l'évêque Félix portait qu'on ne pourrait établir d'évêque nouveau dans les localités qui n'en avaient jamais eu. Ceci donne bien à penser qu'il s'était passé quelque chose de semblable dans le diocèse de Senemsala à la fin du IV<sup>e</sup> siècle.

**PATRONIEN.** Il fut du nombre de ceux qui assistèrent au concile de Carthage, en 525, sous le roi Hildéric et le primat Boniface[1].

**IVLIEN.** Il assista, en 646, au concile de Carthage et souscrivit à la lettre que les Pères de ce concile adressèrent à Paul, patriarche de Constantinople, pour le détourner de soutenir les Monothélites[2]. Sa souscription est ainsi conçue : *Julien, par la grâce de Dieu, évêque de la sainte Église des Duæ Senempsalæ, comme ci-dessus.*

## CI. — SERRA.

Nous verrons plus loin une ville épiscopale portant le nom de Vazi-Sarra, distinguée en conséquence par

---

(1) Hard., *Conc.*, t. II, p. 1082.
(2) *Ibid.*, t. III, p. 750.

l'épithète de Sarra laquelle représente bien certainement une localité voisine. Nous ne voudrions pas assurer néanmoins que *Serra* soit la même que Sarra.

**PROCVLVS.** Il assista parmi les évêques catholiques à la conférence de Carthage en 411. Il y est appelé *évêque du peuple de la localité de Serra*[1]. Après la lecture de sa souscription, il dit : *J'ai l'unité*. A quoi le diacre de Primien de Carthage, Valentinien, parlant de la secte donatiste, ajouta : *Nous n'y avons personne*.

Observons qu'il y a auprès d'Henchir-Bez qui représente Vazi un autre groupe de ruines qui porte le nom de *Cherr* et peut représenter Serra.

---

## CII. — SICCENNA.

Siccenna était voisine de Sinnar, ainsi que nous le voyons dans la conférence de Carthage. Les Donatistes y avaient établi un évêque pour faire, autant qu'il le pourrait, opposition à Étienne de Sinnar dont le diocèse était entièrement catholique.

**CYPRIEN.** A la conférence de Carthage en 411 quand on eut lu la souscription de l'évêque catholique de Sinnar et que celui-ci eut ajouté[2] : *J'ai l'unité, c'est mon Église,*

---

(1) *Cogn.*, I, n. 135.
(2) *Cogn.*, 1, n. 133.

Habetdeum, diacre de Primien, repartit : *C'est le diocèse de Cyprien de Siccenna : il en porte le titre et de là il veille sur Sinnar*. On ne voit pas cependant que Cyprien ait assisté à la conférence ni qu'on lui donne le nom d'évêque de Sinnar parce que son autorité limitée à Siccenna le forçait à ne pas montrer tant de prétention.

Siccenna serait-elle la même ville que *Siguesse* dont les ruines se voient au pont romain, à sept milles de Drusiliana et à trente milles de Sicca ?

## CIII. — SICCA.

La colonie de Sicca-Veneria, autrement Cirta-Nova, se trouvait entre Naraggara et Musti, dans la Numidie Proconsulaire. C'est aujourd'hui la ville du Kef qui, au moyen âge portait encore le nom arabe de Chakka-Benaria, altération du nom latin. Salluste et Pline, Ptolémée et Solin après Polybe, tous les auteurs anciens et modernes la nomment avec honneur. Elle devait son surnom de Veneria à un temple fameux de Vénus. Saint Augustin parle de Sicca dans ses écrits[1] et saint Jérôme nous apprend[2] que *Arnobe enseigna d'une manière très brillante la rhétorique à Sicca, en Afrique, sous l'empereur Dioclétien et écrivit contre les Gentils des traités que nous avons encore.*

(1) Ép. CCXXIX.
(2) *De vir. illust.*, cap. LXXIX. *Chron. an.*, 325.

Sicca était donc très ancienne. Rattachée en 146 avant notre ère au royaume de Numidie, comprise un siècle plus tard dans l'Afrique nouvelle, Sicca fut érigée en colonie par César ou par Auguste, ainsi que l'indique son nom de *Colonia Julia Cirta Nova.*

Ce titre se lit dans les dédicaces retrouvées à Sicca même[1] :

> Q CASSIO QF QVIR
> CAPITONI QPR
> ID COLONI COLONI
> AE IVLIAE CIRTAENO
> VAE QVOD ANNO
> NAM FRVMENTI DESVA
> PECVNIA LEVAVIT
> *etc.*

Un monument du règne de Gallien porte[2] :

> COLONI COL IVLVENE
> RIAE CIRTAE NOVAESIC
> CAE DD PP

Sur un autre monument nous lisons encore[3] :

> MIRAE BONITATIS ADQVE IN
> TEGRITATIS VIRO VALERIO ROMANO
> V. C. CVRATORI REIP. COL. SICCENSI
> VM ET VENERIS OB RESTAVRATVM
> DEAE SIMVLACRVM QVOD IAM DVDVM
> ALATRONIBVS FVERAT INTERRVPTA
> TEMPLI MVNITIONE SVBLATVM
> STATVAM VENERII AD PROPAGANDAM
> SAECLIS OMNIBVS MEMORIAM
> PATRONO FIDO AMORE POSVERVNT

---

(1) *Corpus*, n. 1648.
(2) *Ibid.*, n. 1632. — Cf., n. 1634.
(3) *Ephem.*, t. V, n. 623. — *Corpus*, VIII, n. 15881 — Cf. *Corpus*, n. 1636 et seq.

Le nom de Cirta Nova Sicca fait supposer que la ville punique avait été colonisée par les Sittiens de la Cirta Numide ou Constantine, selon ce que dit Pline[1].

Aujourd'hui, comme jadis, Sicca est une place stratégique importante. Son enceinte actuelle est beaucoup moins étendue que celle de la ville antique.

Ce qui doit nous intéresser surtout à Sicca, ce sont ses monuments chrétiens et en premier lieu ses basiliques. L'une d'elles, Dar-el-Kous, est précédée d'un narthex sur lequel ouvrent trois portes. Elle mesure 43 mètres de longueur sur 17 mètres de largeur et se termine en abside. Une belle croix grecque renfermée dans une couronne, orne le tympan de la porte.

Une autre basilique, nommée Kasr-el-Ghoul, a 33 mètres de longueur sur 16 mètres de largeur. Elle se termine aussi en abside et était pavée en mosaïque. Signalons encore le baptistère de Dar-el-Djir et un monastère chrétien au-dessous d'Aïn-Hadjima.

Nous pourrions énumérer aussi divers textes chrétiens, par exemple une allusion au triomphe de la foi chrétienne avec Constantin[2].

```
          ◊
IN HOC SI | GNVM SEM
PER VI ◊——┼——◊ NCES
    A     | ω
          ◊
```

Une épitaphe est curieuse à noter dans cette ville consacrée à Vénus. La voici[3] :

---

(1) *Hist. nat.*, lib. V, cap. IV.
(2) *Corpus*, n. 1767.
(3) *Corpus*, n. 1768.

AEMILIAN *a sac* RAVIRGO
IN PACE V *ixit* TANNIS LX

Sur un fragment de frise on voit deux griffons affrontés devant le vase eucharistique.

Voici les noms des évêques connus de Sicca :

**CASTVS.** Il donna son sentiment le vingt-huitième dans le troisième concile que saint Cyprien réunit à Carthage sur la question du baptême, en 255.

**PATRICE,** non Eparchius. Il est nommé dans la préface du concile de Carthage célébré en 349 sous l'évêque Gratus[1].

**FORTVNATIEN.** Nous apprenons par le recueil des canons de l'Église d'Afrique que cet évêque fut député vers les Empereurs en 407 avec Vincent de Culusi, afin d'obtenir la création d'avocats pour la défense des Églises[2]. Il fit aussi partie, en 411, de la conférence de Carthage et y fut élu[3] comme l'un des sept mandataires qui défendirent la cause des catholiques. C'est pourquoi il écrivit ensuite : *J'ai accepté ce mandat et je l'ai signé.* Et quand on eut lu sa souscription il ajouta[4] : *Je sais que j'ai l'unité dans l'Église de Sicca. Quant à un autre évêque, je n'en sais que le nom.* Cet évêque était Paul, qui siégeait dans les rangs des Donatistes. A l'appel de son nom il répondit[5] : *J'ai donné mandat et j'ai signé.*

(1) Hard., *Conc.*, t. I., p. 685.
(2) *Ibid.*, p. 919, can. 8.
(3) *Cogn.*, I, n. 55 — Aug., *Ep.* CXLVIII.
(4) *Ibid.*. n. 139.
(5) *Cogn.*, I, n. 199.

Saint Augustin au quarante-unième livre de ses *Rétractations*, parle ainsi de Fortunatien[1] : *J'ai aussi trouvé dans un de nos manuscrits, qui renferme le traité de la vue de Dieu, un mémoire fait par moi sur ce sujet, pour l'évêque de Sicca Fortunatien et qui, dans l'index de mes ouvrages, n'est porté ni parmi les traités ni parmi les épitres.*

**VRBAIN.** Cet évêque est surtout connu par la cause du prêtre Apiarius, qui fut déférée au pape Zozime en 418. Aurèle, évêque de Carthage, en écrivit en ces termes au pape Boniface successeur de Zosime[2] : *Et tout d'abord notre collègue dans l'épiscopat, Urbain de Sicca, a réprouvé en lui, sans aucune hésitation, ce qui avait paru devoir être réformé*, c'est-à-dire qu'il avait reçu dans sa communion Apiarius réhabilité par le pape Zosime.

Urbain vivait encore en 429, car saint Augustin parle de lui dans une lettre qu'il écrivit cette année-là à un homme illustre, le comte Darius[3]. *Je sais, dit-il, par mes vénérables frères et coévêques, Urbain et Noval, quel homme vous êtes et de quelle valeur. L'un d'eux vous a connu à Carthage, dans la ville de Lares et ensuite à Sicca; l'autre à Sitifi.*

**PAVL.** Comme la *Notice* ne donne pas le nom de l'évêque de Sicca, on peut supposer que Paul nommé par Victor de Vite[4], avec Quintien de Lares, était évêque de cette

---

(1) *Rétract.*, cap. XLI.
(2) Hard., *Conc.*, t. I, p. 942.
(3) Ép. CCXXIX.
(4) *Pers. Vand.*, lib. II, cap. VI.

ville, car il indique à la fois les deux villes de Sicca et de Lares *où*, rapporte-t-il, *le roi Hunéric avait fait traîner les catholiques afin de les livrer aux Maures qui viendraient les y chercher pour les conduire au désert*, au delà des montagnes de l'Aurès. Ceci paraît avoir eu lieu vers l'an 480, c'est-à-dire avant l'assemblée de Carthage suivie de l'exil d'un si grand nombre d'évêques.

**CANDIDE.** Cet évêque signa, en 646, la lettre du concile de la Proconsulaire adressée à Paul, patriarche de Constantinople, contre les Monothélites[1].

Sicca a eu plus tard des évêques titulaires.

## CIV. — SICILIBBA.

Sicilibba était située sur la voie de Carthage à Membressa à quinze milles de cette dernière ville ; sa position n'est pas douteuse, elle se retrouve au-dessous d'Henchir-el-Haouenin. Les ruines sont assez étendues mais fort effacées.

**SATIVS.** Cet évêque assista au troisième concile que saint Cyprien réunit à Carthage sur la question du baptême, en 255. Il y donna son avis le trente-neuvième. Son nom apparaît comme celui d'un martyr d'Afrique le 13 janvier dans le *Martyrologe* de saint Jérôme.

---

(1) Hard., *Conc.*, t. III, p. 751.

**HONORAT.** Le nom de cet évêque paraît dans un très ancien sermon d'un anonyme donatiste. Mais il faudrait lire comme il suit : *Quoique le glaive du tribun, sans pénétrer dans la gorge honorable (jugulum honoratum) du très saint évêque de Sciliba, l'ait cependant piquée*[1] : de sorte que le mot *honoratum* paraît être le qualificatif de *jugulum*. Du reste, quel que soit le nom de cet évêque donatiste, il faut admettre qu'il vivait avant l'année 337, c'est-à-dire avant la mort de Cécilien de Carthage sous lequel ce même auteur se plaint que les Donatistes eurent beaucoup à souffrir.

**QVADRATIEN.** Il était de la secte des Donatistes. Présent parmi eux à la conférence de Carthage en 411, il répondit à l'appel[2] : *J'ai donné mandat et j'ai souscrit.* Mais il ne semble pas qu'à cette époque il y eut à Sicilibba un évêque catholique.

**PRÉTEXTAT.** Il est nommé le septième parmi les députés de la Proconsulaire présents au septième concile de Carthage sous Aurèle, en 419 [3].

---

(1) *Post. Optat.*, p. 191, éd. Autwerp.
(2) *Cogn.*, I, n. 198.
(3) Hard., *Conc.*, t. I.

## CV. — SIMIDICCA.

On ne trouve rien dans les auteurs profanes au sujet de Simidicca. Les documents ecclésiastiques ne nous font connaître que le nom d'un seul de ses évêques. Les monuments archéologiques sont muets et nous ne voyons qu'un groupe de ruines appelées Henchir-Simidia qui puisse rappeler le nom de notre cité épiscopale. Ces ruines sont situées près de Thuburbo-la-Petite, sur la voie de Carthage à Théveste.

**ADÉODAT.** — Il assista, en 411, à la conférence de Carthage et après la lecture de sa souscription il rendit témoignage de son Église en disant[1] : *Elle est catholique.* Ce que confirma Habetdeum, diacre du donatiste Primien, en ajoutant : *Nous n'y avons personne.* Adéodat assista encore au concile de 419[2].

## CVI. — SIMININA.

D'après l'anonyme de Ravenne, Siminina autrement Simiana, se trouvait entre les Aquæ-Carpitanæ et Missua,

---

(1) *Cogn.*, I, n. 135.
(2) Hard., *Conc.*, t. I.

probablement au lieu où se voient les ruines dites Henchir-el-Haïrech. Les documents ecclésiastiques écrivent Sémina ou Simmina. C'est probablement le même nom que Sémina, citée plus haut, en supposant qu'il y avait deux cités, l'une nommée Sémina, l'autre Seminina, comme il y avait une Puppi et une Puppiana, une Apisa et une Apisana, etc.

**DEVTERIVS.** Il est inscrit le trente-septième parmi les évêques de la Proconsulaire qui se réunirent à Carthage en 482 et furent ensuite exilés par ordre du roi Hunéric avec leurs autres collègues. Deuterius fut du nombre de ceux qu'on déporta dans l'île de Corse.

**IVNIEN.** Il souscrivit au concile de Carthage que Boniface réunit en 525 [1].

## CVII. — SIMINGI.

Simingi se trouvait sans aucun doute dans la grande plaine qui s'étend au delà d'Uthina et qui porte encore le nom de Bahiret-Simindja. Plusieurs groupes de ruines y portent le nom de Henchir-Simindja. Le plus considérable représentait certainement une cité antique, qui couvrait un plateau défendu de tous côtés par le lit escarpé de deux affluents de la Meliana et dont l'un est appelé Oued-

(1) Hard., *Conc.*, t. II, p. 1082.

Simindja. On y remarque les restes d'une basilique ornée de colonnes.

**RESTITVT.** — On le trouve parmi les évêques catholiques qui assistèrent, en 411, à la conférence de Carthage, après la lecture de sa souscription, il dit[1] de son Église : *Elle est tout entière catholique.* Et Habetdeum, diacre du donatiste Primien, en convint, en disant : *Nous n'y avons personne.*

**CRESCONIVS.** En 525, il souscrivit à Carthage au concile réuni par Boniface[2].

## CVIII. — SIMITTHV.

La colonie de Simitthu était une ville de la Numidie Proconsulaire, voisine de Bulla-Regia. Ses ruines portent toujours le nom de Chemtou. Pline mentionne Simitthu comme une ville de citoyens romains[3]. La *Table* de Peutinger, après l'*Itinéraire* d'Antonin et Ptolémée, nous fait connaitre sa véritable situation. Son nom se retrouve sur toutes les bornes milliaires antiques des environs. Nous en citerons une seule[4] :

---

(1) *Cogn.*, I, n. 133.
(2) Hard., *Conc.*, t. II, p. 1082.
(3) *Hist. nov.*, lib. V.
(4) *Ephem.*, t. V, n. 1115.

IMPP CAESS
FFLL. VALENTI
NIANO ET VALEN
TE AVGG DEVOTA
SIMITTHVS
I

Une épitaphe nous apprend que les colons de Simitthu étaient des vétérans[1] :

L. SILICIVS. OPTA
TVS. VIX. AN. L
INTERCEPTVS
IN ITINERE
HVIC. VETERANI
MORANTES
SIMITTV. DE
SVO FECERVNT

Du reste, son titre de colonie paraît aussi sur les bornes milliaires, ainsi[2] :

D. N. FLAV.
DELMATIO
NOB. CAES
COL. SIMITHVS
DEVOTA
I

Une autre borne milliaire semble donner le nom de *colonia Julia Numidica Simitthus*[3], et un autre comprendrait la mention de *coloniæ Juliæ Augustæ Numidicæ Simitthensium*[4]. La ville était assurément très ancienne. Ce qui lui donnait de l'importance, c'étaient ses

---

(1) *Ibid.*, n. 493. — *Corpus*, VIII, n. 14608.
(2) *Ephem.*, t, V, n. 1114.
(3) *Ibid.*, n. 1117.
(4) *Corpus*, n. 1261.

carrières de marbre numidique qu'on exploite toujours et qui fournissent jusqu'à treize espèces différentes. Les chrétiens ont travaillé jadis dans ces carrières, comme le montre un texte gravé sur les parois et qui offre avec le monogramme du Christ ces paroles[1] :

```
OFF INVE
NTA. ADIO
   TIMO
AVG ☧ NL
 INRI ///
```

M. de Rossi a lu : *Officina inventa a Diotimo, Augusti nostri liberto*. Ce Diotime est dit ailleurs *Adjutor tabularius*.

Simitthu était reliée par une grande voie à Carthage et à Hippone-Royale et par une autre à Thabraca, son port naturel, pour l'expédition de ses marbres.

Les ruines de cette ville sont considérables. Elles couvrent, au confluent du Bagrada et de l'oued Ghaghaï, une plaine dominée par le Tlit-Absa. On y remarque les restes d'une basilique dont l'abside conserve sa voûte en quart de cercle, ceux d'un théâtre, d'un amphithéâtre et d'un pont monumental.

**BENENATVS I.** Il assista dans les rangs des évêques catholiques à la conférence de Carthage en 411. Après avoir répondu à l'appel qu'il était présent, il ajouta touchant son Église[2] : *Il n'y a chez moi ni des hérétiques, ni un autre évêque*. A quoi le donatiste Pétilien

---

(1) *Ephem.*, t. V, n. 488. — *Corpus*, VIII, n. 14600. — Cf. *Corpus*, n. 7053.
(2) *Cogn.*, I, n. 126.

repartit : *Il est mort.* Ce Benenatus peut être le même qui, l'année précédente, au concile de Carthage, avait été député avec trois autres auprès des Donatistes [1].

**BENENATVS II.** Il signa, en 646, la lettre adressée par les Pères du concile de la Proconsulaire à Paul, patriarche de Constantinople, contre les Monothélites [2].

---

## CIX. — SINNA.

Sinna a pu se trouver aux frontières de la Proconsulaire, non loin de Nova-Sinna, qui appartenait à la Numidie. Elle avait le titre de municipe au VI<sup>e</sup> siècle. Mais, du reste, on pourrait supposer que Sinna est la même ville que Nova-Sinna ou même que Sinnar.

**VICTOR.** Cet évêque souscrivit au deuxième concile de Constantinople, célébré en 553, sous le pape Virgile. Il y signa ainsi : *Victor, par la miséricorde de Dieu, évêque de l'Église catholique du municipe de Sinna, dans la Proconsulaire, de même* [3].

---

(1) Hard., *Conc.*, t. I, p. 926.
(2) Hard., *Conc.*, t. III, p. 749.
(3) Hard., *Conc.*, t. III p. 205.

## CX. — SINNAR.

Sinnar ou Sinuar, ville voisine de Siccenna, dont nous avons précédemment parlé, n'est pas mentionnée, que nous sachions, dans les auteurs profanes. Les monuments ecclésiastiques nous fournissent les noms de deux de ses évêques.

**ÉTIENNE.** Il assista, en 411, à la conférence de Carthage et après la lecture de sa souscription il ajouta[1] : *L'unité règne chez moi, il n'y a qu'une Église.* Il y avait cependant dans le voisinage un évêque donatiste, car Habetdeum, diacre du donatiste Primien, dit : *C'est le diocèse de Cyprien de Siccenna; il en est appelé évêque, parce que de là il veille sur Sinnar*, c'est-à-dire il administre les Donatistes qui habitent Sinnar, Donatistes qu'Étienne affirmait cependant n'y pas exister.

**PAVL.** Il est le troisième parmi les évêques de la Proconsulaire qui en, 482, se réunirent à Carthage par ordre du roi Hunéric et furent ensuite chassés en exil avec leurs collègues que ce prince avait convoqués de tous les points de l'Afrique. Victor de Vite[2] l'appelle *Victor, non seulement par le nom, mais encore par le mérite.* Au nom de Paul est jointe l'annotation : *Exilium*, exil.

---

(1) *Cogn.*, 1, n. 133.
(2) *Hist. Pers. Vand.*, lib. I, cap. IX.

## CXI. — SVAS.

Cette ville est représentée par les ruines de Chouach situées non loin de Membressa.

**MAXIME.** Cet évêque signa le quarante-sixième la lettre du concile de la Proconsulaire adressée en 646 à Paul, patriarche de Constantinople, contre les Monothélites[1].

---

## CXII. — SVCCVBA.

Ptolémée mentionne une ville nommée Ucibi et une autre appelée Tucubi dans la région de Thubursicum-Bure. C'est dans cette même région, au pont romain, que plusieurs inscriptions parlent des *Seniores Ucubitani* et de citoyens *Ucubi morantes*[2]. Faudrait-il donc lire Ucubi au lieu de Succuba et placer cette localité aux environs du pont romain ? Nous n'osons pas l'affirmer.

**LVCIEN.** Il fut un des Pères du concile de la Proconsulaire qui, en 646, adressèrent à Paul, patriarche de Constantinople, une lettre très forte contre les nouveautés des Monothélites. Il la signa le cinquante-unième[3].

---

(1) Hard., *Conc.*, t. III, p. 750.
(2) *Ephem.*, t. VII, n. 291. — *Corpus*, VIII, n. 15669. — Cf. n. 292.
(3) Hard., *Conc.*, t. III, p. 751.

## CXIII. — SVLVLI.

Sululi répond aux ruines appelées aujourd'hui Henchir-Bir-el-Euch et situées à quatre ou cinq heures de marche au nord de Bou-Djelida qui n'est pas éloignée de Tichilla, la moderne Testour. Une dédicace qu'on y a retrouvée donne à Sululi le titre de municipe; la voici[1] :

```
MV nicipiu M SEPT
AVRELIVM SEVERI
Anum aug. APOLL
SVLVLITANVM
```

Les ruines sont assez importantes et couvrent un plateau entouré par deux ravins. On y remarque les restes de l'enceinte, ceux d'un temple transformé en fortin et d'un pont jeté sur l'oued El-Hassi.

**RESTITVTIEN.** Il fut du nombre des évêques catholiques présents, en 411, à la conférence de Carthage. Après la lecture de sa souscription, il donna de son Église ce témoignage[2] : *Elle est tout entière catholique; nous n'y avons que des catholiques*, ce que confirma le diacre donatiste Valentinien.

(1) Tissot, *Géog.*, t. II, p. 598. — *Corpus*, VIII, n. 12341.
(2) *Cogn.*, I, n. 135.

## CIX. — TABAICARIA.

Tabaicaria, autrement Tabazaga, serait-elle la même cité que Tubzoca ou Tubizaca dont nous parlerons plus loin? C'est un nom bien incertain.

**VICTOR.** Il assista, en 411, à la conférence de Carthage parmi les catholiques et à la lecture de sa souscription il dit[1] : *J'ai pour adversaire Marcien*, lequel s'avança et dit : *Je le connais*. Puis, appelé à son tour, il répondit[2] : *J'ai donné mandat et j'ai souscrit*.

---

## CXV. — TABBORA.

Tabbora, autrement Talbora, est représentée aujourd'hui par deux groupes de ruines appelées Tembra, assez voisins l'un de l'autre et rapprochés de Bisica. Ces ruines sont situées dans la vallée de la Siliana.

**MARIN.** Il assista, en 411, parmi les évêques catholiques à la conférence de Carthage où il répondit à l'appel qu'il était présent[3]. Il y eut pour adversaire Victor qui s'avança

---

(1) *Cogn.*, I, n. 135.
(2) *Ibid.*, n. 197.
(3) *Cogn.*, I, n. 115.

et dit : *Je le connais*. Ce même Victor se présenta aussi comme compétiteur de l'évêque catholique de Bisica, car lorsque ce dernier eut dit [1] : *Je n'ai pas d'évêque contre moi,* Victor repartit : *Il est mort récemment, maintenant c'est moi qui en ai la charge.* Les Donatistes l'avaient choisi pour leur mandataire dans la conférence. Il céda cependant sa place à Primien. Voilà pourquoi à l'appel de son nom il répondit : *J'avais accepté, il est vrai, le mandat : mais comme notre bienheureux père et chef Primien l'a accepté lui-même, il est nécessaire que je donne mandat par ces actes* [2]. A quoi le tribun Marcellin dit : *Les procès-verbaux constateront votre intention.*

**CONSTANTIN.** Il signa le septième la lettre du concile de la province Proconsulaire adressée, en 646, à Paul, patriarche de Constantinople, contre les Monothélites [3].

## CXVI. — TACIA.

Le municipe de Tacia, autrement Thacia, a laissé son nom à l'oued Tasaa. Il était situé sur la grande voie de Carthage à Théveste, entre Musti et Drusiliana, à sept milles de l'une et de l'autre, ce qui permet de le placer

---

[1] *Cogn.*, I, n. 126.
[2] *Cogn.*, I, n. 201.
[3] Hard., *Conc.*, t. III, p. 749

aux environs de Bordj-Messaoudi. C'est, du reste, dans les ruines qui couronnent les hauteurs voisines qu'a été trouvé le texte suivant [1] :

```
     INVICTISSI
     MO d NMA
     RCOFLAVIO
     CON sta NTI
     NO fel. aug.
     RE //// MVN
   TAC. de VOTVM
     NVMMAIES
   TATIQVE EIVS
```

Les ruines sont peu étendues ; ce sont celles de la ville, car la station se trouvait dans la plaine et sur la voie même.

**CRESCONIVS.** Il était du nombre des Donatistes partisans de Maximien, qui tinrent, en 393, le concile de Cabarsussi contre Primien et il signa la lettre adressée par eux à tous les évêques d'Afrique [2].

**VICTOR.** Il signa la lettre du concile de la Proconsulaire adressée en 646, à Paul, patriarche de Constantinople, contre les Monothélites [3]. Il souscrivit en ces termes : *Victor, évêque de la sainte Église du municipe de Togia.*

---

[1] Tissot, *Géog.*, t. II, p. 814.
[2] *Aug. in ps.*, XXXVI, serm. II, n. 20.
[3] Hard., *Conc.*, t. III, n. 749.

## CXVII. — TACIA-LES-MONTS.

Tacia-Montana était évidemment distincte de la précédente et il faut admettre qu'il y avait deux localités nommées Tacia. Peut-être se trouvaient-elles voisines l'une de l'autre, d'après ce que nous avons dit à l'article précédent. Quoi qu'il en soit, on a retrouvé dans l'Enfida, à dix kilomètres de Botriana, aux ruines dites Henchir-Zaktoun, un autre municipe appelé *Thaca*, dont l'ethnique est *Thacensis*[1]. Nous le mentionnons ici, parce que Tacia est écrit parfois Thacia.

**RVFIN.** Il souscrivit l'un des derniers au concile de Carthage tenu par Boniface en 525 et il signa en ces termes : *Rufin, évêque du peuple de Tacia-Montana*[2].

**PROBVS.** Il figura le second parmi les Pères du concile de la Proconsulaire qui écrivirent, en 646, à Paul, patriarche de Constantinople, contre les Monothélites. Sa souscription est ainsi formulée : *Probus, par la grâce de Dieu, évêque de la sainte Église de Tacia-Montana*[3].

---

(1) *Ephem.*, t. V, n. 337, 338, 339. — *Corpus*, VIII, n. 11193-5.
(2) Hard., *Conc.*, t. II, p. 1082.
(3) Hard., *Conc.*, t. III, p. 750.

## CXVIII. — TAGARATA.

On ne connait de cette ville, jusqu'ici, que le nom de deux de ses évêques. Les voici :

**LVCIVS.** Il se trouve parmi les évêques catholiques qui, en 411, se rendirent à la conférence de Carthage, où, à l'appel de son nom, il répondit[1] qu'il était présent. Il avait pour compétiteur le donatiste Quintus qui était aussi présent et qui dit : *Je le connais.* Puis il répondit lui-même à son appel[2] : *J'ai donné mandat et j'ai souscrit.*

**HONORAT.** Il figure le quarante-troisième sur la liste des évêques de la province Proconsulaire qui, appelés à Carthage en 482 par le roi Hunéric, furent exilés avec tous leurs autres collègues. Lui aussi fut éprouvé par la persécution et mourut en exil.

---

## CXIX. — TEGLATA.

Teglata, et mieux Tegulata, comme a signé un de ses évêques, est mise par la *Table* de Peutinger, sur la voie

[1] *Cogn.*, I, n. 128.
[2] *Ibid.*, n. 208.

de Carthage à Hippone, entre Élephantaria et Vicus Augusti, à treize milles d'Élephantaria et à sept milles du Vicus, c'est-à-dire bien évidemment aux ruines d'Aïn-Kahloulia qui représentait la station et à celles de Djéraouid ou Mzoura où se trouvait la bourgade. Un *castrum* défendait le défilé d'El-Mtarif. Le plateau est tout couvert de débris et l'Henchir-Mzoura couvre un espace de sept ou huit hectares.

**DONAT.** Il était donatiste et assista, en 411, avec ses collègues à la conférence de Carthage, où, à l'appel de son nom, il dit[1] : *J'ai donné mandat et souscrit.*

**DONATIEN.** La *Notice* le cite le soixante-neuvième parmi les évêques de la Numidie (Proconsulaire) qui se rendirent en 482 à la réunion de Carthage et furent, par l'ordre du roi Hunéric, condamnés à l'exil.

## CXX. — TELA.

Il faut, à notre avis, distinguer cette ville de Thala qui appartient à la Byzacène et dont il sera parlé en son lieu. D'autre part, il est bien difficile d'admettre que *Tela* ou *Thela* est une lecture fautive et qu'il devait y avoir dans les originaux *Cella* ou *Cela*. Ce qu'il y a de probable, c'est que Tela est une ville de la Proconsulaire et qu'elle se

(1) *Cogn.*, I, n. 198.

trouvait, ou dans la presqu'île du cap Bon, ou, du moins, dans le *Tractus* ou région de Carthage.

**DEVMHABET.** Il figure le quatorzième sur la liste des évêques de la Proconsulaire qui, après la réunion de Carthage, en 482, furent condamnés à l'exil par le roi Hunéric avec leurs autres collègues. Une note ajoutée à son nom fait connaître que Deumhabet fut déporté en Corse, ce qui marquerait que Thela était assez rapprochée de Carthage.

**BONIFACE.** Il signa la lettre du concile de la Proconsulaire adressée en 646 à Paul, patriarche de Constantinople, contre les Monothélites. Sa souscription dit : *Boniface, évêque de la sainte Église de Tela* et elle accompagne la signature des évêques de Clypea, de Timida et de Vina [1].

## CXXI. — TEPELTA.

Les ruines du municipe de Tepelta se rencontrent à Bel-Aït, altération du nom primitif. C'est ce qu'atteste une dédicace qu'on y a recueillie[2] :

[1] Hard., t. III, p. 749.
[2] *Ephem.*, t. V, n. 311. — *Corpus*, VIII, n. 12251.

```
       C. GALERIOVA
       LERIO MAXI
       MIANO NO
       BILISSIMO
       CAES MVNI
       CIPIVM TE
    pelle NSIVM
```

Précédemment elle n'avait que le titre de *civitas*, comme le montre cette autre dédicace[1] :

```
       SALVTI
       AVGVSTO
       RVM
       CIVITAS
       TEPELTEN
       SIS DD
       PP
```

La ville, punique ou lybienne d'origine, était administrée d'abord par des suffètes[2]. Elle était située au nord d'Arada, au sud de la Sebkha-el-Koursia, qu'elle domine. Voici le nom d'un évêque que nous croyons devoir lui attribuer :

**INNOCENT.** Il fut du nombre des Maximianistes qui, en 393, condamnèrent Primien au concile de Cabarsussi et il signa la lettre adressée par les Pères de ce concile à tous les évêques d'Afrique[3]. Innocent est dit évêque de Tebalta et il a souscrit entre les évêques d'Elephantaria et de Membressa, voilà pourquoi nous ne l'attribuons pas à Tabalta de la Byzacène, mais ce n'est pas sans quelque doute.

---

(1) *Corpus*, VIII, n. 309 — Cf. 310.
(2) *Ibid.*, n. 308.
(3) Aug., *in ps.* XXXVI, serm. II, n. 20.

## CXXII. — THEVDALA.

Selon Pline [1], Theudala était une ville voisine d'Hippone-Diarrhyte, exempte d'impôts et éloignée de la côte ; Ptolémée la met à l'est et dans le voisinage du lac d'Hippone [2]. Dès lors, elle paraît répondre au bourg actuel, ou mieux aux ruines d'El-Menzel. Dans une inscription de Rome on lit [3] : *Populus liber Teudalensium*.

**VRBAIN.** Il assista, en 411, à la conférence de Carthage et, à l'appel de son nom, après avoir répondu qu'il était présent, il ajouta en parlant de son Église [4] : *Elle a l'unité catholique;* ce que les Donatistes n'osèrent nier.

**HABETDEVM.** Victor de Vite le cite [5] parmi les évêques que Genséric fit exiler vers l'an 457. On le trouve mentionné avec ses compagnons, le 28 novembre, dans le *Martyrologe* d'Adon. Il se réfugia probablement en Italie et, à l'exemple de tant d'autres de ces exilés, il y remplit les fonctions épiscopales ; ou bien encore ses reliques y furent portées et vénérées. Toujours est-il que les fidèles de Luna le regardent comme leur premier évêque et l'honorent le 13 des calendes de mars. Ils affirment qu'il mourut martyr tué par les Ariens, ce qui

---

(1) *Hist. n.*, lib. V, cap. IV.
(2) *Geog.*, L.
(3) *Corpus*, t. I, n. 200.
(4) *Cogn.*, I, n. 126.
(5) *Hist. Pers. Vand.*, lib. I, cap. VI.

semble ne pouvoir être arrivé qu'en Afrique de la part des Vandales Ariens. Ferrari et d'autres regardent Habetdeum comme Africain de nation. Or, parmi les évêques exilés par Hunéric, il ne s'en trouve aucun de ce nom que l'on puisse croire être venu en Italie. Il n'y eut, en effet, parmi ces exilés qu'un seul Habetdeum qui était de Tamalluma et qui fut exilé avec Eugène de Carthage à Tamalla. Pour nous, nous croyons qu'Eugène, exilé à Tamalla, est honoré à Albi dans les Gaules, et qu'Habetdeum de Luna peut être aussi bien l'évêque de Theudala que celui de Tamalluma.

**VICTOR.** La *Notice* le cite le cinquante-troisième, c'est-à-dire l'avant-dernier, sur la liste des évêques de la province Proconsulaire que le roi Hunéric fit exiler en 482.

## CXXIII. — THIBARI.

La cité de Thibari a été retrouvée aux ruines d'Amamet, sur les bords de l'oued Thibar. Les ruines sont situées au pied nord du Djebel-Gorra, dans une plaine traversée par l'affluent du Bagrada qui a conservé le nom de la cité antique. Elles sont à trois kilomètres au nord de Djebba où se voient de riches mines argentifères, exploitées jadis, et qui peuvent être celles dont parle saint Cyprien dans sa lettre aux fidèles de Thibari[1]. On remarque à Henchir-Amamet les restes de plusieurs édifices, entre autres ceux

(1) Ép. LVI.

d'une basilique dont les murs s'élèvent encore au-dessus du sol. Le nom de la ville antique se lit dans la dédicace suivante[1] :

```
GENIO THIBARIS
    AVGVSTO
    SACRVM
    RP THIB
     D d
```

Il nous reste à donner le nom des évêques de Thibari.

**VINCENT.** Il assista au concile de Carthage de l'an 255, le troisième de ceux que tint saint Cyprien sur la question du baptême. Il y donna son avis le trente-septième.

**VICTOR.** Il se rendit, en 411, à la conférence de Carthage, où, après la lecture de sa souscription parmi les catholiques, il dit[2] : *J'ai pour adversaire l'évêque Victorien,* lequel s'avança, et dit : *Je le connais.* Puis à son appel parmi les Donatistes, celui-ci répondit[3] : *J'ai donné mandat et j'ai souscrit.*

---

## CXXIV. — THIBICA.

La cité et plus tard le municipe de Thibica, que Pline appelle Tibiga et dit être une ville de citoyens romains, a

---

(1) Tissot, *Géog.*, t. II, p. 367.
(2) *Cogn.*, I, n. 133.
(3) *Ibid.*, n. 187.

été retrouvée dans les ruines de Bir-Magra, non loin et à l'ouest de Thuburbo-la-Grande. Sous le règne d'Antonin, la cité de Thibica était encore administrée par des suffètes[1]. Avant l'époque de Gallien, elle avait déjà le titre de municipe[2]. Ses ruines sont fort étendues.

**PAVL.** Il signa la lettre du concile de la Proconsulaire adressée, en 646, à Paul, patriarche de Constantinople, contre les Monothélites. Sa souscription porte : *Paul, évêque de la sainte Église de Tabuca*[3].

## CXXV. — THIBIVCA.

Thibiuca, représentée par les ruines dites Henchir-Gâssa, près de Henchir-Zouitina, eut le titre de colonie à l'époque des Antonins, nous le lisons, en effet, dans une dédicace qui se termine comme il suit[4] :

**COL** *oniae* **PATRONO**
**THIBIVCENSES. AERE. CONLATO**

Son nom, du reste, apparaît dans cet autre texte[5] :

---

(1) *Corpus*, n. 765 et 767.
(2) *Ibid.*, n. 766.
(3) Hard., *Conc.*, t. III, p. 749.
(4) Tissot, *Géog.*, t. II, p. 288.
(5) *Ibid.*, p. 287.

PRINCIPI
IVVENTVTIS
D. N.
FL. VALEN
TINIANO
INVICTO. AVG.
DEVOTA. THIBIVCA

Thibiuca se trouvait à huit kilomètres de Thuburbo-la-Petite, sur la rive droite du Bagradas.

**PASCASE**. Il assista, en 411, parmi les catholiques à la conférence de Carthage, où il répondit à l'appel qu'il était présent[1]. Puis il ajouta au sujet de son Église : *Elle a l'unité*.

---

## CXXVI. — THIGNICA.

Le municipe de Thignica, dont les ruines importantes se montrent à Aïn-Tounga, altération du nom antique, était divisée en deux parties distinctes, lesquelles sont signalées dans la dédicace suivante[2] :

C. MEMMIO FELICI
FLAMINI. AVG. PERP
VTRIVSQVE. PARTIS
CIVITATIS. THIGNICEN
SIS. C. MEMMIVS

---

(1) *Cogn.*, I, n. 126.
(2) *Corpus*, n. 1419.

```
           FORTVNATVS. FLAM
           AVG. PERP. VTRIVS
            QVE. PARTIS CIVI
           TATIS. THIGNICENSIS
            PROPTER. EXIMIAM
           PIETATEM. ET. AFFECTIO
         NEM. FRATERNAM. QVAM. CIR
        CA. SE. ET. LIBER. EXHIBET. POSVIT
```

Ce fait nous montre comment une même ville, comme Musti et Capsa, a pu avoir en même temps deux évêques. D'après les documents géographiques, Thignica devait se trouver à six milles d'Agbia. Elle est voisine, en effet, de cette ville. Ses ruines sont fort étendues et couvrent le sommet et les pentes d'une série de collines.

Une inscription, encastrée dans les murs de la citadelle byzantine, prouve que Thignica possédait au commencement du troisième siècle le titre de municipe. On l'appelait alors *Municipium Septimium Aurelium Antoninianum Herculeum Frugiferum Thignica*[1]. La citadelle, reconstruite sans doute sous le règne de Justinien, forme un rectangle de près de quatre cents pas. Une inscription qui s'y trouve mentionne le Proconsul de l'an 326-332, Domitius Zenophilus, célèbre dans les annales de l'Afrique chrétienne et le marché aux légumes de Thignica[2].

On remarque dans les ruines les restes d'un temple de Mercure, d'un arc de triomphe, d'une basilique chrétienne partagée en trois nefs et soutenue par des colonnes. Sur la clef de voûte d'une maison particulière on voit un monogramme du Christ avec ces deux mots[3] :

---

(1) *Corpus*, n. 1406.
(2) *Ibid.*, n. 1408.
(3) *Ephem.*, t. V. n. 551.

```
DO
MVS
REVO
CATI
```

Malgré la splendeur de la ville, son antiquité et son importance, nous ne connaissons qu'un seul évêque de Thignica.

**AVFIDIVS.** Il assista, en 411, à la conférence de Carthage où, après la lecture de sa souscription, il dit, au sujet de son compétiteur[1] : *J'ai contre moi Julien.* Celui-ci dit alors : *Je le connais.* Puis, à son appel parmi les siens, il ajouta[2] : *J'ai donné mandat et j'ai souscrit.*

---

## CXXVII. — THIMIDA-BVRE.

Ce sont les ruines, nommées aujourd'hui Henchir-Kouchbatia, qui représentent l'antique municipe de Thimidabure, d'après la dédicace suivante qu'on y a recueillie[3].

```
FORTISSIMO
AC. NOBIL. CAE
FLAVIOVALE
RIO. CONSTAN
TIO RESP. MV
```

(1) *Cogn.*, I, n. 133.
(2) *Ibid.*, n, 208.
(3) Tissot, *Géog.*, t. II, p. 368.

NICIPII THIM
BVRE NVMINI
EORVM DEVO
TA IN AETERNVM

Cette base n'était pas seule, et c'est ce qui explique le pluriel auquel elle fait allusion. Du reste, les ruines de Thimidabure se trouvent situées à douze kilomètres à l'est de Thibari, sur la voie de Thubursicum à Buruni. Elles sont étendues et couvrent tout un plateau.

**VALÈRE.** Il figure le douzième parmi les Pères du concile de la Proconsulaire qui adressèrent, en 646, une lettre à Paul, de Constantinople, contre les Monothélites[1].

## CXXVII. — THIMIDA-LA-ROYALE.

Thimida-Regia était un municipe représenté par les ruines de Sidi-Ali-es-Sedfini, situées dans la vallée de la Méliana, à trois milles au sud-ouest d'El-Mohammedia. C'est ce qui est montré à la fin d'une longue dédicace, dans laquelle on lit[2] la mention de

SPLENDIDISSIMAE. REI. PVBLICAE
THIMIDENSIVM. REGIORVM. ORD
DECVRIONVM. EX. SPORTVLIS. SVIS
OB. MERITA. D. D

(1) Hard., *Conc.*, t. III, p. 749.
(2) *Corpus*, n. 883.

Cette dédicace des *Hymetii* à Julius Reginus est au musée de Florence. Le calendrier de Carthage annonce les saints de Timida le 2 des calendes de juin, mais on ne voit pas à quelle Thimida ils ont appartenu.

**FAVSTE.** Il donna son avis le cinquante-huitième au concile de Carthage, le troisième de ceux que réunit saint Cyprien sur la question du baptême en 255. Certains manuscrits lui donnent le titre de confesseur.

**BENENATVS.** Il figure le quarantième sur la liste des évêques de la province Proconsulaire qui se rendirent à Carthage, en 482, et furent ensuite, par l'ordre du roi Hunéric, condamnés à l'exil avec tous leurs autres collègues. Benenatus fut de ceux qu'on relégua dans l'île de Corse.

**RESTITVT.** Il assista au concile que tint Boniface à Carthage, en 525, et sa souscription y est formulée en ces termes : *Restitut, évêque du peuple de Timeda Regia*[1].

**FÉLIX.** Il signa la lettre du concile de la Proconsulaire, adressée, en 646, à Paul, patriarche de Constantinople, contre les Monothélites. Sa souscription est ainsi conçue[2] : *Félix, évêque de la sainte Église de Timida.*

---

(1) Hard., *Conc.*, t. III, p. 749.
(2) Hard., *Conc.*, t. II, p. 1082.

## CXXIX. — THISICA.

Thisica que saint Augustin appelle Tyzica, est placée par Ptolémée dans la région d'Uzali, de Hippone-Diarrhyte et d'Utique. C'est tout ce que nous en pouvons dire.

**NOVELLVS.** Saint Augustin parle de lui dans le livre qu'il écrivit contre les Donatistes après la conférence et il indique qu'il fut contemporain de Cécilien de Carthage[1]. *Si la cause de Cécilien,* dit-il, *ne peut porter aucune atteinte à l'unité catholique que nous professons et à laquelle nous sommes heureux d'appartenir, lorsque Cécilien a été évêque de Carthage, comment pourrait-elle recevoir quelque préjudice de la cause de Novellus de Tyzica et de Faustin de Thuburbo, que les Donatistes n'ont pas même pensé à accuser ensuite, comme ils l'ont fait pour Cécilien et Félix?* Puis il désigne ainsi la province à laquelle appartenait Tyzica. *Les noms de ces évêques et même les noms de leurs villes épiscopales ne sont pas connus de toute l'Afrique et peut-être pas seulement de toute la province Proconsulaire.* De quoi les Donatistes accusaient-ils ces deux évêques? Saint Augustin ne le dit pas. C'était peut-être, comme pour Félix d'Abtunga, d'avoir livré les saints Livres.

(1) Cap. XXII, n. 38.

## CXXX. — THISIDVO.

Le municipe de Thisiduo, par contraction Tadduo, est représenté par le bourg arabe de Krich-el-Oued. La *Table* de Peutinger le place à quatre milles de Thurris et à huit milles de Membressa. On lit son nom dans une dédicace que nous reproduirons ici[1] :

> T. FLAVIO. T. FIL
> QVIR. GALLICO
> PROC. AVG. PROV
> AFRIC. TRACT. KAR
> *pra* EF. CLASSIS. F ///
> /// HADRI //////
> DECVRIONES. C. R. ET
> *muni* CIPES THISIDVENSES

Une épitaphe païenne de Carthage le fournit également[2] :

> D. M. S.
> T. AELIVS. AVG. LIB.
> LIBYCVS. ADIVT.
> TABVL. AD. MEN.
> THISIDVENSI. VIX.
> ANN. LXXVIII.
> H. S. E.

Nous ne connaissons qu'un seul évêque de Thisiduo, c'est :

---

(1) *Corpus*, n. 1269.
(2) *Ephem.*, t. VII, n. 703.

**CYPRIEN.** Il signa la lettre du concile de la Proconsulaire adressée en 646, à Paul, patriarche de Constantinople, contre les Monothélites[1].

## CXXXI. — THVBVRBO-LA-GRANDE.

Pline fait mention de la colonie de Thuburbo[2], mais ce n'est qu'à la conférence de Carthage, en 411, que nous voyons paraître la dénomination de Thuburbo-la-Grande et de Thuburbo-la-Petite. Celle qui avait l'honneur de l'ancienneté se recommande encore par la gloire d'un illustre martyr, savoir *Servus, de la cité de Thuburbo-la-Grande, homme noble et généreux*, dont Victor de Vite a raconté le martyre[3] et qui souffrit beaucoup sous Genséric, mais bien plus encore sous Hunéric.

La *Table* de Peutinger place Thuburbo-la-Grande à quinze milles d'Onellana, à vingt-huit milles de Sicilibba et à cinq milles d'Avitta. On a donc pu le retrouver aux ruines dites Henchir-Kasbat. Du reste, l'inscription suivante a confirmé cette identification[4] :

```
        IMP. CAESARI
       M. ANTONIO. GOR
      DIANO. DIVI. M. ANTO
      NI. GORDIANI. NEP. DIVI
```

(1) Hard., *Conc.*, t. III, p. 749.
(2) *Hist. n.*, lib. V, cap. IV.
(3) *Pers. Vann.*, lib. V, cap. II.
(4) *Corpus*, n. 848.

ANTONI. GORDIANI. SO
RORIS FIL. PIO. FEL. AVG. FOR
TISSIMO. FELICISSIMO
PONT. MAX. TRIB. POT.
P. P. PROCOS
COL. IVLIA AVRE
LIA. COMMODA
THVBVRBO
MAIVS DD. PP.

Fondée sans doute par César, Thuburbo dut être agrandie par le fils de Marc-Aurèle. Ses ruines sont considérables ; elles couvrent un plateau que contourne la Méliana. Trois des portes de son enceinte subsistent encore ; on y reconnaît les vestiges d'un *castrum*, de plusieurs temples et autres grands édifices.

**SEDATVS.** Il assista au concile de Carthage de l'an 255, le troisième de ceux que tint saint Cyprien sur la question du baptême et il y donna son sentiment le dix-huitième. Il est dit simplement évêque de Thuburbo sans qualificatif.

**FAVSTE.** Il se trouva parmi les évêques africains qui se rendirent, en 314, au concile d'Arles, et qui en confirmèrent les canons par leurs souscriptions[1]. Saint Augustin l'appelle Faustin[2] variante qui se reproduit fréquemment dans les manuscrits pour bien d'autres noms.

**CYPRIEN.** Il assista, en 411, à la conférence de Carthage où, après la lecture de sa souscription, il dit au

---

(1) Hard., *Conc.*, t. I, p. 267.
(2) *Ad Donat. post Coll.*, cap. XXII, n. 33.

compétiteur donatiste[1] : *J'ai contre moi Rufin,* lequel s'avança et dit : *Je le connais.* Puis à son appel parmi les siens ce dernier répondit[2] : *J'ai donné mandat et j'ai souscrit.*

**BENENATUS.** La *Notice* le cite le cinquante-deuxième sur la liste des évêques de la Proconsulaire que le roi Hunéric avait appelés à Carthage en 482 et qu'il exila avec les autres évêques d'Afrique.

## CXXXII. — THVBVRBO-LA-PETITE.

Plus heureuse que son aînée, Thuburbo-la-Petite existe encore et a conservé son nom de Tebourba.

L'*Itinéraire* d'Antonin la place entre Cincari et Cigisa ; la *Table* la met entre Cincari et Thurris. Il ne peut donc y avoir de doute à son sujet. Tebourba est située sur une colline et n'occupe plus qu'une partie de l'enceinte de Thuburbo l'ancienne. Cette ville située sur la rive gauche du Bagradas a été reconstruite au XV$^e$ siècle par des Maures andalous. L'amphithéâtre romain existait encore vers la fin du XVII$^e$ siècle ; il fut démoli pour servir à la construction d'un pont sur la Medjerda.

C'est à Thuburbo que furent arrêtées les saintes Perpétue, Félicité et leurs compagnons, ces illustres martyrs

---

[1] *Cogn.*, I, n. 135.
[2] *Ibid.*, n. 201.

que la sainte Église honore dans sa liturgie, dans son *Martyrologe*, le 7 du mois de mars. C'est à Thuburbo aussi sans doute et dans ce même amphithéâtre dont nous avons parlé que souffrirent les saintes dites de Thuburbo, c'est-à-dire Maxima, Donatilla et Secunda, que l'on honore le 3 des calendes d'août, et dont les noms se lisent dans une inscription trouvée à Testour[1] :

SANCTAE TRES
MAXIMA
DONATILLA
ET SECVNDA
BONA PVELLA

**VICTOR.** Il s'était rendu à Carthage, en 411, pour assister à la conférence; mais le premier jour il paraît avoir été absent pour cause de maladie.

Il est dit, en effet, qu'Isaac d'Uthina souscrivit pour lui en ces termes[2] *En présence du très illustre tribun et notaire Marcellin, j'ai souscrit pour Victor, évêque de Tuburbo-la-Petite, attestant que présent à Carthage, il a donné mandat pour ce qui est écrit ci-dessus.* Mais son adversaire, le donatiste Maximin, se trouva présent et dit : *Je le connais.* Puis à l'appel parmi ceux de sa secte, il répondit[3] : *J'ai donné mandat et j'ai souscrit.*

**GERMAIN.** Il signa, en 646, la lettre du concile de la Proconsulaire adressée à Paul, patriarche de Constantinople, contre les Monothélites[4].

---

(1) *Corpus*, VIII, n. 1392.
(2) *Cogn.*, I., n. 183.
(3) *Ibid.*, n. 203.
(4) Hard., *Conc.*, t. III, p. 750.

## CXXXIII. — THVBVRNICA.

La colonie de Thuburnica est mentionnée par Pline et par Ptolémée comme voisine de Simitthu. C'est là, en effet, à Sidi-Bel-Kacem, qu'on l'a retrouvée, comme l'atteste l'épitaphe suivante[1] :

> Q. ANNAEVS
> Q. F. POL. BALBVS. FAVEN
> TINVS. ANN. LIII. MEILES
> LEG. V. DONATVS. BIS. H
> VIR. THVBVRN. H. S. E. VIXIT
> HONESTE. ET. TV. AVE. ARBI
> TRATV. Q. ANNAEI CAPVLAE

Une dédicace lui confirme son titre de colonie. Elle est ainsi conçue[2] :

> GENIO. COLONIAE
> AVG. SACR

Les ruines de Thuburnica sont assises sur une colline qui domine le bassin du Bagradas, la moderne Medjerda. Deux rivières, l'oued el Endja et l'oued Melah, baignent la colline au nord et au sud. Un faubourg assez considérable s'étendait, en outre, sur la rive gauche du premier de ces cours d'eau.

On y remarque un pont bien conservé, les restes des Thermes, ceux d'un *castrum* et de plusieurs grands

---

(1) *Ephem.*, t. V, n. 505.
(2) *Ibid.*, n. 500.

édifices, dont l'un paraît par sa forme avoir été une basilique.

**ÉNÉE.** Il fut un des vingt évêques qui, en 411, arrivèrent les derniers à Carthage, après que les autres avaient déjà souscrit au mandat qui avait désigné les mandataires des catholiques. C'est pourquoi s'avançant parmi les vingt derniers il dit [1] : *Je donne mandat et j'approuve.*

**CRESCENT.** Il signa la lettre du concile de la Proconsulaire adressée en 646 à Paul, patriarche de Constantinople, contre les Monothélites [2].

## CXXXIV. — THVBVRSICV-BVRE.

C'est la moderne Teboursouk, voisine d'Agbia. Elle avait le titre de colonie, comme le prouve cette dédicace [3] :

```
        PRINCIPI
       IVVENTVTIS
      AC ReSTITVTO
      rI LIBERTATIS
        DN. FLAVIO
         CLAVDIO
         IVLIANO
       PIO FELICI AVG
       COL. THVB. BVRE
```

(1) *Cogn.*, I., n. 215.
(2) Hard., *Conc.*, t. III., p. 749.
(3) *Ephem.*, t. V, n. 553.

Le qualificatif Bure, qui était le nom d'une ville voisine, épiscopale elle aussi, distinguait Thubursicum de la Proconsulaire de son homonyme de la Numidie.

Érigée en municipe entre 209 et 211, Thubursicum prit sous le règne de Sévère Alexandre le nom de *Municipium Septimium Aurelium Severianum Alexandrianum*, comme le montrent les textes épigraphiques[1]. Son titre de colonie remonte au moins à l'époque de Gallien[2]. Du reste, on lit dans une dédicace[3].

```
        VRBI ROMAE AETERNAE AVG
     RESP MVNICIPI SEVERIANI ANTO
    NINIANI LIBERI THIBVRCISENSIVM
                 BVRE
```

Son vrai nom toutefois paraît être Thubursicum, d'après cet autre texte[4] :

```
         VICTORIAE AVGVSTAE
      IMPERATORVM ET CAESARVM
              NOSTROrum
          THVBVRSICVm DeVOTA
```

Teboursouk est située à dix kilomètres au sud-ouest de Thugga et à quatre kilomètres de la voie romaine de Carthage à Sicca. C'est la Thubursica de Ptolémée.

Bâtie en amphithéâtre entre la colline de Sidi-Rahma qui la domine à l'ouest et un profond ravin à l'est, elle possède au nord une citadelle antique, relevée sous l'empereur Justin II par Thomas, préfet du prétoire d'Afrique,

---

(1) *Corpus*, n. 1246, 1438, 1439.
(2) *Ibid.*, n. 1430, 1432.
(3) *Ibid.*, n. 1427.
(4) Tissot, *Géog.*, t. II, p. 343.

ainsi que le prouve cette inscription placée sur la porte principale[1] :

```
         P
        a|m  SALVIS DOMINIS NOSTRIS XPISTIANISSIMIS
              ET INVICTISSIMIS IMPERATORIBVS
       IVSTINO ET SOFIA AVGVSTIS HANC MVNITIONEM
       TOMAS EXCELLENTISSIMVS PREFECTUS FELICITER
                        AEDIFICAVIT
```

**SERVVSDEI.** Saint Augustin le mentionne dans ses livres contre Cresconius que l'on croit avoir été écrits vers 406. *Lorsque*, dit-il[2], *l'évêque catholique de Thubursicu-Bure, nommé Servus, réclamait un terrain dont les vôtres s'étaient emparés et que les Procurateurs de chaque partie attendaient l'enquête Proconsulaire, les vôtres se jetèrent en armes sur lui à l'improviste dans ladite ville et c'est à peine s'il parvint à sauver sa vie en prenant la fuite.* Puis, il ajouta au sujet de son père : « *Ils furent cause aussi que son père, prêtre vénérable par ses années comme par ses vertus, survécut peu de jours aux mauvais traitements dont il fut accablé.* Cet évêque, à qui saint Augustin donne seulement le nom de Servus, est appelé Servusdei dans la conférence de Carthage, à laquelle il assista plus tard. Il avait eu d'abord pour compétiteur le donatiste Cyprien qui, au témoignage de saint Augustin, *cum turpissima femina in lupanari deprehensus, avait été cité devant Primien de Carthage qui l'avait déposé*[3].

Mais, à l'époque de la conférence, il avait contre lui Donat qui, l'entendant répondre à l'appel de son nom qu'il

---

(1) *Corpus*, n. 1434.
(2) Lib. III, cap. XLIII, n. 47.
(3) *Cont. litt. Petil.*, lib. III, cap. XXXIV.

était présent⁽¹⁾, dit aussitôt : *Je le connais*. Puis à l'appel parmi les siens, il ajouta⁽²⁾ : *J'ai donné mandat et j'ai souscrit.*

**RÉPARAT.** Il souscrivit au concile de Carthage que tint Boniface en 525⁽³⁾.

---

## CXXXV. — THVCCABORA.

Le municipe de Thuccabora est devenu un simple bourg qui a conservé le nom de Toukabeur. Il est situé sur la droite de la voie romaine de Carthage à Hippone-Royale, sur la rive gauche du Bagradas, à deux heures et demie de marche de Membressa, dans la direction du nord-ouest. Assis sur le ressaut assez élevé d'un contrefort du djebel Heïdous, le bourg moderne n'occupe qu'une partie de la ville antique.

Les bases des maisons, les rues avec leurs trottoirs et leurs égouts, des parties du mur d'enceinte sont des restes de la cité romaine. On remarque au nord-ouest des substructions, des fragments de colonnes et de chapiteaux qui semblent indiquer l'emplacement d'un temple ou d'une basilique. Au sud-ouest, on voit un arc de triomphe qui date du règne de l'empereur Antonin le Pieux. Près de

---

(1) *Cogn.*, I, n. 121.
(2) *Ibid.*, n. 206.
(3) Hard., *Conc.*, t. II, p. 1082.

cet arc est une autre porte monumentale. La mosquée actuelle occupe l'emplacement d'un temple de Céleste[1].

**FORTVNAT.** Il prit part avec saint Cyprien au concile de Carthage de l'année 255, le troisième sur la question du baptême, et il y donna son avis le dix-septième. On croit que c'est à cet évêque que fut adressée plus tard la lettre de saint Cyprien intitulée *De exhortatione Martyrii* [2].

**MÉGASIVS.** Il était du nombre des Donatistes qui, en 411, se réunirent à Carthage pour la conférence avec les catholiques. A l'appel de son nom, il dit[3]: *J'ai donné mandat et j'ai souscrit*. Il ne fit aucune mention d'un évêque catholique.

**ÉTIENNE.** Il signa la lettre du concile de la Proconsulaire adressée, en 646, à Paul, patriarche de Constantinople, contre les Monothélites[4].

## CXXXVI. — THVGGA.

Il y eut en Afrique plusieurs villes appelées Thugga. Celle dont nous avons à nous occuper ici et qui appartient

---

(1) *Corpus*, n. 1318 et 1320.
(2) Ep. LIII.
(3) *Cogn.*, I, n. 208.
(4) Hard., *Conc.*, t. III, p. 750.

à la Proconsulaire, n'est distinguée par aucun qualificatif. Elle est représentée aujourd'hui par les magnifiques ruines de Dougga, qui, on le voit, conservent la dénomination antique. Ptolémée fait mention de cette ville qui, au temps de l'empereur Adrien, n'était encore qu'une cité, ainsi que le montre la dédicace suivante [1] :

> IMP. CAESA. DIVI
> NERVAE. NEPOTI
> TRAIANI. DACICI
> PARTHICI. FIL. TRAIA
> NO. HADRIANO. AVG
> PONT. MAX. TRIBVN
> POTESTATIS. COS. II. P. P.
> CIVITAS. THVGGE. D. D. P. P.

Sous Alexandre Sévère, elle fut élevée à la condition de municipe et elle portait le nom de *Municipium Septimium Aurelium Liberum Thugga*, comme on le voit dans une dédicace [2]. Ce fut sous Gallien qu'elle obtint le titre de colonie, comme le montre le texte suivant [3] :

> IMP. CAES. P. LICINIO. GALLIENO. GER
> MANICO. PIO. FELICI. AVG. PP. P. MAX.
> TRIB. POT. X. IMP. X. COS. IIII. DESIG. V. PROCOS
> RESP. COL. LICINIAE. SEPT. AVREL. ALEX.
> THVGG. DEVOTA NVMINI MAIESTATI
> QVE EIVS

Elle avait donc bien grandi en importance, puisque sous le règne de l'empereur Claude, au Ier siècle de notre ère, elle n'était qu'un simple *pagus* [4]. Au temps de Marc-

---

(1) *Corpus*, n. 1479.
(2) *Ibid.*, n. 1484.
(3) *Ibid.*, n. 1487.
(4) *Ibid.*, n. 1478.

Aurèle, elle comprenait un *pagus* et une *civitas*[1] dont chacun avait son conseil municipal, selon cette inscription[2] :

```
         ASICIAE VICTORIAE
      C. THVGGENSES OB MVNI
        FICENTIAM ET SINGVLA
      REM LIBERALITATEM EIVS
     IN REMP. QVAE OB FLAMONIVM
     vIBIAE ASICIANES FIL. SVAE HSC
   MIL. N POLLICITA EST QVORVM RED
     ITVLVDI SCAENICI ET SPORTVLAE
      DECVRIONIBVS DARENTVR DD
         VTRIVSQVE ORDINIS POSVER.
```

Et c'est cette particularité qui, de nouveau, explique l'existence de deux évêques dans certaines villes d'Afrique. Thugga se trouvait à cinq milles au sud-ouest de Thubursicu-Bure. Parmi les ruines de la cité Libyco-phénicienne, on remarque un temple de Jupiter, Junon et Minerve, construit sous le règne de Marc-Aurèle et de Vérus et devenu plus tard une basilique chrétienne. On y voit aussi les restes d'un théâtre et le fameux mausolée Libyco-punique qui portait l'inscription bilingue aujourd'hui en Angleterre.

Trois portes monumentales, dont une appelée Bab-er-Roumi ou porte du chrétien, témoignent de la splendeur de cette cité antique. Un arc de triomphe élevé sur la voie romaine, entre Thubursicum et Agbia, à la hauteur de Thugga, atteste que c'est la colonie de Thugga même qui l'a élevé en l'honneur des empereurs Dioclétien et Maximien, et des Césars Constance Chlore et Galère[3].

---

(1) *Corpus*, n. 1494.
(2) *Ibid.*, n. 1495.
(3) Tissot, *Géog.*, t. II, p. 348.

**HONORAT.** Il assista, en 255, au concile de Carthage, le troisième de ceux que tint saint Cyprien sur la question du baptême, et il y donna son sentiment le soixante-dix-septième.

**PASCASE.** Il était de la secte des Donatistes parmi lesquels il se trouva présent à la conférence de Carthage, en 411, et dit à l'appel de son nom[1] : *J'ai donné mandat et j'ai souscrit,* sans faire aucune mention d'un évêque catholique.

## CXXXVII. — THVNIGABA.

Le bourg de Thunigaba se trouvait à vingt kilomètres au nord de Vaga, au point où se rencontrent les ruines d'Aïn-Gorchi, autrement Aïn-Maabed. C'est ce qui est démontré par l'inscription suivante[2] :

*Ceseri au* GVSTAE
*sa* CRVM
*pa* GVS THVNIGA
BENSIS

Devint-il plus tard, comme tant d'autres centres africains, cité, municipe et colonie? C'est probable, mais nous n'en savons rien, et nous ne connaissons, du reste, qu'un seul évêque de Thunigaba, c'est :

(1) *Cogn.*, I, n. 187.
(2) *Ephem.*, t. V, n. 469.

**NIVENTIVS.** Il assista, en 411, parmi les évêques catholiques, à la conférence de Carthage et, après avoir répondu à l'appel de son nom qu'il était présent, il ajouta au sujet de son Église[1] : *Je n'y ai point d'évêque contre moi.* A quoi Primien de Carthage répliqua : *Il a été condamné pour cause d'adultère, mais il y était encore cette année-ci.* Cependant il ne fit point connaître le nom de ce digne évêque de sa secte.

## CXXXVIII. — THVNVDRVMA.

La colonie de Thunudruma est mentionnée par Ptolémée et par Pline qui l'appelle une ville de citoyens romains. Ils semblent la mettre dans le voisinage de Simitthu et dans la Numidie Proconsulaire.

**OCTAVIEN.** Il souscrivit l'un des derniers au concile de Carthage convoqué par Boniface, en 525[2].

---

(1) *Cogn.*, I, n. 129.
(2) Hard., *Conc.*, t. II, p. 1082.

## CXXXIX. — THVNVSVDA.

La ville de Numidie Proconsulaire que Pline appelle Thunusida est nommée, par Ptolémée, Tunusda ; dans la conférence de Carthage, on trouve l'évêque de Tunusuda, autrement Tunuda. Dans Victor de Vite, on lit les variantes Tinuzuda, Thunazuda, Thunuzada, Tumiruda, Tunazuda et Tinuzada. Elles sont bien de nature à nous faire comprendre les incorrections des manuscrits pour le nom des autres villes africaines, inconnues des copistes et par conséquent mutilées affreusement pour l'ordinaire. Nous n'avons pu indiquer toutes ces variantes pour ne pas fatiguer inutilement le lecteur.

Victor de Vite dit[1] que les catholiques de Thunusuda furent indignement persécutés par les Vandales ariens sous Genséric. Quant à son vrai nom et à son titre de colonie, ils paraissent exactement dans la dédicace suivante[2] de Sidi-Meskin, près Simitthus :

> d. n. Flavio Claudio
> Juliano semper
> auG COL THVN
> VSVDA DEVOTA
> MAIESTATI EIVs, etc.

Il est facile de constater qu'aucune variante des manuscrits connus ne reproduit fidèlement le nom de notre ville.

---

(1) *Pers. Vand.*, lib. I, cap. XIII.
(2) *Ephem.*, t. V, n. 3.

**IANVIER.** Il assista, en 411, à la conférence de Carthage et y figura parmi les catholiques. Lorsqu'il eut répondu qu'il était présent[1], le donatiste Victorien se présenta contre lui et dit : *Je le connais.* Puis il répondit à son appel parmi les siens[2] : *J'ai donné mandat et j'ai souscrit.*

## CXL. — TIGIMMA.

Les anciens géographes ne disent rien de cette ville, mais un monument funéraire trouvé à Henchir-el-Hammam, non loin de Souk-el-Gemma, paraît mentionner Tigimma. Parlant d'un citoyen appelé Sabinus, le texte dit[3] :

```
TiGIMMA TE GENVIT TENET
/// TIHGIBBA SEPVLTVM
```

D'où on pourrait conclure que Souk-el-Gemma représente la cité de Tigimma.

A Henchir-Hammam-Zouakra, situé à l'ouest de Mactaris, au confluent de l'oued El-Hammam et de l'oued Aïn-Fras, sur une terrasse encadrée de montagnes, on remarque les restes d'une citadelle byzantine, des mausolées, des thermes, un pont, plusieurs portes et un arc de triomphe. Ce point se trouvait aux frontières de la Proconsulaire.

---

(1) *Cogn.*, I, n. 120.
(2) *Ibid.*, n. 201.
(3) *Ephem.*, t. V, n. 1176.

**ROGATIEN.** Il se trouva parmi les évêques catholiques qui se réunirent, en 411, pour la conférence de Carthage. A la lecture de sa souscription, il dit [1] : *J'ai pour compétiteur Victorien.* Celui-ci dit alors : *Je le connais.* Puis à l'appel de son nom parmi les siens, il ajouta [2] : *J'ai donné mandat et j'ai souscrit.*

**NAVIGIVS.** Il signa un des derniers la lettre du concile de la Proconsulaire adressée, en 646, à Paul, patriarche de Constantinople, contre les Monothélites [3].

---

## CXLI. — TINISA.

Tinisa, que Ptolémée nomme Thinissa et la *Notice* Tinnisa, est placée par la *Table* de Peutinger entre Utique et Hippone-Diarrhyte, à vingt milles de cette dernière ville et à onze milles de Membrone. L'*Itinéraire* la place à dix milles de Membrone, soit à seize milles d'Utique. D'après ces données, il est évident que c'est l'Henchir-Tindja, autrement Henchir-Sidi-Hassan, qui représente la cité de Tinisa, dont le nom varie extrêmement sous la plume des copistes. L'Henchir-Tindja se trouve entre les deux lacs qui s'écoulent à travers la ville de Bizerte. Le géographe arabe Edrisi nous apprend que Tindja existait encore au

---

[1] *Cogn.*, I, n. 133.
[2] *Cogn.*, I, n. 196.
[3] Hard., *Conc.*, t. III, p. 752.

XIIe siècle et que le lac nommé aujourd'hui Garat-el-Iskeul portait le nom de Tindja. Il cite dans l'ordre suivant les villes de Tunis, de Membrone, de Tinisa et d'Hippone-Diarrhyte, telles que les Arabes avaient transcrit leurs noms. Pline cite la ville de Tunica entre Tiphica et Teuda, mais ce peut être une ville différente de Tinisa. Le *Martyrologe* romain honore le 3 des ides de novembre un martyr de Tinisa, nommé Félix, dont saint Augustin fait l'éloge dans son homélie sur le psaume CXXVII, mais il ne dit rien de l'année où il fut mis à mort. Il nous apprend seulement que sa fin ne fut pas la mort ordinaire des martyrs. *En effet, il confessa la foi; son supplice fut différé; le lendemain on trouva son corps sans vie*[1].

**VENANT.** Il donna son sentiment le quarante-neuvième au concile de Carthage de 255, le troisième de ceux que tint saint Cyprien sur la question du baptême. Certains manuscrits lui donnent le titre glorieux de confesseur.

**DALMACE.** La *Notice* le porte le trente-deuxième parmi les évêques de la province Proconsulaire qui, sur la convocation du roi Hunéric, se rendirent, en 482, à la réunion de Carthage et furent, par ordre du même prince, condamnés à l'exil. Dalmace fut du nombre de ceux que l'on relégua dans l'île de Corse.

(1) N. 6.

## CXLII. — TISILI.

Tisili ou Tisila est probablement la même ville que Tichilla ou Ticila. Celle-ci était située entre Membressa et Thignica. Ce serait la ville actuelle de Testour dont nous avons déjà parlé et qui est assise sur la rive droite du Bagradas. Une inscription qu'on y a découverte lui donne le titre de municipe[1]. Une autre, gravée sur un pavé de la cour de la grande mosquée mentionne les trois saintes, martyres de Thuburbo[2] :

```
        SANTAE TRES
          MAXIMA
         DONATILLA
        ET SECVNDA
        BONA PVELLA
         STEFANVS
```

Étant donnée l'étonnante variation des noms dans les manuscrits, la variante Tichilla, Ticilla, Tisila, n'a rien qui puisse surprendre.

**DONAT.** Il se rendit, en 411, à la conférence de Carthage où, à l'appel de son nom parmi les catholiques, il répondit qu'il était présent. Puis il ajouta[3], en parlant de son Église : « *Je n'ai point contre moi d'autre évêque.* A quoi le donatiste Pétilien repartit : *Il est décédé.*

---

(1) *Corpus*, n, 1353.
(2) *Ibid.*, n. 1392.
(3) *Cogn.*, I, n. 121.

**FLORENTIN.** Il souscrivit parmi les derniers au concile de Carthage que Boniface réunit en 525[1].

## CXLIII. — TITVLI.

Il y avait en Numidie (était-ce dans la Numidie Proconsulaire?) un Castellum Tituli qui fut un siège épiscopal. Quel rapport a-t-il pu avoir avec Tituli, autre siège épiscopal de la Proconsulaire? Nous l'ignorons. Ni les géographes profanes, ni les documents ecclésiastiques ne nous fournissent lumière sur l'emplacement de ces villes. Les monuments archéologiques sont également muets. Nous trouvons bien une ville ruinée à quatre milles de Thuburbo-la-Grande, ville qui existait encore au temps de l'empereur Gratien[2], ville qui porte aujourd'hui le nom de Henchir-Aïn-Tlit ou Tillat. Mais ce nom peut-il être considéré comme un souvenir de Tituli? Contentons-nous donc de faire connaître les évêques qui ont porté ce titre.

**CRESCONIVS.** Il assista, en 411, avec les évêques catholiques, à la conférence de Carthage, où, après qu'à l'appel de son nom il eut répondu[3] qu'il était présent, le donatiste Victor s'avançant contre lui du côté opposé dit :

---

(1) Hard., *Conc.*, t. II, p. 1082.
(2) *Ephem.*, t. V, n. 312.
(3) *Cogn.*, I, n. 126.

*Je le connais.* Puis, répondant à son appel parmi les siens : *J'ai donné mandat,* dit-il [1], *et j'ai souscrit.*

**CRESCITVRVS.** La *Notice* le nomme le cinquante et unième parmi les évêques de la province Proconsulaire qui se rendirent, en 482, à la conférence générale de Carthage et furent, par l'ordre du roi Hunéric, condamnés ensuite à l'exil.

---

## CXLIV. — TONNONA.

Une grande obscurité règne sur le nom même de cette ville, rendue du reste illustre par un de ses évêques, Victor de Tonnona.

**METTVN** assista au concile tenu par Gratus, en 349, à Carthage et il y proposa un canon que nous avons encore. Il défend de prendre des clercs pour intendants et pour comptables [2].

**CRESCONIVS.** Il est le vingt et unième des évêques de la province Proconsulaire qui, après la réunion de Carthage, en 482, furent exilés avec les autres évêques d'Afrique par le roi Hunéric. La note *probatus* ajoutée à son nom montre qu'il mourut en exil, victime de sa foi catholique.

---

(1) *Cogn.*, I, n. 202.
(2) Hard., *Conc.*, t. I, p. 687.

**OPTAT.** Il souscrivit l'un des derniers au concile de Carthage convoqué par Boniface en 525[1].

**VICTOR.** Voici ce qu'en dit Isidore de Séville[2] : *Il a publié une histoire abrégée, commençant à l'origine du monde et allant jusqu'au commencement du règne de Justin le Jeune. Il y relate, sous les consuls de chaque année, les faits de guerre et ceux de l'Église. Cette histoire est célèbre par les éloges qu'elle a mérités et par les citations qu'on en a faites, et elle est très digne de mémoire. Victor fut exilé en Egypte par l'empereur Justinien pour avoir défendu les trois chapitres. De là il fut rappelé à Constantinople; mais comme il résistait encore à l'empereur Justinien et à Eutychius, évêque de la capitale et adversaire des trois chapitres, il fut de nouveau relégué dans un monastère de cette ville pour y rester prisonnier, et on dit qu'il y mourut, toujours sous le coup de cette condamnation.*

Quant à ce que dit Isidore, que cette histoire commence à l'origine du monde, c'est par erreur de mémoire; car le même Victor affirme qu'il commence son histoire là ou l'a laissée Prosper. Il y a consigné la mort de Justinien; il a donc vécu jusqu'après l'année 565.

---

(1) Hard., *Conc.*, t. II, p. 1082.
(2) *De vir. ill.*, cap. XXXVIII.

## CXLV. — TRISIPA.

Il est probable que Trisipa se trouvait dans le voisinage immédiat d'Uthina, puisque l'évêque donatiste de cette dernière ville intervint au sujet du diocèse de Trisipa, en 411.

**VICTOR.** Il assista, en 411, à la conférence de Carthage, où, à l'appel de son nom, il répondit qu'il était présent[1]. Mais alors le donatiste Félicien, probablement l'évêque d'Uthina, se leva et dit : *Je le connais*. Il n'est plus ensuite question de Félicien comme évêque donatiste de Trisipa, ce qui semble prouver qu'il était voisin seulement de ce diocèse.

**FÉLIX.** Il signa la lettre du concile de la Proconsulaire adressée, en 646, à Paul, patriarche de Constantinople, contre les Monothélites. Il souscrivit en ces termes[2] : *Félix, évêque de la sainte Église de Trisipelli.*

---

(1) *Cogn.*, I, n. 128.
(2) Hard., *Conc.*, t. III, p. 751.

## CXLVI. — TVBERNVCA.

L'antique municipe de ce nom était situé à Aïn-Tebernoc, c'est-à-dire à dix ou douze kilomètres d'Henchir-Kelbia. Il s'allongeait dans une vallée assez étroite, arrosée par les eaux d'une source abondante. Les Maures andalous s'étaient installés dans ses ruines à la fin du XV{^e} siècle. Le nom de Tubernuc apparaît dans une dédicace qu'on y a retrouvée[1].

INVICTO *aug.* SPLENDIDISSIMVS ORD
MVNICIPI TVBERNVC DEVOT*us*
NVMINI MAIESTATIQVE EIVS

Nous n'attribuerons à cette ville qu'un seul évêque. Encore nous ne le faisons qu'avec hésitation.

**REPOSITVS.** Il appartient à l'époque de saint Cyprien qui le nomme dans sa lettre cinquante-cinquième, adressée au pape Corneille, et en fait un éloge peu flatteur. Voici, en effet, les paroles de saint Cyprien[2] : *Il ne s'est pas contenté de tomber lui-même, au temps de la persécution; mais, par ses conseils sacrilèges, il a fait tomber la plus grande partie de son peuple.* Les manuscrits varient, du reste, beaucoup dans la manière d'écrire les noms de Repositus et de son évêché.

(1) *Corpus*, n. 947.
(2) *Ep.* LV.

## CXLVII. — TVBYZA.

Tubyza, Tubzaca, Tibuzabata, etc., représentent-elles une seule et même ville? Cette ville est-elle représentée elle-même par les ruines dites Henchir-Boucha? Ce qui est certain c'est que Félix de Tubyza fut arrêté, en 303, par un Magnilianus dont le séjour de famille était à Henchir-Boucha, selon ce texte que nous allons reproduire[1]:

MAGNILIANORVM
Q. VETVLENIVS. VRBANVS. HERENNIANVS
FL. PP. CVR. R. P. APODYTERIVM. NOVVM
IN DEXTERA. CELLIS. EXEVNTIBVS
A SOLO. CONSTRVCTVM. ET SCALAS *n*OVA*s*
CETERA. RESTAVRATA. ADQ. STATVIS
MARMORIBVS. TABVLIS. PICTIS
COLVMNIS. *alVib*VS CELLARVM
CATHEDREBVS. ORNATA. SVMPTV. PROPRIO
CVM. MAGNILIANO. FILIO. SVO
FLORENTISSIMO *ac dilec*TISSI*mo*
ADVLESCENTI. VOTO. OMNIVM. *ci*VIV*m*
PERFECIT. ADQ. DEDICAVIT. ET. VNIVER
SE. PLEVI. EPVLVM. PER. TRIDVM. DEDIT. NEC
NON. ET. LVDOS. SCENICOS. EXIBVIT

Les *Magniliani* étaient donc fixés en cette ville. Ce qui est certain encore, c'est que cette ville, honorée du titre de *Municipium Aurelium Commodianum*[2] avait un nom propre commençant par les lettres TV, celles

---

(1) *Corpus*, n. 829.
(2) *Ibid.*, n. 823. — Cf. 822.

qui suivent étant demeurées incertaines, quoique plusieurs aient lu un R qu'il est facile de prendre pour un B.

Les ruines de Boucha, et ce nom rappelle encore celui de Tubyza, sont considérables, et s'étendent à gauche de la route de Thuburbo-la-Grande, à Unuca. Elles offrent les restes de nombreux édifices, et ceux en particulier d'un hôpital et d'une église, ornée jadis de l'inscription suivante [1]:

HEC PORTA DOMVS EST ECRESIE PATENS PEREGRINIS
ET P*aup.*
ALIMENTIS QVE PARVIS $\frac{P}{a|w}$ NIMIS ANG*ust*...

Une note de Bède, dans son *Martyrologe*, au sujet de Félix de Tubyza, dit que cette ville est à 35 milles de Carthage.

**FÉLIX.** Il appartient à l'année 303 et comme le disent ses *Actes*, il consomma son martyre à Venosa dans la Pouille, le 3 des calendes de septembre. L'Église romaine toutefois l'honore le 24 octobre. Arrêté à Tubyza par le procurateur Magnilien et pendant longtemps emprisonné à Carthage, en Sicile et en Italie, parce qu'il n'avait pas voulu livrer les saintes Écritures, Félix fut envoyé au préfet du Prétoire qui le condamna à mort, et il subit un glorieux martyre dans la Pouille. Plus tard, ses restes furent ramenés à Carthage.

**MARTINIEN.** Il assista, en 411, parmi les Donatistes à la conférence de Carthage, et il répondit à l'appel[2] : *J'ai*

---

(1) *Corpus*, n. 839.
(2) *Loci Tibuzabetensis, Cogn.*, I, n. 187.

*donné mandat et j'ai souscrit*. Il paraît n'avoir pas eu de compétiteur catholique.

## CXLVIII. — TVLANA.

Cette ville n'est connue que par le nom d'un seul évêque, savoir :

**PASCASE**, qui figure le cinquante-quatrième et dernier sur la liste des évêques de la province Proconsulaire qui se rendirent, en 482, à la réunion générale de Carthage et furent envoyés en exil par ordre du roi Hunéric.

## CXLIX. — TUNIS.

C'est la ville qui donne son nom au royaume actuel de Tunis ; elle n'était pas sans importance, même autrefois, car presque tous les auteurs anciens la mentionnent. Polybe, Strabon, Tite-Live, qui l'appelle à la grecque Tuneta. Les Grecs, en effet, écrivaient au nominatif τυνησ que l'on prononce Tunis. La *Table* de Peutinger écrit Thuni qu'elle met à 10 milles de Carthage par la voie directe et à sept milles de Maxula. La distance de cent vingt stades que Polybe indique entre Carthage et Tunis est exacte. La ville se trouve dans le golfe même où était Carthage. *Cette localité*, dit Tite-Live[1], *défendue par l'art autant que par la nature, est à quinze milles environ de Carthage; on peut l'apercevoir de cette ville et elle-même peut jouir d'une belle vue sur Carthage comme aussi sur la mer qui l'environne.* Diodore de Sicile a fait également mention des remparts de Tunis[2]. Située dans une très forte position, sur une colline, entre un grand lac et une sebkha, Tunis ne manqua jamais d'importance. C'était la ville libyenne en face de la cité phénicienne, le centre de la race aborigène. Cette ville a joué un grand rôle dans toutes les guerres de Carthage et de l'Afrique propre, mais elle s'est particulièrement développée depuis la ruine complète de Carthage. C'est la plus grande ville de toute l'Afrique septentrionale.

Nous pouvons y signaler un martyr qui mourut après avoir glorieusement confessé la foi, alors que cette Église n'existait déjà plus. Ce fut un jeune homme, originaire des Alpes, appelé Antoine, qu'Antonin, nommé plus tard archevêque de Florence, avait reçu dans le tiers-ordre de saint Dominique, vers l'an 1440. On rapporte que, se rendant de Sicile à Naples, il fut pris par les pirates et jeté dans les prisons de Tunis. Bien qu'il fût en compagnie des chrétiens, il n'avait pu se résigner à son sort; plus tard, sorti de prison, il n'endura pas plus patiemment les peines de l'esclavage, et bientôt, oubliant la loi de Dieu et sa religion, il passa malheureusement à la secte mahométane et se maria. Ceci eut lieu, selon les *Actes*, le

---

(1) Lib. XXX, cap. IX.
(2) Lib. XX, cap. XXXIII.

3 des calendes d'avril de l'an 1459. Mais, l'année suivante, ayant appris par des marchands italiens que l'archevêque Antonin, mort depuis peu de temps, avait fait une sainte mort et opérait de nombreux et éclatants miracles, touché subitement et ramené à des sentiments meilleurs, il commença par renvoyer sa femme, reprit tous ses devoirs de piété et se mit à détester son crime. Bientôt après, il reprit les marques de son ancienne profession et, dès qu'il sut que le roi barbare était rentré à Tunis, d'où il était absent, il alla le trouver avec un courage intrépide et déclara ouvertement qu'il était chrétien et prêt à mourir. Après une semblable confession, il fut mis en prison, maltraité, battu; il supporta tout avec beaucoup de constance. Enfin on prononça sa sentence et il fut lapidé le 4 des ides d'avril de l'année 1460[1].

Il est rapporté que, dans la même ville, Olive, vierge de Palerme, consomma aussi son martyre; ses compatriotes l'honorent le 4 des ides de juin. Mais on ne sait ni en quel siècle ni en quelle année elle reçut sa couronne[2]. On croit qu'elle fut tuée par les Vandales ou par les Sarrasins après qu'elle eût été exilée en Afrique.

Une relation manuscrite des religieux franciscains de Tunis, déposée aux archives du Vatican, fait connaître le martyre admirable d'un enfant captif, nommé Antonin de Pace, né à Trapani, en Sicile[3]. Il souffrit le 18 avril 1654.

Nous savons encore que saint Vincent de Paul fut conduit captif à Tunis, d'où il ramena converti le rénégat son maître.

---

(1) Son corps fut porté à Rivoli, en Italie.
(2) Boll., t. II, jun., p. 295.
(3) Vescori, XXII, fol. 224.

Du reste, on peut dire que Tunis a toujours vu dans son sein une communauté chrétienne desservie par des prêtres et des religieux.

**LVCIEN.** Il se rendit, en 411, à la conférence de Carthage où, ayant répondu à l'appel de son nom qu'il était présent, il ajouta[1] en parlant de son église : *Il y a là l'unité*.

**SEXTILIEN.** Les Pères du concile de la Proconsulaire le déléguèrent, en 553, au concile de Constantinople pour y représenter l'archevêque de Carthage. C'est pourquoi il souscrivit après le patriarche et les trois archevêques de Thessalonique, de Césarée en Cappadoce, et d'Ephèse, avec cette formule[2] : *Sextilien, par la grâce de Dieu, évêque de l'Église catholique de Tunia, tenant la place de Primasius, archevêque de Justiniana Carthage, et de tous les Pères du concile de la province Proconsulaire, tant pour lui et pour eux que pour moi-même, semblablement.*

Au XVIII<sup>e</sup> siècle, les chrétiens de Tunis dépendirent de l'évêque de Mazzara, en Sicile ; puis ils eurent des vicaires apostoliques choisis parmi les religieux capucins qui desservaient les églises de la régence de Tunis. Ces vicaires n'avaient pas caractère épiscopal jusqu'à ce siècle présent ; mais, en 1841, le Saint-Siège envoya à Tunis, avec le titre de préfet apostolique, un religieux capucin italien qui fut bientôt après nommé vicaire apostolique de toute la Tunisie ; c'était Monseigneur

---

(1) *Cogn*., I, n. 128.
(2) *Hard*., *Conc*., t. III, p. 201.

**FIDÈLE** Sutter, sacré évêque de Rosalia le 29 septembre 1844, et qui resta à Tunis jusqu'au temps de l'occupation française, en 1882.

## CL. — TVRRIS.

C'était une localité voisine de Musti, ayant appartenu d'abord à ce diocèse, comme on le voit dans les *Actes* de la conférence, en 411.

**DONAT.** Il est nommé dans la conférence de Carthage de 411, par Victorien, évêque catholique du diocèse de Musti : *J'ai contre moi*, dit-il[1], *Félicien, de Musti, et Donat, de Turris*. Du reste, Donat ne paraît pas être venu à la conférence; du moins, il n'y reste pas trace de son nom, à moins qu'il ne soit le même que Donat de Turris-Rotunda[2].

**FÉLIX.** Il souscrivit, en 525, au concile de Carthage, réuni par le primat Boniface. Il y est dit évêque du Vicus de Turris[3].

---

(1) *Cogn.*, I, n. 121. — Cf. Aug., *Brev. Coll.*, I, die c. 12.
(2) Voir l'évêché de Turris-Rotunda, en Numidie.
(3) Hard., *Conc.*, t. II, p. 1082.

## CLI. — VCCVLA.

Le municipe d'Uccula a été retrouvé à Henchir-Aïn-Dourat, situé non loin de Thuccabora, sur la rive droite de l'oued Tin. Les ruines en sont considérables et couvrent un mamelon duquel sort l'Aïn-Dourat. On y remarque un mausolée, plusieurs édifices, une porte monumentale. Le nom de la ville antique est donné par l'inscription suivante[1] :

>C. ANNIOLENO CF
>ARN. KARTHAGI
>NENSI GALLIANO
>FLAM. DIVI. TITI
>CIVITAS VCCVLA
>DECRETO AFRO*rum*
>POSVIT

Les *Afri* sont les indigènes de la région de Carthage qui constituait l'Afrique propre.

Le titre de municipe dont a joui Uccula se lit sur un autre monument[2] :

>*opti*MO ET SVPER
>*omnes* PRINCIPES
>*invicto i*MP CAES
>*fl. Constan*TINO MAXIMO
>*perpetu*O AVG
>*uccula* MVNICIPIVM
>*devotu*M NVMINI
>EIVS

---

(1) Tissot, *Géog.*, t. II, p. 301.
(2) *Ibid.*

**CERICIVS.** Il paraît avoir donné ses pouvoirs à Victor d'Utique, ville, du reste, peu éloignée d'Uccula ; car ce Victor, venu à la conférence de Carthage en 411, après avoir répondu pour lui-même, fut de nouveau appelé en ces termes[1] : *Celui qui a déjà signé plus haut pour Cericius, évêque d'Uccula.* Il répondit : *Je suis présent; cette Église est entièrement catholique.* Mais on n'ajouta pas le motif de l'absence de Cericius.

**CRESCONIVS.** Il se trouve parmi les Pères de la province Proconsulaire qui écrivirent, en 646, à Paul, patriarche de Constantinople, contre les Monothélites[2].

## CLII. — VCI-LA-GRANDE.

Pline reconnaît en Afrique deux Uci, la grande et la petite, cités romaines. Nous savons aujourd'hui que Uchi-Majus avait le titre de colonie, car des textes épigraphiques, retrouvés à Henchir-ed-Douamès, dans le Blad-er-Rihan, à douze kilomètres au nord de Tacia, nous font connaître cette particularité. Nous citerons l'une de ces dédicaces[3] :

M. ATTIO
CORNELIANO
PRAEFECTO PRAE

---

(1) *Cogn.*, I, n. 128.
(2) Hard., *Conc.*, t. III, p. 751.
(3) *Ephem.*, t. V, n. 561 — cf. n. 559.

```
        TORIO EMINENTISSIMO
         VIRO CIVI ET PATRONO
           OB INCOMPARABILEM
         ERGA PATRIAM ET CIVES
         AMOREM. RESPVBLICA
        COLONIAE MARIANAE AV
         GVSTAE ALEXANDRIANAE
          VCHITANORVM MAIORVM
                 d d. P p.
```

L'orthographe Uchi pour Uci est fréquente dans les monuments africains. Ainsi Chirta pour Cirta et Chella pour Cella.

Le municipe d'Uci-la-Grande avait été fondé sans doute par des vétérans de Marius, après la guerre contre Jugurtha. La première loi de Saturnin assignait à chaque vétéran dans la province d'Afrique un lot de 200 jugera (25 hectares 188). Ce fait que les vétérans furent installés à Uci prouve que la cité appartenait à l'Afrique propre et non à la Numidie nouvelle.

L'*Oppidum* de Pline était devenu une colonie sous le règne de Sévère Alexandre. Les monuments montrent qu'elle a subsisté longtemps. Ainsi[1] :

```
          doMINO TRIVMFI. LI
          BERTATIS ET NOSTRO
          RESTITVTORI INVIC
          TIS LABORIBVS SVIS
             PRIVATORVM ET
           PVBLICAE SALVTIS
             L. FLAVIO VALERIO
           CONSTANTINO PER
          PETVO SEMPER AVG. RP
           COL V. M DEVOTORVM
           NVMINI MAIESTATI
          QVE EIVS IN AETERNVM
```

(1) Tissot, *Géog.*, t. II, p. 362.

Témoin encore la dédicace suivante[1] :

```
DD NN FLAVIO
VALENTI VICTO
RI AC TRIVMFA
TORI SEMPER
AVGVSTO
RP COL VCHI
TANORVM MA
IORVM DEVO
TA
```

Une dédicace semblable était réservée à l'empereur Gratien.

Les ruines d'Uci-la-Grande couvrent un plateau de forme elliptique où l'on voit encore de grandes citernes qui expliquent le nom actuel donné à ces restes.

La ville était munie d'un mur d'enceinte dont une porte subsiste encore. La position d'Uci était admirablement choisie; elle commandait à la fois le bassin de l'oued Khalled et celui de l'oued Tessa.

**OCTAVIEN.** Il était présent, en 411, parmi les catholiques, à la conférence de Carthage où, après la lecture de sa souscription, il dit en parlant de son Église[2] : *J'ai l'unité.* Mais le donatiste Salvien répliqua : *C'est le diocèse du vénérable Victorien; il y a son prêtre Janvier.*

---

(1) Tissot, *Géog.*, t. II, p. 362.
(2) *Cogn.*, I, n. 133.

## CLIII. — VCI-LA-PETITE.

Uci-la-Petite ne devait pas être éloignée d'Uci-la-Grande, mais on ne l'a pas retrouvée encore jusqu'ici. Nous lui attribuons un évêque, qui est dit simplement évêque d'Uci, sans épithète.

**TRIFOLIVS.** Il signa l'un des derniers la lettre du concile de la Proconsulaire, adressée, en 646, à Paul, patriarche de Constantinople, contre les Monothélites[1].

---

## CLVI. — VCRES.

La cité d'Ucres a été retrouvée à peu de distance au-dessus du point où la voie de Carthage à Théveste franchit le col qui sépare le bassin de Tunis de celui de la Medjerda. Quelques décombres à demi-ensevelis sous les gourbis du hameau de Bordj-Bou-Djadi, marquent l'emplacement de cette ville. On y a recueilli l'inscription suivante[2] :

(1) Hard., *Conc.*, t. III, p. 752.
(2) *Corpus*, n. 1170.

*imp. caes.*
*l. Septimio* SEVE
*ro pert* INACI AVG
*pontI*F. MAX. TRIB
*pot*EST COS DES. II PP
*ci*VITAS VCRES DD
PP FECIT ET DEDIC ANNO
CORNELI. ANVLLINI. PROCOS
C. V. ET. VALERI. FESTI. LEG. EIVS

Le proconsul Anullinus est resté célèbre par sa cruauté contre les chrétiens au commencement du IV<sup>e</sup> siècle, et les martyrs vénérés à Carthage, le 3 des ides de décembre, sous le nom de martyrs d'Erona, sont peut-être simplement, à cause des incorrections du manuscrit, des martyrs d'Ucres.

**VICTOR.** Cet évêque est connu par l'épitaphe d'un fils qu'il avait eu avant son ordination sacerdotale, étant encore dans le monde, ainsi qu'il arriva souvent dans les premiers siècles du christianisme. Cette épitaphe, trouvée à Rome, est de l'an 404. L'évêque Victor est par conséquent antérieur à cette époque. Voici la teneur de ce monument[1] :

† *Vict*OR IN PACE FILIVS EPISCOPI VICXORIS
*civit*ATIS VCRESIVM VIXIT ANNIS XXXGIII
*mensibus* VII DECES DXI KAL. NOVEBR. CONSVLATV
*d. n. honor*I VI AVG DEPOSITVS IN BASILICA SANCTO
*rum* NASARI ET NABORIS SECVNDV ARCV IVXTA
*f*ENESTRA

**MAXIMIN.** Il assista à la conférence de Carthage, en 411, et affirma que son Église était catholique[2]. Mais

---

(1) Rossi, *Insc. chrét.*, t. I, p. 534.
(2) *Cogn.*, I, n. 133.

Quodvultdeus, de Vol, dit qu'Ucres avait un évêque donatiste, qu'il était malade. Il parut cependant à son tour, et il répondit à l'appel, sans parler de Maximin. Les manuscrits le nomment Vital d'Eneres, autrement d'Everes, qui est une altération d'Ucres[1].

**QVODVVLTDEVS.** Il assista au concile de Carthage sous Aurèle, en 419, et y souscrivit l'un des derniers[2].

**EXITIOSVS.** La *Notice* l'inscrit le vingt-sixième parmi les évêques de la province Proconsulaire qui se rendirent en 482 à la réunion de Carthage et furent ensuite, par l'ordre du roi Hunéric, condamnés à l'exil avec les autres évêques. Il fut du nombre de ceux qu'on relégua dans l'île de Corse.

Est-ce lui qui est mentionné dans le texte funéraire que nous avons signalé à l'article de Meglapolis? Son épitaphe est ainsi conçue[3] :

```
        EXITIOSVS EPCP.
           IN PC. DP
          GIII KL DC.
```

Elle est assurément postérieure à celle des deux autres évêques mentionnés sur ce marbre, et elle a été ajoutée après coup.

Ucres, sous le nom de Vera, aurait eu des évêques purement titulaires; dont voici les noms :

---

(1) *Cogn.*, I, n. 208.
(2) Hard., *Conc.*, t, I, p. 1251.
(3) *Corpus*, n. 879.

Jean Seufe, en 1695;

Jean La Barlette, en 1784;

Corneille Egan, en 1824;

Jean Timon, en 1839;

Paul Sardi, en 1843;

## CLV. — VLVLI.

La ville d'Ululi, si ce n'est Sululi dont nous avons parlé en son lieu, n'est pas encore reconnue, à moins que ce ne soit le bourg actuel d'Elles, situé à huit milles environ au sud-est d'Assuras.

Un marbre de Carthage qui offre par ordre alphabétique le nom de beaucoup de villes africaines contient aussi l'ethnique VLVLENses.

**IRÉNÉE.** Il donna son sentiment le cinquante-quatrième dans le concile de saint Cyprien, de l'an 255, le troisième de ceux qu'il tint à Carthage sur la question du baptême. Certains manuscrits lui donnent le titre de confesseur.

## CLVI. — VRVSI.

Urusi, dite aussi Urici et Urci, sans compter les autres variantes de ce nom, a été retrouvée près de Furni et de Zama, dans les ruines dites Henchir-Sougda, comme le témoigne la dédicace suivante[1] :

IVNONI AVG SAC
PRO SALVTE IMP M. AVRELI COMMODI ANTONINI AVG GERM
SARMATICI BritanniCI PP CIVITAS VRVSITANA TEMPLVM
CVM SANCTVARIO joVIS FECIT ET DEDICAVIT D. D. P. P.

Les ruines de Sougda sont situées non loin des sources de l'oued Bargou; elles s'étendent sur le versant oriental des collines et couvrent environ quatre ou cinq hectares. Ce point est sur les limites de la province Proconsulaire.

**QVIETVS.** Il assista au troisième concile réuni à Carthage par saint Cyprien sur la question de baptême, en 255, et il donna son avis le vingt-septième.

**BONIFACE.** Il assista à la conférence de Carthage, en 411, parmi les Donatistes, et à l'appel de son nom, il dit[2] : *J'ai donné mandat et j'ai souscrit.*

**MANSVET.** C'est le martyr qui, comme l'écrit Victor de Vite[3], fut brûlé vif, sous Genséric, à la porte d'Urusi dite porte de Furni.

(1) *Ephem.*, t. V, n. 292.
(2) *Cogn.*, I, n. 187.
(3) *Hist. Pers. Vand.*, lib. I, cap. III.

**QVINTIEN.** Il figure le vingtième sur la liste des évèques de la province Proconsulaire qui se réunirent avec les autres à Carthage, en 482, sur l'ordre du roi Hunéric, et qui tous furent ensuite condamnés à l'exil.

## CLVII. — VTHINA.

Pline donne à Uthina le titre de colonie que nous retrouvons en effet dans une inscription recueillie à Néphéris, ville voisine[1].

```
P PETRONIVS PROCVLINVS ET PAPIRIA NVP
TIALICA PARENTES PETRONI ZOZIMI ET
PETRONI BVCCVLI QVI VESTIGIVM ET BIR
BECEM FECERVNT ET TITVLOS AETER
NOS PER FILIOS HABERE DESIDERA
VERVNT. DE. COL. VTHINENSI
```

Ptolémée mentionne Uthina sous cette même forme que nous remarquons aussi dans une épitaphe de Lambèze[2].

```
DIIS MAN
L. CAECILII. L. F
HOR. SECVNDI
VTHINA.
MIL. LEG. III. AVG
VIXIT. ANNOS
XXIIII.
FRATRI. S. FECIT
C. CAECILVS
```

(1) *Bullet. acad. Hipp.*, XXIV, p. 19.
(2) *Corpus*, n. 3067.

CONCESSVS
MIL. LEG. EIVS D

La *Table* de Peutinger place Uthina sur la voie de Turris à Onellana et la fixe à vingt milles de Maxula et à quinze milles d'Onellana. Il est dès lors facile de la reconnaître dans les grandes ruines d'Oudna qui ont conservé le nom de la ville antique. Uthina couvrait un plateau ondulé qui domine la rive gauche de l'oued Melian. On y remarque les restes d'un *castrum*, d'un théâtre, d'un amphithéâtre, d'un pont, d'un aqueduc, de plusieurs grands édifices et des citernes; mais surtout les débris d'un temple qui fut transformé en basilique à l'époque chrétienne. La ville occupait une aire de quatre kilomètres de pourtour.

Le nom d'Uthina est plus célèbre dans les fastes de l'Église que dans les auteurs profanes. Elle avait un évêque dès le temps de Tertullien, car celui-ci, déjà partisan de Montan, attaquant les catholiques au chapitre douzième de son livre sur la monogamie, lui inflige cette note infâmante : *L'Esprit-Saint,* dit-il, *prévoyait que quelques-uns diraient : Tout est permis aux évêques : ainsi cet évêque d'Uthina, un des vôtres, n'a pas craint la loi Scantinia.*

**FÉLIX.** Il donna son sentiment le vingt-sixième dans le concile de Carthage de 255, le troisième convoqué par saint Cyprien sur la question du baptême.

**LAMPADIVS.** Il se rendit, en 314, avec Cécilien de Carthage, au concile d'Arles, et confirma par sa signature les canons qui y furent décrétés[1].

(1) Hard., *Conc.*, t. I, p. 267.

**ISAAC.** Il assista, en 411, à la conférence de Carthage où, après la lecture de sa souscription, son compétiteur, le donatiste Félicien, s'avança et dit[1] : *Je le connais.* Puis il répondit à son appel parmi les siens [2] : *J'ai donné mandat et j'ai souscrit.*

**GALLONIVS.** Il souscrivit le dernier au concile de Carthage de l'année 419, le dix-huitième de ceux que tint Aurèle[3].

**QVIETVS.** Il se trouva au concile de Carthage, en 525, avec le primat Boniface[4].

Plus tard, Uthina eut des évêques purement titulaires desquels nous connaissons :

François SIRGENSTEIN, en 1722 ;
Jean CASTANON, en 1739 ;
Mathieu RIGHET, en 1815 ;
Maxime GIRAID, en 1824.

## CLVIII. — VTIQVE.

Utica, l'Ἰτύκη des Grecs, était située sur le Bagrada, non loin de Carthage. *Toutes deux*, dit Mela[5], *sont*

(1) *Cogn.*, I, n. 133.
(2) *Ibid.*, n. 187.
(3) Hard., *Conc.*, t. I, p. 1262.
(4) Hard., *Conc.*, t. II, p. 1082.
(5) Lib. I, cap. VII.

*illustres, toutes deux fondées par les Phéniciens. L'une est célèbre par la catastrophe de Caton, l'autre par la sienne propre.* Auguste fit des habitants d'Utique des citoyens romains. Après la ruine de Carthage, Utique était devenue le siège de l'administration de la province romaine. Elle reçut probablement par une loi *Julia* son droit de latinité. Huit ans après la défaite des Pompéiens, elle reçut du fils adoptif de César le droit de cité romaine, comme nous avons dit et le titre de *Municipium Julium Uticense*. Sous Hadrien elle obtint le titre de colonie romaine et prit le nom de *Colonia Julia Aelia Hadriana Augusta Utika* qu'on retrouve dans l'inscription suivante[1] :

L. ACCIO. IVLIANO. ASCLEPIANO. C. V. COS. CVR. REIP.
VTIK.
ET. GALLONIAE. OCTAVIAE. MARCELLAE. C. F. EIVS. ET.
ACCIAE.
HEVRESIDI. VENANTIO. C. Q. ET ACCIAE. ASCLEPIANILLAE
CASTOREAE. C. Q. FILIABVS. EORVM. COL. IVL. AEL.
HADR. AVG. VTIK.
PATRONIS. PERPETVIS. D. D. P. P.

Sévère accorda à Utique le droit italique[2].

Un fragment d'inscription publié par Gruter[3] fixait le territoire d'Utique en ces termes : *Finis populorum leiberorum Uticensium.*

Utique était encore la seconde ville de la province d'Afrique au II⁰ siècle, puis ses ports s'en allèrent et Hadrumète lui enleva son rang et son importance commerciale. Les ruines portent aujourd'hui le nom d'Henchir-

---

(1) *Corpus*, n. 1181 — cf. n. 1183.
(2) *Digest.*, L, XV, VIII, XI.
(3) *Gennae*, CCV — I.

Bou-Chateur; elles couvrent une colline à double sommet qui plonge dans des marais, depuis que la mer s'est retirée et que les alluvions du Bagrada ont tout envahi.

On y remarque l'emplacement des ports, de la citadelle, de l'amphithéâtre, d'un théâtre et les restes de l'enceinte. Utique venait après Carthage pour l'étendue et la magnificence; mais elle a été rendue encore plus illustre par les trois cents martyrs appelés la Masse-Blanche dont parle saint Augustin dans un de ses sermons[1]. Il en aurait donné un autre à Utique même[2].

**AVRÈLE.** Il vint à Carthage pour le concile de 255, le troisième de ceux que tint saint Cyprien sur la question du baptême, et il y donna son sentiment le quarante et unième.

**MAVR.** Il appartient à l'année 303 et aux suivantes. Il est fait mention de lui dans les *Actes* de la justification de Félix d'Abtunga, comme étant l'hôte et l'ami d'Ingentius, décurion de Ziqua, qui avait publié contre Félix une lettre calomnieuse. Maur lui-même est accusé d'avoir racheté son évêché et d'avoir commis un faux, paroles qui le désignent sans doute comme libellatique, c'est-à-dire comme ayant à prix d'argent obtenu des magistrats un écrit affirmant qu'il avait obéi aux édits des empereurs[3].

**VICTOR I.** Il se rendit au concile d'Arles, en 314, avec Cécilien de Carthage, et accepta comme les autres évêques les canons qui y furent décrétés[4].

---

(1) *Serm.*, CCCXI, cap. x.
(2) *Bibl. Casin.*, t. I, p. 221.
(3) *Post. Optat.*
(4) Hard., *Conc.*, t. I, p. 267.

**QVIETVS.** Il assista au concile de Carthage tenu par Gratus, en 349, et il y est nommé dans la préface parmi les dix premiers[1].

**VICTOR II.** Il assista, en 411, à la conférence de Carthage où il eut pour compétiteur le donatiste Gedudus, qui, l'ayant entendu répondre à l'appel qu'il était présent[2], dit aussitôt : *Je le connais.* Puis il répondit lui-même à son appel parmi les siens[3] : *J'ai donné mandat et j'ai souscrit.*

**FLORENTIN.** La *Notice* le cite le vingt-deuxième sur la liste des évêques de la province Proconsulaire qui se réunirent à Carthage, en 482, avec les autres évêques d'Afrique et furent ensuite, sur l'ordre du roi Hunéric, condamnés à l'exil. Une note ajoutée à son nom nous apprend qu'il fut déporté dans l'île de Corse.

**FAVSTINIEN.** Il se trouve au nombre des évêques qui souscrivirent au concile de Carthage tenu sous Boniface en 525[4].

**IVNILIVS.** Il était célèbre par sa science au temps de Primase d'Hadrumète, auquel il dédia ses œuvres. C'était vers l'année 556. Fabricius, adoptant les doutes du P. Labbe ne sait s'il faut faire Junilius évêque d'Hadrumète ou d'Utique et la question n'est pas encore éclaircie[5].

---

[1] Hard., *Conc.*, t. I, p. 685.
[2] *Cogn.*, I, n. 128.
[3] *Ibid.*, n. 187.
[4] Hard., *Conc.*, t. II, p. 1082.
[5] *Patrol. lat.*, t. LXVIII, col. 15.

**FLAVIEN.** Il signa l'un des derniers la lettre du concile de la Proconsulaire adressée, en 646, à Paul, patriarche de Constantinople, contre les Monothélites [1].

**POTENTIN.** Il se trouvait réfugié, peut-être en Espagne, l'an 684 où fut tenu le quatorzième concile de Tolède [2] et il y aurait fixé son séjour après que les Sarrasins se furent emparés de l'Afrique.

Après plus de huit siècles d'interruption, on trouve de nouveau des évêques d'Utique, mais simplement titulaires. Voici leurs noms :

Pierre CARMEL, en 1517 ;
ACHARIC, en 1518 ;
HENRI, fils du roi d'Ethiopie, en 1518 ;
Pierre DE CAMPO, en 1518 ;
JEAN-BAPTISTE, en 1542 ;
Dominique ROMER, en 1543 ;
Antoine GARSIA, en 1564 ;
Antoine ORADIN, en 1565 ;
Jean MAREMONT, en 1567 ;
Félix AMBROSINI, en 1578 ;
Malachie DE ASO, en 1591 ;
Jean DE UGARTE, en 1606 ;
Garcias MANRIQUEZ, en 1618 ;
Alphonse GODINES, en 1629 ;
Martin BONACCINA, en 1631 ;
Jean DE ARROYS, en 1654 ;
Didace DE GATTICA, en 1658 ;
Jean RIGUELMES, en 1668 ;

---

(1) Hard., *Conc.*, t. III, p. 152.
(2) Mabillon, *Annal. bened.*, lib. XVII, n. 42.

Melchior Escada, en 1671 ;
Jean Gudeni, en 1680 ;
Joachim Skirmont, en 1701 ;
Stanislas Hossius, en 1718 ;
François Sanguessa, en 1721 ;
Jean Rodriguez, en 1739 ;

Ajoutons à ces noms ceux de trois membres de la société nouvelle des missionnaires d'Afrique d'Alger :

Jean-Baptiste Charbonnier, 14 janvier 1887 ;
Léonce Bridoux, en 1888 ;
Adolphe Léchaptois, en 1891.

## CLIX. — VTIMMA.

Utima, autrement Utumma, n'est pas citée dans les anciens auteurs. Seul l'anonyme de Ravenne mentionne Uthumæ entre Vallis et Unuca. On a lu aussi Utunina pour Utumma et Utununa qui se rapproche de Tununa ou Tonona ville de la Proconsulaire dont nous avons parlé. En vérité, c'est *Uccuma* qu'il faut probablement lire comme sur la liste des Ethniques retrouvés à Carthage par le P. Delattre.

**OCTAVIVS.** Il assista, en 411, à la conférence de Carthage où, après la lecture de sa souscription, il dit[1] :

---

(1) *Cogn.*, I, n. 133.

*J'ai contre moi Boniface ;* celui-ci s'avançant alors dit : *Je le connais.* Puis il répondit à son appel parmi les Donatistes[1] : *J'ai donné mandat et j'ai souscrit.*

## CLX. — VTIMMIRA.

Utimmira, autrement Utimari, devait se trouver dans la région voisine de Carthage, mais sa position est restée inconnue jusqu'ici.

**SÉVÈRE.** Il se rendit, en 411, parmi les évêques catholiques, à la conférence de Carthage où, après avoir répondu à l'appel de son nom[2] : *Je suis présent,* il dit en parlant de son Église : *Elle a l'unité.*

**RÉPARAT.** La *Notice* le cite le dixième sur la liste des évêques de la province Proconsulaire qui se rendirent à la réunion de Carthage, en 482, et furent ensuite envoyés en exil par l'ordre du roi Hunéric. Il fut de ceux que le prince rélégua dans l'île de Corse.

(1) *Cogn.*, I, n. 198.
(2) *Ibid.*, n. 126.

## CLXI. — VZALI.

Nous savons par saint Augustin[1] qu'Uzali était située près de la colonie d'Utique. C'est donc la même que Ptolémée nomme Uzan et qu'il place dans le voisinage d'Utique et d'Hippone-Diarrhyte, dans l'intérieur de la Zeugitane. Pline cite une seule ville latine du nom d'Usali. L'évêque Evode y avait élevé dans sa cathédrale une chapelle à saint Étienne, premier martyr, qui par ses miracles la rendit très célèbre. Outre saint Augustin, Evode, l'auteur même du livre des *Miracles de saint Étienne*[2] en parle longuement. On y trouve la mention de deux anciens martyrs d'Uzali, Félix et Gennade, dont le tombeau était dans le faubourg[3]. L'Église romaine les honore le 17 des calendes de juin.

Ajoutons que d'après Evode[4], Uzali était à douze milles d'Utique, voisine d'Hippone-Diarrhyte, de Memplone, de Pisi, et autres villes, et aussi rapprochée de Carthage; qu'au tombeau des saints martyrs d'Uzali se trouvait un monastère. Toutes ces données suffiraient presque pour déterminer la position d'Uzali et la faire reconnaître dans le bourg d'El-Alia. Mais de plus, une inscription trouvée en cette localité, prouve qu'Uzali avait le titre de colonie. La voici[5], du moins dans sa partie importante :

---

(1) *Civ. Dei*, lib. XXII, cap. VIII. n. 21.
(2) *Apud Aug.*
(3) Lib. I, cap. XII.
(4) *Passim*.
(5) *Corpus*, n. 1024.

TV. CVR. REIPVBLICAE SPLENDI
DISSIMAE COL. VZALITANAE
VALERIVS IANVARIVS, etc.

Saint Augustin, du reste, lui décernait le même titre. Un fragment publié par Gruter[1] fait mention des *Usallitanorum* avant les *Teudalensium*.

**SATVRNIN.** Cet évêque florissait vers l'an 388. Il est appelé *homme saint et de bienheureuse mémoire* par saint Augustin[2] qui, dans sa jeunesse, s'était trouvé avec lui à Carthage, chez Innocent, avocat de la vice-préfecture, depuis longtemps malade.

Ils avaient ensemble prié pour lui, lorsque déjà le malade, effrayé par les dangers d'une nouvelle opération, croyait son dernier jour venu. Ce fut le contraire qui arriva, car, par une faveur du ciel et avant même que le médecin n'en eût approché le fer, la fistule qu'il devait opérer s'était cicatrisée et le malade se trouvait le lendemain entièrement guéri, comme saint Augustin le raconte lui-même longuement dans son XXII<sup>e</sup> livre, chapitre VIII<sup>e</sup>, de la *Cité de Dieu*.

**EVODE.** Il vivait du temps de saint Augustin et ils eurent ensemble des relations et une correspondance bien suivies. Evode n'est point nommé parmi les évêques catholiques qui assistèrent à la conférence. Il était, sans doute, absent pour une mission particulière. Théasius de Membrone, son voisin, et lui sont, en effet, appelés par Pétilien[3], *les précurseurs et les navigateurs des catho-*

---

(1) *Insc.*, p. 512.
(2) *Civ. Dei.*
(3) *Cogn.*, III, n. 141.

liques, les délégués de leur furie, pour réclamer du sang, réclamer des proscriptions, inspirer la terreur, amener les périls et massacrer dans toutes les provinces. Les Donatistes étaient très émus de ce que les catholiques avaient demandé contre eux l'appui des empereurs. C'est dans le même but que ces évêques, porteurs d'instructions [1] conservées dans le recueil des canons de l'Église d'Afrique, furent députés, en 404, vers Honorius par le concile de Carthage. Du reste, le compétiteur donatiste d'Evode, Félix, ne manqua pas d'assister à la conférence et il est nommé parmi ceux de sa secte. Il répondit à l'appel [2] : *J'ai donné mandat et j'ai souscrit.*

**SACCONIVS.** Cet évêque est le septième sur la liste des évêques de la Proconsulaire que le roi Hunéric après l'assemblée de Carthage, en 482, bannit avec leurs autres collègues. Une note jointe à son nom nous indique qu'il fut déporté dans l'île de Corse. Mais il réussit à s'en échapper et gagna Constantinople, comme le prouve la lettre que lui adressa le pape Félix et dont nous parlerons à l'année 485 des *Annales*. Il y est appelé *un homme tout plein des Écritures et éminent dans la science catholique.*

**MVSTVLVS.** Cet évêque souscrivit au concile que Boniface réunit à Carthage en 525 [3].

**VICTORIEN.** Il assista, en 649, au concile de Latran tenu par le pape Martin contre les Monothélites. Il y souscrivit le dernier [4].

---

[1] *Can.* 93.
[2] *Cogn.*, 1, n. 204.
[3] Hard., *Conc.*, t. II, p. 1082.
[4] *Ibid.*, t. III, p. 933.

## CLXII. — VZAPPA.

Uzappa paraît sous la forme Ausafa dans les documents ecclésiastiques et ce dernier nom est resté jusqu'aujourd'hui au ruisseau qui traverse ses ruines, savoir l'oued Ausafa. Les ruines portent le nom de Ksour-Abd-el-Melec, de leur propriétaire. Elles sont importantes et s'étendent sur la rive gauche de l'oued Siliana. La ville haute couvrait un plateau et était entourée d'une enceinte dont deux portes existent encore. L'une de ces portes, un arc de triomphe, mettait la ville haute en communication avec la ville basse. Un pont servait à franchir l'oued Ousafa. Au sud de la ville un beau portique avec arcades paraît avoir appartenu à une basilique. Autour de la ville se voient de vastes cimetières.

La *Table* de Peutinger met Uzappa sur la voie de Thysdrus à Althiburus et sa position répond aux distances. D'ailleurs le nom de la ville se lit sur plusieurs de ses monuments. Ainsi[1] :

*geni*O. CIVITATIS VZAPPAE
*a*VG SAC DD PP

Simple cité au début du III⁰ siècle, Uzappa devint municipe sans doute sous Gallien, ainsi que l'indique une dédicace[2].

---

(1) *Éphem.*, t. V, n. 286.
(2) *Éphem.*, t. V, n. 1183 — Cf. n. 1182.

**LUCIVS.** Il assista au troisième concile que saint Cyprien réunit à Carthage, en 255, sur la question du baptême. Il y exprima son sentiment le soixante-treizième.

**SALVIVS.** Il est souvent nommé dans saint Augustin. Il avait été un des douze consécrateurs de Maximien et avait assisté, en 393, au concile de Cabarsussi[1] : mais il fut condamné l'année suivante au concile de Bagaï[2] par les partisans de Primien.

---

## CLXIII. — VZIPPARI.

Uzippari, autrement Utzippari, est restée jusqu'à ce jour une ville inconnue.

**MARIEN.** Il assista d'abord, en 411, à la conférence de Carthage où à l'appel de son nom il dit[3] : *Je suis présent, je n'ai jamais eu là d'autre évêque.* Plus tard, en 419, il se rendit de nouveau à Carthage et souscrivit au dix-huitième des conciles d'Aurèle[4].

**ARGENTIVS.** La *Notice* le cite le quarante-sixième parmi les évêques de la Proconsulaire que le roi Hunéric

---

(1) Aug., *in* ps. XXXVI.
(2) *Ibid.*, *Cont. Cresc.*, lib. III, cap. XIX.
(3) *Cogn.*, I, n. 131.
(4) Hard., *Conc.*, t. I, p. 1251.

après la réunion de Carthage, en 482, exila avec leurs autres collègues.

**SEMENTIVS.** Il souscrivit au concile de Carthage tenu par Boniface en 525[1].

---

## CLXIV. — VAGA.

Vaga ou Vacca, ville de droit latin, dont parlent souvent et avec éloge les anciens auteurs, était comptée dans la Numidie Proconsulaire. Nommée par Silius et Pline, elle est vantée par Plutarque qui l'appelle une grande ville[2]. Avant lui, Salluste disait[3] que c'était le marché le plus important du royaume de Numidie, une cité grande et opulente. Ptolémée la mentionne.

Vaga est la moderne Béja, jadis colonie, comme le prouve le texte suivant[4] :

L. POMPONIO. DEXTRO. CELE
RINO. C. V. COS. AVRELIANO
ANTONINIANO. ORDO
SPLENDIDISSIMVS
COL. SEP. VAC. PATRO
NO. PERPETVO. CVR.
C. SERGIO. PRIMIANO. EQ. R. FL. P. P.

(1) Hard., *Conc.*, t. II, p. 1082.
(2) *In mario*, p. 409.
(3) *In Jug.*, cap. XLVII et LXIX.
(4) *Corpus*, n. 1222 — Cf. *Éphem.*, t. V, n. 460 et 1094.

Enlevée aux Carthaginois par Massinissa, Vaga avait été incorporée dans le royaume numide ; elle en était le marché le plus fréquenté, au temps de Jugurtha. Pline en faisait une ville de citoyens romains dans la province d'Afrique. Érigée en colonie sous Septime Sévère, l'empereur africain, elle reçut de Justinien, avec le nom de Théodoriade, l'enceinte qui subsiste encore. C'est ce que Procope nous apprend[1], quand il dit que Justinien fit fortifier Vaga, ville de la Proconsulaire, et qu'en l'honneur de l'impératrice elle fut nommée Théodoriade. Ce fut le comte Paul qui exécuta ce travail, d'après une inscription qui est restée fixée dans les remparts de la ville[2].

Vaga est assise en amphithéâtre sur les pentes d'une colline que couronne une citadelle. La principale mosquée est une basilique chrétienne aujourd'hui dédiée à Notre-Seigneur Jésus et qui remonte plus haut, en date, qu'au règne de Valentinien et Valens, puisqu'elle fut restaurée sous ces mêmes princes, ce qu'atteste une inscription qu'on y voit[3].

On remarque aussi à Vaga divers autres monuments de l'antiquité et l'on y signale quelques textes chrétiens, ainsi[4] :

QVI. IN. DEO. CONFIDIT. SEMP. VIVET

On lit ensuite sous un monogramme du Christ, cette épitaphe :

GALATEA
fiDELIS

---

(1) *De ædif.*, lib. VI, cap. v.
(2) *Éphem.*, t. VII, n. 217.
(3) *Corpus*, n. 1219.
(4) *Ibid.*, n. 1247.

Ailleurs, sous un autre monogramme, nous lisons l'épitaphe d'une centenaire[1] :

>FESTA. FIDELIS
>IN PACE VIX SIT
>ANNIS CENTV ETX

Dans la catacombe de saint Hippolyte à Rome on a trouvé l'épitaphe d'un chrétien de Vaga[2] :

>IVLIVS. CREDEN
>TIVS. QVI NABIGA
>VIT. EX. BAGENSE
>REGIONE EST IN PACE

Vaga a eu ses martyrs et, dans le calendrier de Carthage, ils sont mentionnés le 4 des calendes de novembre.

**LIBOSVS.** Il vota le trentième dans le troisième concile tenu par saint Cyprien, au sujet du baptême, en 255[3].

**CRESCENT.** Il assista au concile de Carthage convoqué par Gratus en 349. Dans la préface de ce concile, il est nommé parmi les dix premiers[4]. Le manuscrit d'Einsiedln offre non pas *Crescens Vagensis,* mais *Crescens Talensis.* Il appartiendrait, si cette leçon est vraie, à l'évêché de Thala.

**AMPELIVS.** Il se rendit, en 411, à la conférence de Carthage, mais un peu en retard, car il ne souscrivit pas au mandat en même temps que les autres évêques catho-

---

(1) *Corpus*, n. 1246.
(2) *Insc. chrét.*, de M. de Rossi.
(3) Hard., *Conc.*, t. I, p. 167.
(4) Hard., *Conc.*, t. I, p. 685.

liques. Appelé, en effet, parmi les vingt derniers, il s'avança et dit[1] : *Je donne mandat et j'approuve*. Or, en même temps que lui, Primulus, nommé aussi évêque catholique de Vaga, se présenta et dit : *Je donne mandat et j'approuve*. Cet évêque avait été l'adversaire donatiste d'Ampelius, mais il avait abjuré son erreur. Aussi, conformément à la règle établie il avait conservé sa dignité et était devenu évêque de Vaga conjointement avec Ampelius qui, dans la conférence même, le combla de louanges.

*Connaissant*, dit-il, *l'unité parfaite depuis sa conversion, mon frère, l'évêque Primulus tient comme moi le langage de la foi la plus droite. Il a été, en effet, auparavant évêque du parti de Donat, mais maintenant il professe avec son peuple, depuis sa conversion, la foi la plus pure. Il y a donc là unité parfaite, non seulement dans la cité elle-même, mais encore dans tous les diocèses* créés sur le territoire de Vaga, depuis l'époque du schisme sans doute, comme on peut voir à l'article d'Auzvaga.

## CLXV. — VALLI.

L'*Itinéraire* d'Antonin place Valli à vingt milles de Coreva, à vingt-deux milles d'Unuca, à dix-huit milles de Thuburbo et à quinze milles de Sicilibba.

---

[1] *Cogn.*, I, n. 215.

Toutes ces données conduisent aux ruines de Sidi-Medien, où, du reste, on a trouvé une inscription qui fait de Valli un municipe. La voici[1] :

```
VETTIAE. Q. F.
QVINTAE. FLA
MINICAE. PERP
MVNICIPII. VAL
LITANI CONIVGI
CLVVI. TERTVLLI
NI CVRATORIS
REI. PVBLICAE
DecuRIONES. DE
SVO. FECERVNT
```

Valli, déjà colonie romaine en 218[2], l'était encore au IVe siècle, selon le texte suivant[3] :

```
D. N. VALERIO LICINI
ANO LICINIO IVN
NOBILISSIMO CAES
COL VALLIS NVMI
NI EIVS DEVOTA
```

Le *Code théodosien* dit que la septième loi sur le droit du fisc fut publiée à Valli[4]. Godefroy y voit la preuve que le *rationalis summarum*, à qui elle est adressée, résidait ordinairement à Valli au temps de l'empereur Constance, auteur de cette loi.

La ville antique couvrait un plateau elliptique défendu par des pentes abruptes. Un pont la rattachait à un faubourg situé sur la rive droite de l'oued El-Hamar. Un *castrum* s'élevait au centre du plateau qui est tout jonché de ruines.

---

(1) *Corpus*, n. 1280 — Cf. n. 1275, 1282, 1285, etc.
(2) *Ibid.*, n. 1274.
(3) *Éphem.*, t. V, n. 1095.
(4) *Cod. Theod.*, lib. X, tit. I, lib. VII.

**BONIFACE.** C'est lui que les Donatistes transférèrent du siège de Valli à leur prétendu siège de Rome et qu'ils donnèrent pour successeur à Victor de Garba, saint Optat fait mention de Boniface, en disant[1] : *Et si on pouvait l'interroger, il dirait qu'il a siégé là où a siégé Victor de Garba, envoyé autrefois par vos collègues de l'Afrique à un petit nombre d'égarés* et non pas sur le siège de Pierre. Ceci paraît se rapporter à l'année 330 ou environ.

**BONIFACE.** Il assista, en 411, comme catholique, à la conférence de Carthage où, après la lecture de sa souscription, il dit de son Église[2] : *Je n'en ai point,* c'est-à-dire de compétiteur. Mais Valentinien, diacre de Primien, répliqua : *Il est mort, il y a sept ans; il s'appelait Restitut.*

**RESTITVT.** Il souscrivit au concile de Carthage tenu sous Boniface en 525[3].

---

## CLXIV. — VANARIONA.

Nous attribuons cette ville à la Proconsulaire, parce que le seul évêque qu'elle ait paraît avec ceux de cette province.

[1] *De schism. Donat.*, lib. II, cap. IV.
[2] *Cogn.*, I, n. 135.
[3] Hard., *Conc.*, t. II, p. 1082.

**PÉLAGE.** Il assista, en 411, avec les Donatistes, à la conférence de Carthage où à l'appel de son nom il dit : *J'ai donné mandat et j'ai souscrit*[1]*; je n'ai point de compétiteur*.

## CLXVII. — VAZARI.

Vazari se trouvait dans la Numidie Proconsulaire et probablement dans la région voisine de Bulla-Regia. On peut le constater dans le cinquante-quatrième canon du recueil de l'Église d'Afrique où est exposée la plainte d'Epigonius, évêque de Bulla-Regia qui réclamait auprès du concile un enfant élevé par lui et que Julien, évêque de Vazari, lui avait enlevé comme étant son sujet de la localité de Vazari[2] et qu'il avait ensuite ordonné diacre.

Du reste, Vazari est peut-être mis pour Vatari, qu'on a retrouvée en Numidie, à Fedj-es-Sioud, sur la voie de Siguese à Gadiaufala.

**IVLIEN.** C'est celui dont nous venons de parler. Il était contemporain d'Aurèle, évêque de Carthage. Celui-ci s'occupa de Julien et de sa répression au troisième de ses conciles, en 397, sur la plainte d'Epigonius[3].

(1) *Cogn.*, I, n. 187.
(2) Hard., *Conc.*, t. I, p. 891.
(3) *Ibid.*, p. 966.

**ADÉODAT.** Il assista à la conférence de Carthage en 411. Il était catholique et il avait augmenté le nombre des fidèles dans son Église, car à la conférence il parla ainsi[1] : *Je suis présent : à la vérité, Calepodius est encore en vie, mais quand il a vu tout le peuple se convertir à l'Église catholique, il s'est retiré.* Du reste, ce Calepodius n'hésita pas à se rendre à la conférence avec ses collègues donatistes et, à l'appel de son nom, il répondit[2] : *J'ai donné mandat et j'ai souscrit.*

---

## CLXVIII. — VAZARI DIDA.

Vazari Dida ou Didaca nous montre qu'il y avait plusieurs villes appelées Vazari et l'épithète Didaca nous rappelle ce Caïus de Didda, un évêque, peut-être, dont parle saint Cyprien, dans une de ses lettres[3].

Il semble, d'autre part, que le nom de Bazari ou Vazari se retrouve dans celui de l'Henchir-Béjar, où l'on a recueilli la dédicace suivante[4] :

> MINERVAE. AVG
> SACR
> HONORATVS. ROGATI. Civ
> VAZ. OB DECVRIONATVM

---

(1) *Cogn.*, I, n. 129.
(2) *Ibid.*, n. 188.
(3) Ep. XXVIII.
(4) Tissot, *Géog.*, t. II, p. 300.

ROGATI. FILI. STATVAM. EX
CCCC. N. ADIECTIS. A. SE
CCCC. NDD. FACIEND. CVR
IDEMQ. DEDIC.

Les ruines de Béjar s'étendent sur un éperon rocheux entre la vallée de l'oued Tin et celle de l'oued Béjar ; elles couvrent au moins un espace d'un kilomètre et s'étagent sur trois mamelons.

Une longue liste de noms de villes trouvée à Carthage porte l'ethnique *Vazaritani*.

**PVBLIEN.** Il assista, en 411, parmi les catholiques, à la conférence de Carthage, où il répondit à l'appel de son nom[1] : *Je suis présent, j'ai l'unité*. Ce qui signifiait qu'il n'avait pas de Donatistes dans son diocèse.

---

## CLXIX. — VAZI.

Vazi, autrement Bazi, est le nom d'un évêché qui était voisin de Marcelliana. Du reste, il y avait en Afrique plusieurs villes portant ce nom, car on a trouvé récemment l'emplacement et le nom de l'une d'elles. Elle s'appelait Vazi-Sarra pour la distinguer d'une autre Vazi, de même que Avitta-Bibba se distinguait par cette épithète d'une autre Avitta. C'est aux ruines encore appelées Henchir-

---

(1) *Cogn.*, I, n. 128.

Bez que répond Vazi-Sarra, comme le montre parfaitement l'inscription suivante[1], que nous reproduisons dans sa partie essentielle :

CIVITAS VAZITANA SAR<br>
RA DECR. DECVR. PEC<br>
PVB. FECIT ET DEDIC

La cité paraît avoir été considérable et a laissé des restes intéressants. Elle occupait un mamelon au pied du Djebel-Bargou et s'étendait en pente douce jusque dans la plaine. Les principaux édifices sont un temple et trois fortins. A l'extrémité occidentale des ruines, un édifice orné d'une abside est sans aucun doute une basilique chrétienne. Vazi avait le titre de Civitas à la fin du second siècle et au début du troisième. Nous ignorons si elle obtint le titre de municipe.

Nous ne connaissons même pas le nom d'un seul de ses évêques, mais nous savons qu'elle en avait un à l'époque de la conférence en 411. Il se fit, en effet, représenter par un prêtre de son diocèse, nommé Manilius. Il était devenu aveugle et ne put se présenter avec les autres Donatistes, ses collègues ; mais le prêtre Manilius souscrivit pour lui en ces termes[2] : *Le prêtre Manilius de Bazi pour mon évêque.*

Les catholiques de Vazi n'avaient pas alors d'évêque, car c'était l'évêque de Marcelliana qui prenait soin de ce diocèse[3].

---

(1) *Ephem.*, t. V, n. 1216 — Cf., n. 1212 et 1215.
(2) *Cogn.*, I, n. 182.
(3) *Cogn.*, I, n. 133.

## CLXX. — VILLA MAGNA.

Les anciens géographes ne nous apprennent rien de la Villa Magna qui se trouvait dans la Proconsulaire.

A Zaghouan, d'autre part, on a trouvé une clef de voûte appartenant à une villa et portant ces mots[1] :

```
        VOBIS
    SALVIS. FELIX
     VILLA. MAG
          NA
```

Mais ce n'est pas à dire que là était l'évêché du même nom.

**AVGENDVS.** Il assista, en 411, à la conférence de Carthage, et, après la lecture de sa souscription, il rendit de son Église ce témoignage[2] : *Elle est exclusivement catholique.* A quoi le donatiste Primien répliqua : *C'est lui-même qui depuis longtemps a passé dans ce parti.*

**CYPRIEN.** Il signa parmi les derniers la lettre du concile de la Proconsulaire adressée, en 646, à Paul, patriarche de Constantinople, contre les Monothélites[3].

---

(1) *Corpus*, n. 899.
(2) *Cogn.*, I, n. 133.
(3) Hard., *Conc.*, t. III, p. 752.

## CLXXI. — VINA.

Vina, autrement Bina, était un municipe, placée sur la voie de Carthage à Hadrumète, au point où sont les ruines d'El-Meden. C'est ce qui est confirmé par une dédicace du temps de l'empereur Gallien [1] :

CORNELIAE SALONINAE
PIAE CONIVGI D. N
IMP. CAES. P. LICINI
EGNATI GALLIENI PII
FEL. AVG. MVNICIP. AVREL
VINA. DEVOT. NVMINI
MAIESTATIQVE EIVS

La dédicace suivante date du règne de Constantin [2] :

D. N. FLAVIO
CONSTANTINO PI
ISSIMO CAESARI
MVNIC. AVRELIA
VINA DEVOTA
NVMINI MAIESTA
TI QVE EIVS
D. D. P. P.

Il est probable qu'elle dut son titre de municipe à Caracalla. La *Table* de Peutinger n'en fait qu'une bourgade. A la vérité, il n'en reste que peu de chose et les vestiges d'un amphithéâtre.

[1] *Corpus*, n. 960. — Cf., n. 959.
[2] *Ibid.*, n. 961.

**FAVSTIN.** Il assista au concile de Cabarsussi avec les Maximianistes, en 393, et il en signa la lettre synodale. Il mourut en 406 ; car, lors de la conférence, à l'appel de l'évêque catholique, Habetdeum, diacre donatiste de Carthage, dit[1] : *Nous n'y avons plus d'évêque ; celui que nous y avions est mort, il y a cinq ans*. Nous pouvons aussi conclure de là que, à la mort de Faustin, les habitants de Vina abandonnant le schisme se firent catholiques.

**VICTOR.** C'est lui qui, n'ayant pas de compétiteur, parut à la conférence de Carthage parmi les évêques catholiques et répondit à l'appel[2] : *Je suis présent*. C'est lui aussi peut-être qui souscrivit le quatorzième à la lettre du concile de la Proconsulaire au pape Innocent.

**CRESCONIVS.** Nous lisons son nom parmi ceux des signataires du concile de Carthage tenu par Boniface, en 525, et aussi dans la lettre de convocation à ce concile, où il est nommé le cinquième[3].

**FRVCTVEVX.** En 646, il signa la lettre du concile de la Proconsulaire contre les erreurs des Monothélites, adressée à Paul, patriarche de Constantinople, qui s'était laissé prendre à ces nouveautés[4].

---

(1) *Cogn.*, I, n. 128.
(2) *Ibid*.
(3) Hard., *Conc.*, t. II, p. 1082.
(4) Hard., *Conc.*, t. III, p. 749.

## CLXXII. — VINDA.

Vinda peut être le Binda Vicus de l'anonyme de Ravenne, c'est-à-dire un bourg distinct de *Vina civitas*. Il semblerait qu'il faut le chercher entre Uthina et Agger de Byzacène, c'est-à-dire dans l'Enfida, et c'est là, sur la route de Zaghouan à Hammamet, que l'on rencontre un Henchir-Bandou qui n'est pas sans rapport avec Binda.

**RÉPARAT.** Il était de la secte des Donatistes et assista, en 411, à la conférence de Carthage, où, à l'appel de son nom, il répondit[1] : *J'ai donné mandat et j'ai souscrit.*

## CLXXIII. — VOSET.

Voset, autrement Boset, ou même Boset-Amphoraria, si celle-ci n'est une ville distincte, pourrait être représentée par des ruines appelées Henchir-Oust et situées près de Musti. Il y avait là un municipe dont le nom commence par la lettre V[2].

---

(1) *Cogn.*, I, n. 181 et 208.
(2) *Ephem.*, t. V, n. 1262.

C'est à Boset-Amphoraria que souffrit saint Mammaire de Bagaï avec ses compagnons. Ils consommèrent leur sacrifice, le 10 juin, à une demi-heure de la cité de Boset, disent les *Actes*.

**PALATIN.** Il assista, parmi les évêques catholiques à la conférence de Carthage, en 411, et quand à l'appel de son nom il eut répondu[1] : *Je suis présent*, Félix, son compétiteur donatiste, s'avança et dit : *Je le connais*. Et lui-même répondit ensuite à l'appel[2] : *J'ai donné mandat et j'ai souscrit*.

## CLXXIV. — VOL.

Vol, autrement Bol, est mentionnée par Ptolémée comme se trouvant près de Carthage. La célébrité de cette ville fut augmentée par les martyrs dont le calendrier de Carthage fait mémoire le 16 des calendes de novembre. Saint Augustin[3] a fait un sermon à Carthage dans la basilique de Gratien le jour de la fête des martyrs de Vol.

**CRISPVLVS.** Il assista parmi les catholiques à la conférence de Carthage en 411. Quand à l'appel de son nom

---

(1) *Cogn.*, I, n. 126.
(2) *Ibid.*, n. 202.
(3) *Serm.* CLVI.

il eut dit[1] : *Je suis présent,* s'avança le donatiste Quodvultdeus qui dit : *Je le connais.* Crispulus mourut peu après, à ce qu'il semble.

**MVRANVS.** Saint Paulin, auteur de la vie de saint Ambroise, fait mention[2] de cet évêque avec lequel, raconte-t-il, il assista, à Carthage, à un repas chez le diacre Fortunat, frère du vénérable évêque Aurèle. Paulin était à Carthage en 412, et il prit part, cette même année, au concile qui y fut tenu contre Célestius[3]. L'épiscopat de Muranus fut, d'ailleurs, de courte durée, car saint Paulin raconte que, peu après ce repas, il mourut à Carthage chez son hôte, et il en ajoute la cause. C'était que, pendant ce même repas, il avait parlé contre saint Ambroise.

**BONIFACE.** Il est nommé le vingt-huitième parmi les évêques de la province Proconsulaire qui, en 482, se réunirent à Carthage par ordre du roi Hunéric et furent envoyés en exil avec les autres évêques. Il fut de ceux qu'on relégua dans l'île de Corse.

## CLXXV. — ZAMA-LA-GRANDE.

Zama-la-Grande, autrement Zama-la-Royale, était située entre Assuras et Uzappa et elle répond au village et aux

---

(1) *Cogn.,* I, n. 128 et 208.
(2) N. 54.
(3) Hard., *Conc.,* t. 1, p. 1202.

ruines qui portent aujourd'hui le nom de Djamâ. Elle avait le titre de colonie, comme nous l'apprend la dédicace suivante, dont il ne reste qu'un fragment[1].

*colonia* AVG. ZAM. M*a*
*j*O*r d*EVOTA NVMI*ni*
*maje*STATI QVE *eju*S
*dd.* P. *p.*

Est-ce la Zama-Mizon ou Major de Ptolémée? Est-ce la Zama, ville libre, de Pline? Cet auteur y met une source célèbre et à Djama qui a conservé le nom de Zama se voient de fort belles sources. La *Table* de Peutinger met Zama-Regia sur la voie d'Althiburus à Thysdrus, entre Assuras et Seggo, à dix milles d'Assuras et à vingt milles de Seggo. Le surnom de Regia peut marquer que Zama faisait partie comme Aquæ-Regiæ et autres villes du royaume numide de Micipsa.

Djama est à trente kilomètres environ d'Assuras, dans le massif montagneux qui domine la rive gauche de l'oued Massoudje. Le bourg actuel est situé sur un mamelon élevé de 850 mètres environ et entouré de tous côtés d'éminences à peu près de même hauteur. Les ruines y occupent un vaste terrain. On y remarque de puissants édifices ruinés, un fortin, une construction appelée Seraïamta-er-Roumi, des aqueducs, des citernes, des colonnes nombreuses et des débris de toutes sortes lesquels prouvent l'existence sur ce point d'une ville florissante.

Est-ce la Zama-Regia de Salluste, cette Zama vaste, qui s'étendait dans une plaine et qui était fortifiée par l'art plus que par la nature[2]?

(1) Tissot, *Géog.*, t. II, p. 573.
(2) *Jug.*, n. 56 et seq.

Est-ce la *Colonia Aelia Hadriana Augusta Zama Regia* mentionnée dans un contrat de l'an 322 et conservé à Rome [1]?

Nous inclinons à le croire.

**DIALOGVS.** Il assista, en 411, à la conférence de Carthage. Il avait pour compétiteur le donatiste Montan, qui, après l'avoir entendu répondre à l'appel qu'il était présent, ajouta : *Je le connais*. Cependant on ne voit plus son nom cité de nouveau à l'appel comme celui des autres Donatistes; il aura été omis par la faute des copistes. Du reste Dialogus est dit évêque de Zama sans épithète.

Cette ville eut plus tard des évêques purement titulaires, dont voici les noms :

Thomas MELINA, en 1729;
Alexandre ALEXANDRETTI, en 1786;
Gaëtan AVORUA, en 1801;
Frédéric SCOLEPIO, en 1830.

---

# CLXXVI. — ZAMA-LA-PETITE.

Il y avait évidemment en Afrique une seconde Zama. Or dans les ruines dites Henchir-Sidi-Amor-el-Djedidi, situées sur le plateau qui sépare le bassin de la Siliana de la plaine

---

(1) Tissot, *Fastes*, p. 206.

de Cairoan, on a retrouvé une colonie de Zama, selon ce texte [1] :

PLVTONI. REG. MAG. SACR
C. PESCENNIVS. SATVRI. FILIVS. PAL. SATVRVS CORNE
LIANVS
FLAMEN. PP. DIVI HADRIANI. Q. PRAEF. IVR. DIC. IIVIR. QQ.
COLONIAE ZAMENSIS. OB honoREM. FLAM. AMPLIATA
HS IIII MIL
TAXATIONE. STATVAS. DVAS. POSVIT. ET. EPVLVM. BIS.
DEDIT. ITEMQ. DEDICAVIT. D. D.

Les ruines de la ville couvrent un plateau peu élevé, et la cité était entourée d'un rempart bâti en pierres de grand appareil. Elle se trouve à cinq kilomètres de Furni et c'est évidemment la Zama dont la basilique fut brûlée en 303 comme il est dit dans les *Actes* de la justification de Félix d'Abtunga [2]. Est-ce la Zama, située entre Hadrumète et Carthage, où Annibal envoya des éclaireurs pendant que Scipion campait sous les murs de Tunis et que lui-même s'était rendu d'Hadrumète à Zama, à cinq journées de marche de Carthage [3] ? Hirtius [4] semble désigner Zama-Regia, lorsque parlant du roi Juba, il dit : *Il se rendait dans la ville de Zama où il avait sa résidence, ses femmes et ses enfants, où il avait fait porter de tout son royaume ses trésors et ce qu'il avait de plus précieux, et qu'il avait, dès le commencement de la guerre, fortifiée par de grands travaux.* Cornelius Nepos dit [5] que Zama était à trois cents milles d'Hadrumète.

(1) *Ephem.*, t. V, n. 280.
(2) *Post. Optat.*
(3) Tite-Live, Lib. XXX, cap. XXIII, n. 29.
(4) *Bell. Afric.*, cap. XXXVI, n. 91.
(5) *In Hannib.*, cap. VI.

La liste des noms de ville gravés sur le marbre à Carthage et disposés par ordre alphabétique comprend les *Zamenses;* mais là encore, pas plus que dans nos documents ecclésiastiques, on ne voit la distinction des deux Zama.

**MARCEL.** Il donna son sentiment le cinquante-troisième dans le troisième concile que saint Cyprien convoqua à Carthage en 255.

---

## CLXXVII. — ZARNA.

Nous ne connaissons de cette ville que le nom d'un seul de ses évêques, savoir :

**VITAL** qui souscrivit à la lettre du concile de la Proconsulaire, adressée en 646, à Paul, patriarche de Constantinople, contre les Monothélites[1]. Zarna peut très bien être mis pour Zama.

(1) Hard., *Conc.*, t. III, p. 749.

## CLXXVIII. — ZEMTA.

Zemta ou Zenta n'est pas une ville plus connue que la précédente, si toutefois ce nom est correct. Il pourrait être mis pour Semina par exemple ou pour Zama.

**MAIORIN.** Il assista, en 411, à la conférence de Carthage. A l'appel de son nom il dit de son Église[1] : *Elle est catholique, elle n'a pas eu et n'a pas* d'évêque donatiste.

**FLORENTIVS.** Cet évêque souscrivit la lettre du concile de la Proconsulaire adressée, en 646, à Paul, patriarche de Constantinople, contre les Monothélites[2].

## CLXXIX. — ZIGGA.

Zigga, autrement Zica, la même peut-être que Eguga, a-t-elle quelque rapport avec le mont Ziqua, dont parle Victor de Vite[3] et qui serait le Zaghouan actuel? C'est une question qui n'est pas résolue. Il y a une localité nommée *Zica, Zig* ou *Zigua* entre Uthina et Simingi.

---

(1) *Cogn.*, I, n. 133.
(2) Hard., *Conc.*, t. III, p. 751.
(3) *Hist. Pers. Vand.*, lib. II, cap. VI. et lib. III, cap. XV.

**DONAT** de Zica se trouva à Carthage, en 411, parmi les Donatistes et il répondit à l'appel de son nom[1] : *J'ai donné mandat et j'ai souscrit*, sans faire mention d'un évêque catholique.

**VINCENT** de Zigga paraît le quarante-unième sur la liste des évêques de la Proconsulaire que le roi Hunéric exila en 482. Victor de Vite parlant peu après de ces évêques disait[2] : *Je les crois réduits à trois seulement : Vincent de Gigi, Paul de Sinnar, vraiment Paul par son nom aussi bien que par son mérite, enfin Quintien qui, fuyant la persécution, a reçu l'hospitalité à Edesse, ville de Macédoine.*

**FLORENTIVS.** Il signa parmi les plus anciens évêques la lettre adressée par le saint concile de la Proconsulaire, en 646, à Paul de Constantinople, contre les Monothélites. Il est appelé évêque de la sainte Église d'Eguga[3].

## CLXXX. — ZVRI.

Zuri, si ce n'est Turi ou Turris, comme porte une variante, était une ville voisine d'Abora, laquelle pouvait n'être pas éloignée de Thucca-Bora. Les catholiques

---

(1) *Cogn.*, I, n. 198.
(2) *Pers. Vand.*
(3) Hard., *Conc.*, t. III, p. 751.

y avaient eu un évêque quand Genséric commença de les persécuter, comme le témoigne Victor de Vite [1], en citant l'exemple de cette pieuse vieille qui accompagnait les saints confesseurs dans leur exil et qui était fille d'un ancien évêque de la cité de Zurris. On voit des ruines romaines à *Aïn-Djour*, située entre Simingi et Zaghouan.

**PAVLIN.** Bon homme, mais sans instruction. C'est l'évêque qui, à la conférence de Carthage, en 411, pria Trifolius d'Abora de signer pour lui, ce que fit Trifolius, et alors Paulin dit de son Église [2] : *Elle est catholique.* A quoi Habetdeum, diacre du donatiste Primien, repartit : *Il y a là un de nos prêtres; c'est notre diocèse.*

(1) *Hist. Pers. Vand.*, lib. II, cap. IX.
(2) *Cogn.*, I, n. 133.

# APPENDICE

## I

*Liste des Évêques qui ont assisté, en 255, au Concile de Carthage, et qui appartiennent pour la plupart à la Proconsulaire.*

CÆCILIUS, de Bilta, si ce n'est de Villa ou de Tepelta ;
PRIME, de Migirba ;
POLYCARPE, d'Hadrumète, en Byzacène ;
NOVAT, de Thamugade, en Numidie ;
NÉMÉSIEN, de Tubuna, en Numidie ;
JANVIER, de Lambæse, en Numidie ;
LUCE, du Castrum de Galba, en Numidie ;
CRESCENT, de Cirta, en Numidie ;
NICODÈME, de Segermes, en Byzacène ;
MONNULUS, de Girba, en Byzacène ;
SECONDIN, de Cedias, en Numidie ;
FÉLIX, de Bagaï, en Numidie ;
POLITIEN, de Milève, en Numidie ;
THÉOGÈNE, d'Hippone-Royale, en Numidie ;

Dativus, de Badias, en Numidie ;
Successus, d'Abbir-de-Germanicus ;
Fortunat, de Thuccabora ;
Sedatus, de Thuburbo ;
Privatien, de Sufetula, en Byzacène ;
Privat, de Sufes, en Byzacène ;
Hortensien, de Lares ;
Cassius, de Macomades, en Numidie ;
Janvier, du Vicus-de-César, en Numidie ;
Secondin, de Carpi ;
Victorin, de Thabraca, en Numidie ;
Félix, d'Uthina ;
Quintus, d'Urusi ;
Castus, de Sicca ;
Eucrate, de Thenæ, en Byzacène ;
Libosus, de Vaga ;
Luce, de Théveste, en Numidie ;
Eugène, d'Ammædara, en Byzacène ;
Félix, de Bamaccora, en Numidie ;
Janvier, de Muzuca ;
Adelphe, de Tasbalte, en Byzacène ;
Demetrius, de Lepti-Minus, en Byzacène ;
Vincent, de Thibari ;
Marc, de Mactari, en Byzacène ;
Satius, de Sicilibba ;
Victor, de Gor ;
Aurèle, d'Utique ;
Jambus, de Germaniciana, en Byzacène ;
Lucien, de Rucuma ;
Pélagien, de Luperciana ;
Jader, de Midila ;
Félix, de Marazana, en Byzacène ;

Paul, d'Obba ;
Pompone, de Dionysiana, en Byzacène ;
Venant, de Tinisa ;
Aymmus, de Ausvaga ;
Saturnin, de Victoriana, en Numidie ;
Saturnin, de Thugga ;
Marcel, de Zama ;
Irénée, d'Ululi ;
Donat, de Cibaliana, en Byzacène ;
Zosime, de Tharasa, en Numidie ;
Julien, de Thelepte, en Byzacène ;
Fauste, de Thimida-Royale ;
Geminius, de Furni ;
Rogatien, de Nova ;
Therapius, de Bulla ;
Luce, de Membressa ;
Félix, d'Usula, en Byzacène ;
Saturnin, d'Abitina ;
Quintus, d'Agbia ;
Julien, de Marcelliana ;
Tenax, d'Horrea-Cælia, en Byzacène ;
Victor, d'Assurâs ;
Donatule, de Capsa, en Byzacène ;
Verulus, de Rusicade, en Numidie ;
Pudentien, de Cuicul, en Numidie ;
Pierre, d'Hippone-Diarrhyte ;
Luce, d'Uzappa ;
Félix, de Thysdrus, si ce n'est Gurges, en Byzacène ;
Pusillus, de Lamasba, en Numidie ;
Salvien, de Gadiaufala, en Numidie ;
Honorat, de Thugga, en Byzacène ;
Victor, d'Octava, en Numidie ;

Clair, de Mascula, en Numidie ;
Secundien, de Thubba, si ce n'est Tambeï ;
Aurèle, de Cillium, en Byzacène ;
Lucius, de Gemellæ, en Byzacène ;
Natalis, d'Œa, en Tripolitaine ;
Pompée, de Sabrata, en Tripolitaine ;
Dioga, de Lepti-Magna, en Tripolitaine ;
Junius, de Neapoli ;
Cyprien, de Carthage.

## II

Variantes qui se rencontrent dans les listes des pères qui ont assisté au concile de Carthage de l'an 255.

---

*Liste des Manuscrits employés pour la recension.*

*Codex Vaticanus* = V. n. 506 — XI sec.
— *Palatino-Vaticanus* = PV. n. 159 — XIV sec.
— — — grec = PVg. n. 219.
*Codex Bibliot. nation. Paris* = N1 — n. 1607.
— — — = N2 — n. 1658.
— — — = N3 — n. 1650.
*Codex Bibl. Mazarin. Paris* = M1. n. 274 — XIII sec.
— — — = M2. n. 861 — XIV sec.
*Codex Casanatensis* = C — n. G. II. 2.
*Codex Audomarensis* = A1. n. 84 — XIV sec.
— — = A2. n. 314 — XI sec.
*Codex Atrebatensis* = AT. n. 949 — XI sec.

## Concile de Carthage de l'an 255.

CECILIUS A BILTA — (PV) a Biltha — (AI) Caecilius ab Elta — (AT) ab Ilta — (A2) a Belta — (MI) a Bitta — (PVg) Κεκιλλιος Λιβεριος — (C) Κεκιλιος Λιβεραριος — (Edit.) ab Hilta — (N3) Cecilius martyr a Bilta.

FELIX A MISGIRPA — (PV) Primus Nmisgirpa (al.) Primus armisgixypa — (N3) Primus Augupa — (M2) Felix a Migrippa — (AI) a Migirpa — (NI) Primus Felix a Misgirpa — (AT) Felix a Migirpa — (C) Πειανος απο Μαστριπης — (PVg.) Πριαμος — (Edit.) Miscirpa — Migirtina — Mirgentina.

POLICARPUS AB ADRUMETINO — (al.) Policarpo autem Adrumetino — (PV) Pollicarpus ab Adrimeto — (N3) ab iadrumeto — (M2) Adrumentino — (AI) Hadrumetino — (NI) Polycarpus ab Adrumeto — (MI) Adrimentinus — (C) Πολυκαρπος Αδραμυντος — (al.) Αδραμευτος — (PVg.) Αδραμευτου — (Edit.) Hadrumeto.

NOVATUS AD AMIGADE — (PV) a Thamogad — (N3) a Tamugade — (M2) Donatus — (AI) a Thamugade — (C) Νουσατος απο Θανουβασιλεως — (PVg.) Απο θαννουβας — (Edit.) Thamogade Thonogade.

NEMESIANUS A TUBUNIS — (PV) Namesianus a Thibunas — (N3) a Tuburnas — (M2) Nemessianus autem a Tubunis — (NI) a Thubunis — (MI) a Thudinus — (C) Μεσιανος απο Θουβουνων — (al.) Νεμεσιανος απο Θοβίουνων — (Edit.) Thabanis — Thucunis — Tubuna.

. . . . . . — (PV) JANUARIUS A LAMBESE — (NI) a Lambaese — (A2) a Lambesse — (C) Ιαννυαριος απο Λαβης — (Edit.) Lambesa.

Lucius a Castragalba — (PV) a Castrabalga — (AI) a Castrogalba — (MI) a Castrogaba — (PVg.) Λουκιος απο Γαστρογαλϐης — (Edit.) a Castrogalbæ.

Arescens a Cirta — (al.) a Circa — (PV) Crescens a Cirta — (M2) Cresces a Crita — (C) Κρισκης απο Κρητης — (PVg.) Κρεσκης.

Nincomedes a Seger — (PV) Nicomedes a Segermis — (N3) Nichomedes a Segermes — (M2) Nichodemus — (AT) Nichodemus — (C) Νικοδημος απο Σεργαμεων — (al.) Σεργιμεων — (PVg.) Νικομηδης απο Σευγομεων.

Monnulus a Girba — (M2) Nonnulus — (MI) Monnullus — (C) Μονουαλιος απο Γερμης — (al.) Μονουαλος απο Γερϐης — (Edit.) Munnulus a Girpa.

Secundinus a Cezas — (N2) a Cedias — (M2) adhezas — (AI) a chezas — (MI) Secundignus adhesas — (C) Σεκουνδιανος απο Καρινδιας — (Edit.) a chedias — a chezias.

Felix a Vagai — (N2) a Bagai — (M2) a Baga — (MI) a baga — (C) Φηλιξ απο Γαμετων — (al.) Γαϐετων — (Edit.) ab Agai — a Bigai — a Bagoei.

Pollianus a Milleu — (N2) Polianus a Mileo — (M2) a Mileu — (C) Πολιτιανος απο Μιλεως — (al.) Μηλεως — (PVg.) Μιλεου — (Edit.) a Milevo.

Thegenes ab Hippone Regio — (N2) Theogenes ab Yppone Regio — (M2) ab Ippone Regio — (C) Θεογγις απο Ιππωνος Ρηγιου — (PVg.) Θεογνις απο Ιππωνος Ρεγιου — (Edit.) ab Hyppone Regio.

Dativus a Badis — (N2) Datius — (C) Διατιους οξεαδης — (PVg.) Ατατιους Οσεαδης — (Edit.) ab Adis.

Successus ab Abirgermanitiana — (N2) ab Abiger maniciana — (M2) ab Abbir germaniciana — (MI) ab Abir germanitia — (C) Σουκεντιος απο Αϐφγερμανικιανων — (al.) Σεφκουντιος απο Αϐφγερμανικιανης — (PVg.) αϐφγεμαννικης — (Edit.) Abbyr — a Bir germaniciana.

Fortunatus ad Huccabori — (N2) a Tuccabori — (M2) a Thuccabori — (C) Φουρτουνατος απο Θουχχαβων — (al.) Θουχαβωρ — (PVg.) Θουκχαβωρ — (Edit.) a Thucabori.

...... — (N2) Sedatus a Tuburro — (M2) Sedatus a Tuborbo — (NI) a Tuburbo — (C) Θηδαστος απο Θουρβων — (PVg.) Κηδατος απο Θουρβων — (Edit.) Tuborba.

...... — (M2) Privatianus a Sufetula — (MI) Pirvatianus a Sufecla — (C) Προβατιανος απο Σεφετινς — (PVg.) Σοφετινς — (Edit.) Suficula.

...... — (M2) Privatus a Sufibus — (C.) Προβατος απο Σφιβουλο — (al.) Οφικου — (PVg.) απο Σοφιβου — (Edit.) Sufibus — Susibus.

...... — (N2) Horentianus a Laribus — (M2) Hortentianus — (AI) Hortensianus — (MI) Hortencianus a Laboribus — (C) Ορτισιανος απο Λαβυρνης — (al.) Λαβουρνης — (Edit.) a Salaribus.

...... — (PV) Cassius a Macomadib. — (N3) a Macomadibus — (C) Κασιος απο Κομαζων — (Edit.) a Machomadibus.

Ianuarius a Vico Cesaris — (N3) a Bico — (NI) Caesaris — (C) Ιαννουαριος απο Ουβικου — (al.) Ουϊκου — (al.) Ιοβικων.

Secundinus a Carpis — (PV) a Carpos — (N3) a Carpus — (C) Σεκουνδινος απο Καλπων — (al.) Καρπων — (PVg.) Καλπις — (Edit.) a Corpos.

Victoricus Tabraca — (PV) a Thabraca — (MI) Victorius a Tabrata — (C) Ουϊκτορινος απο Θαυρακων — (al.) Θαβρακων — (PVg.) Ουϊκτερινος απο Βατραχ.

Felix ab Utina — (PV) a Buna — (N3) ab Utma — (al.) ab Utina — (M2) ab Unita — (C) Φηλιξ απο Ουϊνης — (al.) Ουϊνου — (Edit.) ab Uthina.

Quintus a Bruc — (PV) Quietus a Buruc — (al.) a Tuburne — (N3) ab Uruc — (NI) Quintus a Burus — (MI) ab Urus — (C) Κουϊντος απο Ουρουκ — (Edit.) ab Urich — (al.) ab Uruc — a Burug.

Castus a Sicca — (PV) Cassius a Siotti — (N3) Casius — (C) Καστος απο Δικης.

Lucurasius a Thenis — (PV) Eucratius — (N3) Eucracius — (AI) ab Athenis — (NI) Euchratius — (MI) Euctius — (C) Ευκαρπιος απο Θενων — (al.) Ευκρατιος απο Θανων — (PVg.) απο Θυν.

Libosus a Vaga — (PV) a Baga — (N3) Libiosus a baga — (M2) ab Agra — (C) Λιβυανος απο Ουργασης — (PVg.) Λιβυσης απ'Ουργασης — (Edit.) ab Aga.

Leutius a Theveste — (PV) Lucius — (N3) Lenecius a Teveste — (M2) Leucius a Thebeste — (AI) a Tebeste — (C) Λευκινος απο Θουϊστου — (al.) Θηουϊστης — (Edit.) Thevestia — Thabeste — Thebeme.

Eugenius ab Ammedera — (N3) ab Ammederam — (M2) ab Emmenda — (AT) ab Emmedera — (MI) ab Emmedara — (C) Ευγεναος Αμεδαρων — (al.) Ευαγριος Αμμεδωρων — (PVg.) Ευγεριος Αμμεδαρων — (al.) Ευγριος — (Edit.) ab Ammædera — Immedra.

Felix ab Ammaccura — (N2) ab am accura — (PV) a Bamaccora — (M2) ab accura — (NI) ab Amaccura — (AT) a Baccura — (MI) ab acoura — (C) Φηλιξ απο Μεκκορ — (PVg.) Φιληξ απο Μεκκορας — (Edit.) ab Amacchora — ab Hamuccura — a Maccura.

Ianuarius Muzulensis — (N3) Modulensis — (M2) Nitizulensis — (C) Ιαννουαριος απο Μουκκουζης — (PVg.) απο Μουκουζης — (Edit.) a Mubucha.

Adelfilius a Tasvalte — (N2) a Tasualte — (PV) Adelphius a Thasvalte — (N3) Adelfilus a Tasbalte — (M2) a Tasbabre — (NI) a Thasbalte — (C) Αδελφιος ο απο Θασβεθης — (PVg.) Αδελφιδος απο Θασβεθης — (Edit.) Thasualte — Thesuatte.

Demetrius Aleptiminus — (PV) Aleptimus — (N3) Lepammus — (M2) a Leptiminus — (MI) a Leptis minus — (C) Δημητριος απο Πολεμον͂ — (PVg.) απο Πολεμονου — (Edit.) a Leptuninus.

VICENCIUS A TIBARI — (PV) Vincentius a Thibari — (N3) a Thmbari — (MI) a Tybari — (C) Ουϊγκεντιος απο ϋβαρνης — (al.) Ουϊκεντιος απο Οιβαρης.

MARCUS A MACTARI — (N2) ad Mactari — (PV) a Macthari — (C) Μαρκος απο Βαχθαρων — (al.) Μαχθαρων — (Edit.) a Machtri — a Machri.

DACIUS A SICILIBBA — (PV) Sattius — (N3) Sacius a Sicibba — (AI) Satius — (C) Στατιος απο Καριλιβυης — (al.) Σακιος απο Σακιλιβυης — (PVg.) Σατιος απο Σακιλιββης — (al.) Σακιλιβυης — (Edit.) a Sicilippa.

VICTOR A GOR — (PV) Victor a Ger — (N3) a Gora — (Edit) a Chor.

AURELIUS AB UTICI — (N2) ab Utica — (N3) avutica — (C) Αυρηλιος απο Αττικης — (PVg.) απο Αττυκης.

IAMBUS A GERMATIANA — (PV) Eambus a Germaniciana — (N3) Iambus — (NI) Confessor Iambus — (C) Αμως απο Γερμανικεια — (al.) Ιαμος — (PVg.) Ιαμος απο Γερμανικειας.

LUCIANUS A RUCUMA — (PV) Lucilianus — (C) Λουκιανος απο Ρουκουμης — (PVg.) Λουκιος — (Edit.) Rucumma.

PELAGIANUS A LUPERTIANA (PV) a Luperciana — (N3) Pelegianus a Lupercianus — (AI) a Luptiana — (C) Πελαγιος απο Λουπερκιανης — (al.) Λουπερκτανης.

LADER A MIDOLA — (N2) a Midala — (PV) a Milidi — (N3) Iader andiva — (M2) a Midiala — (AI) a Midila — (NI) Confessor et martyr Iader a Midila — (C) Ιαδερ απο Μηδειας.

FELIX MAZANA TANA — (PV) Felix a Marazana — (N3) a Mavatana — (NI) a Marrazana — (C) Φηλιξ απο Μαρκιανης — (PVg.) απο Μαρδιανης — (Edit.) a Mazrazana — a Marigana (C) Μαρ οϊ ανης.

Paulus ab Oba — (PV) ad Obba — (M2) ab Obba — (NI) Confessor Paulus — (M1) ab Obla — (C) Παυλος απο καββας — (PVg.) απο σαβας — (Edit.) a Bobba.

Pomponius a Dionisiana — (PV) ad Josiniana — (al.) a Diosiniana — (N3) a Toxissana — (M2) a Diosiana — (NI) Confessor Pomponius a Dionysiana — (C) Πομπονιος απο Διονυσιαν — (al.) Διονυσιανης — (PVg.) Πομπωνιος απο Διονυσιων — (Edit.) a Dinisiana.

Venancius a Tinissa — (PV) Venantius a Thenis — (N3) Venancius a Tixifa — (M2) a Tinisa — (NI) Confessor Venantius — (C) Ουϊνατος απο Θυνισης — (al.) Ουηνατος απο Θυνισης — (al.) Ιουνιτος — (PVg.) Ουιναντος απο Θηνιατης — (al.) απο Θηνισσης — (Edit.) a Timisa — a Thimisa — a Thunisa — Thimisti — a Thimissa.

Aymus ab Usvagiga — (N2) abbas usuagiga — (PV) Ahimnius ab Ausuagga — (N3) Ahimmus ab Asaga — (M2) Ayminus ab Ausuagida — (AI) Ayminus abausaugiga — (NI) ab Ausvaga — (AT) Aymmus — (MI) Aymus ab Ausuagyda — (C) Αϊμμος απο Ασϊαγης — (PVg.) Αυμμος απο Ασυαγης — (Edit.) Ab Ausuaga — Ausuagiga — Ausaga — Asuaga.

Saturninus a Vicustoriana — (N2) a Victoriana — (PV) a Victoriana — (N3) Anxiorixiana — (C) Σαπορνιλος απο Ιουκτοριανης — (al.) Ουϊκτοριανης — (PVg.) Σατορνιλος.

Saturninus Attucca — (PV) a Tucca — (N3) a Tugga — (NI) Confessor Saturninus a Thucca — (C) Σατορνιλος απο Συκης — (al.) Σατορνινος — (PVg.) Σατορνιλος — (Edit.) a Thuca.

Marcellus a Zama — (C) Μαρκελλος απο ζαμης — (PVg.) απο ξαμης.

Ireneus Ululuis — (PV) ab Ululis — (M2) Hireneus — (NI) Confessor Irenæus — (MI) ab Ulit' — (C) Ειρηναιος απο Ουλων — (Edit.) ab Uludis — ab Uzulis — ab Usulis.

Donatus a Cibiliana — (PV) a Cibaliana — (M2) Ponatus —

(MI) a Cybaliana — (C) Δυνατος απο Κυβαλικνης — (PVg.) απο Κιβαλιανης — (Edit.) a Cubaliana.

ZOSIMUS A TARASA — (al.) attarassa — (PV) Zasimus a Tharassa — (N3) Tosianus a Cuartissa — (AI) a Tarassa — (MI) a Tharasa — (C) Ζωσιμος απο Θαραζου — (PVg.) ξοσιμος απο Θαραξου — Zozimus.

JULIANUS A TELEPPE — (PV) Julianus Athenensis — (al.) a Theneps — (N3) Cupamus a Thelepple — (M2) a Telepte — (MI) a Thlepte — (C) Ιουλιανος απο Φιλιπτουπαν — (PVg.) απο Φιλιππου — (Edit.) a Thelepte — a Telapte.

FAUSTUS A TIMIDIA REGIA — (PV) a Thimida Regia — (N3) a cianda — (M2) a Timida regia — (NI) Confessor Faustus — (C) Φαυστος απο Θημιδις Ριγιας — (PVg.) απο Θημηδης.

GEMINUS A FURNIS — (PV) Geminius — (MI) Germinus — (C) Γεμινος απο Φορμης.

ROGATIANUS A NOVA — (N3) a Noba — (C) Ρωγοτιανος απο Ουσης — (PVg.) Ρογοτιανος απο Ουσης.

TERRAPIUS A BULLA — (PV) Therapius — (N3) Theorapius a Pulla — (M2) Terapius — (NI) Confessor Therapius — (AT) ab Ulla — (MI) a butta — (C) Θεραπιος απο Βουλισμιου.

LUCIUS AMBRESSA — (PV) Alius a Membressa — (N2) a inbressa — (NI) Confessor Lucius a Membresa — (C) Λουκιος απο Μεβερεσης — (PVg.) απο Μεμερεσης — (Edit.) a Membrasa.

FELIX A BUSLACCENSIS — (al.) ab Uslacceni — (al.) ab Uslaccenis — (PV) a Bustlaconi — (N3) a Bustlacom — (al.) a buslacgem — (M2) abzlaccenis — (al.) abzlascenis — (AI) abuslaccenis — (NI) a Buslaccenis — (AT) a Buslacenis — (MI) abuslacenus — (C) Φηλιξ απο Ουαγλακινης — (PVg.) απο Ουαγλακηνης — (Edit.) a Buslaceni — a Buselactemi — ab Ustblacceni — ab Ustlacceni — ab Ustrolacceni.

SATURNINUS AD ABITINIS — (PV) Saturninus Sabatmis — (al.) Sabatinis — (N3) Ab abitmis — (M2) Saturninus abitinis —

(NI) ab·Avitinis — (AT) a Bitinis — (C) Σατορνιλος απο Πουτινης — (al.) Σατορνινος — (PVg.) απο Πλουτιμης — (Edit.) ab Auitinis — ab Itinis — a Vitinis.

QUINTUS AB AGGUA — (N2) Abaga — (M2) ab Anguia — (AI) Abagguia — (NI) ab Aggya — (M1) ab Agina — (C) Κουΐντος απο Ουγβας — (Edit.) ab Aggiua — ab Achia.

JULIANUS A MARCELLIANO — (N2) a Marcellana — (PV) Vivianus a Moriana — (N3) Junianus — (M2) a Marcellina — (NI) a Marcelliana — (C) Ιουλιανος απο Μαρκελλιανης — (Edit.) a Macellina.

TENAX AB ORREIS CELIAE — (N2) a biconeis celis — (PV) ab Horreis Silie — (N3) Cilie — (M2) ab Horreis Celie — (NI) Caelia — (C) Τεναξ απο Οριων κελιων — (PVg.) Τεναξ απο Ορεων κελλιων — (Edit.) ab Horris Caeliae — ab Horreis Caelianis.

VICTOR A BUSURIS — (al.) ab Usuris — (N2) ab Assuras — (PV) ab Assaras — (M2) ab Assuris — (NI) Confessor Victor — (C) Οὐΐκτωρ ἀπο Ασουρας.

DONATULUS A CAPSE — (PV) Donatus Capsete — (MI) a Capsa — (C) Δουνατουλος απο Καμψης — (Edit.) a Cabse.

GERULUS A RUSICADE — (al.) Verulus — (PV) a Rusiccade — (N3) a Ruciccade — (NI) Martyr de schismaticis Verulus — (C) Ουϊρουλος απο Ρουσϊαδιας — (PVg.) Ουηρουλος απο Ρουσουκαδας — (Edit.) a Rusicca.

PUDENTIANUS A CUICULI — (PV) a Viculi — (al.) Pudentianus Cuiculi — (al.) a cuculi — (N3) aCViculi — (M2) Pudencianus a cucl'i — (C) Πουδεντιανος απο Κουϊλκολης — (PVg.) απο Κουινκολης — (Edit.) a Culculis.

PETRUS AB IPPONE ZARETO — (PV) Diarito — (N3) ab Hippo netarito — (M2) Zarito — (NI) Martyr Petrus ab Hippone Diarrhyto — (MI) ab Ypone Zarito — (C) Πετρος απο Ιππωνος διαρυτου — (PVg.) απο Ιππωνο Διαρρυτου — (Edit.) ab Hyppone Diarrhito.

Lucius ab Ausafa — (N3) ab Ausata — (C) Λουκιος απο Αυσαψης — (Edit.) ab Auasafa.

Felix a Gurgitibus — (N3) a Guiguris — (M2) a Gur'y — (M1) a gugitibus — (C) Φηλιξ α τουρυτων — (PVg.) Φιληξ απο τουρητων.

Pusillus Almasba — (PV) a Lamasba — (N1) a Lambesa — (C) Πλουτιανος απο Λαβανης.

Calvianus a Gazaufida — (PV) Salvianus a Gazauphala — (al.) a Gazauphalia — (N3) Salianus a Cataufala — (M2) a Gauzafala — (A1) a Gazaufala — (N1) Martyr Salvius a Gazaufala — (M1) a Gazaufalia — (C) Σαλουϊανος απο ζηφαλης — (PVg.) απο ξυφαλης — (Edit.) Gauzafalla — Gaiaifalia — Gaiaufalia.

Honoratus Attucca — (PV) a Tuccha — (N3) a Tucca — (C) Ονωρατος απο Θουγγης — (Edit.) a Thugga — Actucca.

Victor ab Octavo — (PV) Octava — (al.) Octavu — (N3) Ocvabo — (C) Ουϊκτωρ απο Οκτυβου.

Clarus a Mascula — (PV) a Muscula — (N1) Confessor Clarus — (M1) Quarus a Mascl'a — (C) Κλαριος απο Κασκουλου — (PVg.) απο Μασχουλης.

Secundianus a Tambeis — (PV) a Thambeis — (N1) Martyr Secundianus — (M1) a Tanbelis — (C) Σεκουνδιανος απο Θαμβης — (Edit.) a Thabeis — a Tambis.

Aurelius Attillavi — (al.) Attillaui — (PV) a Chollabi — (N3) a Cullabi — (M2) a Cillaui — (N1) a Chullabi — (AT) a Cillavi — (M1) a Cittani — (C) Αυρηλιος απο χολαβης — (Edit.) a chubabi — a chubali.

Litteus a Geamellis — (PV) a Gemellis — (N3) Litteos a Gemlli — (N1) Confessor Lucius — (M1) Luteus — (C) Βιητος απο Γεμελων — (PVg.) Γεμιλλων.

Natalis a Boca — (al.) ab Oea — (N3) ab Oea — (M2) Malis — (M1) Nalis — (C) Ναπολιος απο Υας — (al.) Νατολιος — (PVg.) Οιας — (Edit.) a Boea.

Junius a Neapdi — (PV) a Neapoli — (N3) Januarius — (M2) a Neaapoli — (C) Ιουνιος απο Νεαπολεως.

Pompeius Sabratenıs — (PV) Sabratensis — (M2) Sabrazensis — (M1) Sabracensis — (C) Πομπειος απο Σαβρατου — (PVg.) Πομπιος απο Σαβρατων — (Edit.) a Sabathra.

Dioga Leptimagnensis — (PV) Lepti Magnensis — (N3) Diaga — (C) Διογας απο λεπτιμαγνης — (PVg.) Λεπι μαγνης.

Cyprianus a Carthagine — (al.) a Cartagine — (N3) a Carthag — (M2) Ciprianus a Cartagine — (N1) Confessor et martyr Cyprianus — (C) Κυπριανος απο Καρχηδονος.

## III

*Liste des Evêques de la Proconsulaire qui ont assisté, en 411, à la Conférence de Carthage.*

Numidius, de Maxula ;
Marin, de Tabbora ;
Victor, de Libertina ;
Janvier, de Thunusuda ;
Evangelus, d'Assuras ;
Tutus, de Melzi ;
Servus-Dei, de Thubursicu-Bure ;
Dialogus, de Zama ;
Rufin, de Drusiliana ;
Donat, de Tisila ;
Victorien, de Musti ;
Pascase, d'Agbia ;
Benenatus, de Simitthus ;
Félix, de Bisica ;
Victor, de Tabbora ;
Victor, de Giufi ;
Honorius, de Cellæ ;
Antoine, de Carpi ;
Fortunatien, de Neapoli ;
Pannonius, de Putput ;
Palatin, de Vosot ;

Cresconius, de Tituli ;
Aurèle, de Nummuli ;
Sévère, d'Utimmari ;
Pascase, de Thibiuca ;
Urbain, de Theudala ;
Victor, de Migirpa ;
Lucien, de Tuneïa ;
Victor, de Trisipa ;
Adéodat, de Bencenna ;
Félix, d'Abtunga ;
Janvier, d'Aptuca ;
Victor, d'Utique ;
Cericius, d'Uccula ;
Basile, d'Althiburus ;
Victor, de Vina ;
Fructueux, d'Abziri ;
Félicien, d'Uthina ;
Publien, de Vazari-Didda ;
Crispulus, de Vol ;
Luce, de Tagarata ;
Adéodat, de Vazari ;
Niventius, de Thunigaba ;
Marien, d'Utzippari ;
Victorin, de Lares ;
Primien, de Carthage ;
Victor, d'Hippone-Diarrhyte ;
Rufinien, de Bonusta ;
Laodicius, de Clypea ;
Donat, de Bure ;
Candorius, de Mulli ;
Isaac, d'Uthina ;
Victor, de Thuburbo-la-Petite ;

Félix, d'Abbir-la-Grande;
Augendus, de Villa-Magna;
Lucidus, de Marcelliana et Vazi;
Aufidius, de Thignica;
Fortunat, d'Aubuzza;
Trifolius, d'Abora;
Paulin, de Zuri;
Fidentius, de Cefala;
Cresconius, de Rusuca;
Ambivius, de Pisi;
Rogatien, de Tigimma;
Étienne, de Sinnar,
Cyprien, de Siccenna;
Majorin, de Zemta;
Thomas, de Cubda;
Restitut, de Muzuca;
Léonce, de Musti;
Félix, de Canope;
Victor, de Thibari:
Gennade, de Membressa;
Restitut, de Simingi;
Octave, d'Utinuna;
Romain, de Meglapoli;
Restitut, de Cincari;
Quintasius, de Matari;
Octavien, d'Uci-la-Grande;
Theasius, de Membrone;
Hilarien, de Hilta;
Januarien, de Gisipa-la-Grande;
Dominique, de Bulla-Royale;
Proculus, de Serra;
Restitutien, de Sululi;

Victor, de Tabaïcaria ;
Boniface, de Valli ;
Proculus, de Giufi-Salaria ;
Adéodat, de Simidicca ;
Cyprien, de Thuburbo-la-Grande ;
Vincent, de Culusi ;
Fortunatien, de Sicca ;
Florent, d'Hippone-Diarrhyte ;
Squillacius, de Scilli ;
Donat, de Zigga ;
Donat, de Botriana ;
Victorien, d'Avissa ;
Privat, de Vaga ;
Victor, d'Hippone-Diarrhyte ;
Januarien, d'Auzvaga ;
Rogatien, de Villa-Magna ;
Donat, d'Apissana ;
Gedudus, d'Utique ;
Veratien, de Carpi ;
Martinien, de Tubyza ;
Pélage, de Vanariona ;
Victorien, de Thibari ;
Félicien, d'Uthina ;
Donat, de Cresima ;
Victorien, de Putput ;
Valentinien, d'Unuca ;
Boniface, d'Urusi ;
Restitut, de Drusiliana ;
Pascase, de Thugga ;
Castus, de Cellæ ;
Calepodius, de Vazari ;
Félix, de Maxula ;

Campanus, de Cincari;
Felicissime, d'Obba;
Victorien, de Tigimma;
Honorat, de Lares;
Augustalis, d'Althiburus;
Quadratien, de Sicilibba;
Geminius, de Clypea;
Donat, de Tegulata;
Donat, de Zigga;
Marcellin, de Mulli;
Rufin, de Lapda;
Gloriosus, de Migirpa;
Paul, de Sicca;
Boniface, d'Utumma;
Restitut, de Membressa;
Victor, de Curubi;
Florentin, de Furni;
Janvier, d'Aptuca;
Victor, de Libertina;
Rufin, de Thuburbo;
Maxime, d'Abitina;
Victorien, de Thunusuda;
Fortunatien, de Senemsala:
Hilaire, de Sululi;
Victor, de Tabbora;
Victor, d'Hilta;
Victor, de Tituli;
Félix, de Voset;
Maximin, de Thuburbo;
Félix, d'Uzali;
Cresconius, d'Advocata;
Donat, de Scilli;

Ampelius, de Neapoli ;
Idaxius, de Muzuca ;
Tertullus, de Cilibia ;
Cresconius, de Musti ;
Donat, de Thubursicum ;
Quodvultdeus, de Vol ;
Victorin, de Selendeta ;
Félix, de Bulla ;
Quintus, de Tagarata ;
Megasius, de Thuccabora ;
Faustin, de Naraggara ;
Félicien, de Bilta ;
Félix, de Tela ;
Julien, de Thignica ;
Reparat, de Vinda ;
Flavosus, de Cicsi ;
Ampelius, de Vaga ;
Victor, d'Abitina ;
Enée, de Thuburnica ;
Annibonius, d'Abbir ;
Marin, de Tabbora ;
Vincent, de Culusi.

## IV

*Liste des Évêques qui ont assisté au Concile de Carthage, présidé par Aurèle, en 416.*

Aurèle, de Carthage ;
Numidius, de Maxula ;
Rusticianus, de Matar ;
Fidentius, de Cefala ;
Evagrius ou Evangelus, d'Assuras ;
Antonius, de Carpi ;
Palatinus, de Voset ;
Adéodat, de Simidicca ;
Vincent, de Culusi ;
Publien, de Vazari Dida ;
Theasius, de Membrone ;
Tutus, de Melzi ;
Pannonius, de Putput ;
Victor, de Migirpa ;
Restitut, de Simingi ;
Rusticus ou Restitut, de Membressa ;
Fortunatien, de Sicca ;
Ampelius, de Vaga ;
Ambivius, de Pisi ;
Félix, d'Abbir-la-Grande ;
Donatianus, de Thélepte, en Byzacène ;

Adéodat, de Bencenna ;
Octavius, d'Utimma ;
Serotinus, de Turuzi, en Byzacène ;
Majorin, de Zemta ;
Posthumien, de Thagura, en Numidie ;
Crispulus, de Vol ;
Victor, de Vina ;
Victor, d'Utique ;
Lucien, de Tagarata ;
Marien, d'Utzippari ;
Fructueux, d'Abziri ;
Faustinien, de Thamugade, en Numidie ;
Quodvultdeus, d'Ucres ;
Candorius, de Mulli ;
Maxime, d'Abitina ;
Macaire ;
Rustique ;
Rufinien, de Bonusta ;
Proculien ou Proculus, de Giufi Salaria ;
Thomas, de Cubda ;
Janvier, d'Aptuca ;
Octavien, d'Uci-la-Grande ;
Prætextat, d'Assuras ;
Sixte ou Sextilius, d'Assafa, en Maur. Sitif. ;
Quodvultdeus, de Centuria, en Numidie, ou de Cicsi ;
Pentadius, de Carpi ;
Quodvultdeus, de Vol ;
Cyprien, de Thuburbo-la-Grande ;
Servilius ;
Pelagius, de Vanariona ;
Marcel ;

Venant ;

Didyme ;

Saturnin,  
Bizacenus, } cf. Saturus Byzacenus, en 411 ;

Germain, de Gypsaria, en Maur. Cés.;

Germanien ou Germain, de Zuccabar, en Maurétanie Césarienne.

Inventius ou Niventius, de Thunigaba ;

Majorin, de Zemta ;

Inventius ou Fidentius, de Cefala ;

Candidus, d'Abbir-de-Germanicus ;

Cyprien, de Thuburbo-la-Grande ;

Émilien, d'Agger, en Byzacène ;

Romain, de Meglapoli ;

Africain ;

Marcellin, de Mulli.

## V

*Liste des Évêques qui ont assisté au Concile de Carthage, présidé par Aurèle, en 419.*

AURÈLE, de Carthage ;
PALATIN, de Voset ;
ANTOINE, de Carpi ;
TUTUS, de Melzi ;
SERVUS DEI, de Thub.-Bure. ;
TÉRENCE, de Seleuciana, en Numidie ;
FORTUNAT, d'Abenza ;
MARTIN ou MARIN, de Tabbora ;
JANVIER, d'Aptuca ou Tunusuda ;
OPTAT, de Vescera, en Numidie ;
CELTICIUS, d'Uccula ;
DONAT, de Tisili ou Saïa ;
THEASIUS, de Membrone ;
VINCENT, de Culusi ;
FORTUNATIEN, de Sicca.

## VI

*Liste des Évêques de la Proconsulaire, exilés en 482.*

EUGÈNE, de Carthage, à Tamallenum;
FÉLIX, d'Abar (Abbir);
PAUL, de Sinnar;
FÉLIX, de Pia (Vina), en Corse;
MARIEN, d'Hippone-Diarrhyte, en Corse;
PASCASE, de Gunela (Tuneïa), en Corse;
SACCONIUS, d'Uzali, en Corse;
BONIFACE, de Membressa, en fuite;
GULOSUS, de Bénévent, en Corse;
REPARAT, d'Utimmira, en Corse;
PASTINAT, de Putput, en Corse;
REPARAT, de Puppiana;
FORTUNATIEN, d'Aradi, en Corse;
DEUMHABET, de Thela, en Corse;
LIBÉRAT, de Mulli, en Corse;
MANNUCIUS, des Deux-Senemsala;
HIRUNDINUS, de Missua, en Corse;
IONAS, de Lapda, en Corse;
PÈLERIN, d'Assuras, ici;
QUINTIEN, d'Urusi;
CRESCONIUS, de Tonnonna, éprouvé;
FLORENTIN, d'Utique, en Corse;

Pascase, de Migirpa, en Corse;
Carissime, de Gisipa;
Gaius, d'Uzita, éprouvé;
Exitiosus, d'Ucres, en Corse;
Crescent, de Cicsi;
Boniface, de Vol, en Corse;
Félix, de Carpi, en Corse;
Carcadius, de Maxula, en Corse;
Cyprien, de Bonusta;
Dalmace, de Tinnisa, en Corse;
Émilien, de Culusi, en Corse;
Félix, de Bulla, éprouvé;
Clémentin, de Neapoli, en Corse;
Félix, de Curubi, en Corse;
Deuterius, de Simmina, en Corse;
Aurèle, de Clypea, en Corse;
Coronius, de Meglapoli, en Corse;
Benenatus, de Thimida, en Corse;
Vincent, de Zigga;
Florentius, de Semina, en Corse;
Honoré, de Tagarata, éprouvé;
Vindemius, d'Althiburus;
Cyprien, de Cellæ;
Augentius, d'Utzippari;
Cassosus, d'Ausana (Ausafa, Uzappa), ici;
Maximin, de Naraggara, ici;
Félix, de Muzuca;
Jean, de Bulla-Royale;
Cresciturus, de Tituli;
Benenatus, de Thuburbo;
Victor, de Theudala;
Pascase, de Tulana.

## VII

*Liste des Évêques qui se trouvèrent au Concile de Carthage, présidé par Boniface, en 525.*

BONIFACE, de Carthage ;
JANVIER, de Vegesela, en Numidie ;
JANVIER, de Mascula, en Numidie ;
FLORENTIEN, du Vicus de Pacatus, en Numidie ;
FIRMUS, de Tipasa, en Numidie ;
MARIEN, de Mullia, en Numidie ;
VINCENT, de Girba, en Tripolitaine ;
SECONDIN, de Mina, en Maur. César.
FÉLIX, de Zattara, en Numidie ;
PÉLERIN, de Curubi ;
VENERIUS, de Carpi ;
JUNIEN, de Simina ;
MUSTULUS, d'Uzali ;
DALMACE, d'Hippone-Diarrhyte ;
FAUSTINIEN, d'Utique ;
FLORENTIUS, de Lamsorte, en Numidie ;
PONCE, de Lamfua, en Numidie ;
COLUMBUS, de Naraccata, en Numidie ;
CAIUS, de Tacape, en Tripolitaine ;
MARCIEN, de Culusi ;
CRESCONIUS, de Vina ;

Victor, de Lapda ;
Numidius, de Maxula ;
Jean, de Neapoli ;
Patronien, de Senemsala ;
Servus Dei, de Missua ;
Segetius, de Mulli ;
Émilien, d'Aradi ;
Fortunat, de Putput ;
Avus, d'Horrea (Cælia), en Byzacène ;
Victorin, de Naraggara ;
Restitut, de Thimida-Royale ;
Vitulus, de Lares ;
Felicissime, de Sedeli (Medeli) ;
Quintus, d'Uthina ;
Reparat, de Thubursicu-Bure ;
Reparat, d'Abitina ;
Saturus, d'Abtunga ;
Sementius, d'Uzippari ;
Restitut, de Valli ;
Cresconius, de Simingi ;
Siméon, de Furni ;
Pascase, de Membressa ;
Constance, de Cerbali ;
Sabinien, de Gummi Nar ;
Restitut, de Sebarga ;
Restitut, de Bilta ;
Placide, de Mizigi ;
Crescent, de Clypea ;
Gaudiosus, de Puppiana ;
Porphyre, de Bulla ;
Servus Dei, d'Hunericopoli, en Byzacène ;
Quodvultdeus, de Bulla-Major ;

Félix, du Vicus de Turris ;
Octavien, de Thunudruma ;
Florentin, de Tisila (Tichilla) ;
Redemptus, de Gisipa ;
Restitut, de Cilibia ;
Rufin, de Tacia-des-Monts ;
Optat, de Tonnonna ;
Donat, de Girba, en Tripolitaine.

# VIII

*Liste des Évêques de la Proconsulaire qui se réunirent en 641, et écrivirent à Paul de Constantinople.*

GULOSUS, de Putput ;
PROBUS, de Tacia-les-Monts ;
MARCEL, de Mattiana ;
PARIATOR, de Hilta ;
THÉODORE, de Bilta ;
MELLOSUS, de Gisipa ;
CONSTANTIN, de Tabbora ;
FÉLIX, de Pari (Bure) ;
PAUL, de Tabuca (Thibica) ;
FLORENTIUS, d'Eguga (Zigga) ;
DONAT, d'Hippone-Diarrhyte ;
VALÈRE, de Thibure (Thimbure) ;
VITAL, de Zarna (Zama) ;
CRESCENT, de Cefala ;
AUGUSTALIS, d'Abitina ;
GENTIL, de Cubda ;
CRESCENT, de Thuburnica ;
MAXIME, de Rucuma ;
VICTOR, de Tacia ;
JEAN, de Cilibia ;
BONIFACE, de Thala ;

Félix, de Thimida;
Fructueux, de Vina;
Benenatus, de Simitthus;
Cyprien, de Tadduo (Thisiduo);
Bassus, de Carpi;
Adéodat, d'Abbir;
Victor, de Membressa;
Vital, de Thisica (Thisita);
Pierre, de Culusi;
Janvier, de Libertina;
Redemptus, de Neapoli;
Félix, d'Abora;
Pariator, de Scilli;
Victor, de Bulna;
Dominique, d'Absa-Salla;
Étienne, de Thuccabora;
Boniface, de Puppiana;
Valentinien, de Bisica;
Germain, de Thuburbo;
Fortunius, de Giufi;
Redemptus, de Canope;
Cresciturus, de Bure;
Réparat, de Meglapoli;
Janvier, de Musti;
Maxime, de Sua;
Julien, de Senemsala;
Donatien, de Nummuli;
Clarissime, de Thabraca, en Numidie;
Constantin, d'Althiburus;
Lucien, de Succuba (Ucubi);
Cresconius, d'Uccula;
Candide, de Sicca;

Donat, d'Horta ;
Florentius, de Zenta ;
Quodvultdeus, de Cincari ;
Félix, de Trisipellis ;
Benenatus, de Giufi-Salaria ;
Étienne, de Clypea ;
Victorin, d'Abziri ;
Mellosus, de Bulla ;
Cyprien, de Villa-Magna ;
Navigius, de Tigimma ;
Trifolius, d'Uci ;
Benenatus, de Naraggara ;
Flavien, d'Utique ;
Benenatus, de Curubi ;
Fortis, de Vaga.

## IX

*Noms des Évêques de la Province Proconsulaire.*

Adéodat, d'Abbir-la-Grande, en 641;
Adéodat, de Bencenna, en 411;
Adéodat, de Simidicca, 411-419;
Adéodat, de Vazari, en 411;
Agrippin, de Carthage;
Ambivius, de Pisi, 411-416;
Ampelius, de Neapoli, en 411;
Ampelius, de Vaga, en 411;
Anastase, de Bénévent, en 314;
Antoine, de Carpi, en 411;
Annibonius, d'Abbir-de-Germanicus, en 411;
Antonien, de Musti, en 482;
Argentius, d'Uzippari, en 482;
Aufidius, de Thignica, en 411;
Augendus, de Villa-Magna, en 411;
Augustalis, d'Albitina, en 641;
Augustalis, d'Athiburus, en 411;
Aurèle, de Carthage, 391-426;
Aurèle, de Clypea, en 482;
Aurèle, de Nummuli, en 411;
Aurèle, d'Utique, en 255;
Aymmus, d'Auzvaga, en 255;
Basile, d'Althiburus, en 411;

Bassus, de Carpi, en 641;
Benenatus, de Curubi, en 641;
Benenatus, de Giutrambacaria, en 641;
Benenatus, de Naraggara, en 641;
Benenatus I, de Simitthu, en 411;
Benenatus II, de Simitthu, en 641;
Benenatus, de Thimida-Royale, en 482;
Benenatus, de Thuburbo-la-Grande, en 482;
Boniface, de Carthage, 523-535;
Boniface, de Membressa, en 482;
Boniface, de Puppiana, en 641;
Boniface, de Thala, en 641;
Boniface, d'Urusi, en 411;
Boniface, d'Utimma, en 411;
Boniface, de Valli, en 330;
Boniface, de Vol, en 482;
Botrus, de Carthage;
Cæcilien, de Carthage, 311-325;
Cæcilius, de Bilta, en 255;
Cælestius, de Carthage;
Campanus, de Cincari, en 411;
Calepodius, de Vazari, en 411;
Candide, de Sicca, en 641;
Candide, d'Abbir-de-Germanicus, 416-419;
Candorius, de Mulli, en 411;
Capreolus, de Carthage, 431-435;
Carcadius, de Maxula, en 482;
Carissimus, de Gisipa, en 482;
Carpophore, de Carthage;
Cassosus, d'Ausana, en 482;
Castus, de Cellæ, en 411;
Castus, de Sicca, en 255;

Cericius, d'Uccula, en 411 ;
Charles, de Carthage, en 1884 ;
Clémentin, de Neapoli, en 482 ;
Constantin, d'Althiburus, en 641 ;
Constance, de Cerbali, en 525 ;
Constantin, de Tabbora, en 641 ;
Coronius, de Meglapoli, en 482 ;
Crescent, de Cefala, en 641 ;
Crescent, de Cicsi, en 482 ;
Crescent, de Clypea, en 525 ;
Crescent, de Thuburnica, en 641 ;
Crescent, de Vaga, en 349 ;
Cresciturus, de Tituli, en 482 ;
Cresconius, d'Advocata, en 411 ;
Cresconius, de Musti II, en 411 ;
Cresconius, de Rusuca, en 411 ;
Cresconius, de Simingi, en 525 ;
Cresconius, de Tacia, en 393 ;
Cresconius, de Tituli, en 411 ;
Cresconius, de Tonnonna, en 482 ;
Cresconius, de Vina, en 525 ;
Cresconius, d'Uccula, en 641 ;
Crispulus, de Vol, en 411 ;
Cyprien, de Carthage, 248-258 ;
Cyprien, de Bonusta, en 482 ;
Cyprien, de Cellæ, en 482 ;
Cyprien, de Siccenna, en 411 ;
Cyprien, de Thisiduo, en 641 ;
Cyprien, de Thuburbo-la-Grande, en 411 ;
Cyprien, de Thubursicu-Bure, en 400 ;
Cyprien, de Villa-Magna, en 641 ;
Cyr, de Carthage ;

Cyriaque, de Carthage, en 1076 ;
Dalmace, de Tinisa, en 482 ;
Deumhabet, de Thala, en 482 ;
Deuterius, de Siminina, en 482 ;
Deogratias, de Carthage, 454-457 ;
Dialogus, de Zama, en 411 ;
Dominique, de Carthage, 591-601 ;
Dominique, d'Absa-Salla, en 641 ;
Dominique, de Bulla-Royale, en 411 ;
Donat, de Carthage, en 340 ;
Donat, d'Apissana, en 411 ;
Donat, de Botriana, en 411 ;
Donat, de Bure, en 411 ;
Donat, de Cresima, en 411 ;
Donat, d'Hippone-Diarrhyte, en 641 ;
Donat, d'Horta, en 641 ;
Donat, de Scilli, en 411 ;
Donat, de Teglata, en 411 ;
Donat, de Thubursicu-Bure, en 411 ;
Donat, de Tisila, en 411 ;
Donat, de Turris, en 411 ;
Donat, de Zigga, en 411 ;
Donatien, de Nummuli, en 641 ;
Donatien, de Teglata, en 482 ;
Émilien, d'Aradi, en 525 ;
Émilien, de Culusi, en 482 ;
Equitius, d'Hippone-Diarrhyte, en 400 ;
Enée, de Thuburnica, en 411 ;
Épictète, d'Assuras, en 254 ;
Épigone, de Bulla-Royale, en 390 ;
Étienne, de Carthage ;
Étienne, de Clypea, en 641 ;

Étienne, de Sinnar, en 411 ;
Étienne, de Thuccabora, en 641 ;
Eugène, de Carthage, en 479 ;
Evangelus, d'Assuras, 397-411 ;
Evode, d'Uzali, 404-411 ;
Exitiosus, d'Ucres, en 482 ;
Fauste, de Buruni, en 480 ;
Fauste, de Thimida-Royale, en 255 ;
Fauste, de Thuburbo-la-Grande, en 314 ;
Faustin, de Naraggara, en 411 ;
Faustin, de Vina, 393-406 ;
Faustinien, de Carpi, en 400 ;
Faustinien, de Thala ;
Faustinien, d'Utique, en 525 ;
Félix I, d'Abbir-la-Grande, en 411 ;
Félix II, d'Abbir-la-Grande, en 482 ;
Félix, d'Abora, en 641 ;
Félix I, d'Abtunga, en 311 ;
Félix II, d'Abtunga, en 411 ;
Félix, de Bisica, en 411 ;
Félix, de Bulla, en 482 ;
Félix, de Canope, en 411 ;
Félix, de Carpi, en 482 ;
Félix, de Curubi, en 482 ;
Félix, de Migirpa, en 255 ;
Félix, de Muzuca, en 482 ;
Félix, de Paria, en 641 ;
Félix, de Pia, en 482 ;
Félix, de Pisi, en 411 ;
Félix, de Scnemsala, en 390 ;
Félix, de Thala, en 411 ;
Félix, de Thimida, en 641 ;

Félix, de Trisipa, en 641 ;
Félix, de Tubyza, en 303 ;
Félix, de Turris, en 525 ;
Félix, d'Uthina, en 255 ;
Félix, de Voset, en 411 ;
Félicien, de Bilta, en 411 ;
Félicien, de Musti, en 411 ;
Félicien, d'Uthina, en 411 ;
Félicissime, d'Obba, en 411 ;
Félicissime, de Sedela, en 525 ;
Fidentius, de Cefala, en 411 ;
Flavosus, de Cicsi, en 411 ;
Flavien, d'Utique, en 641 ;
Florentin, de Furni II, en 411 ;
Florentius, d'Hippone-Diarrhyte, en 411 ;
Florentius, de Semina, en 641 ;
Florentin, de Tisila, en 525 ;
Florentin, d'Utique, en 482 ;
Florentius, de Zemta, en 641 ;
Florentius, de Zigga, en 641 ;
Fortunius, de Carthage, en 642 ;
Fortunat, de Carthage, en 255 ;
Fortis, d'Agbia ou Vaga, en 641 ;
Fortunatien, d'Aradi, en 482 ;
Fortunatien, d'Assuras, en 252 ;
Fortunat, d'Aubuzza, en 411 ;
Fortunius, de Giufi, en 641 ;
Fortunatien, de Neapoli, en 411 ;
Fortunat, de Putput, en 525 ;
Fortunatien, de Senemsala, en 411 ;
Fortunatien, de Sicca, 409-411 ;
Fortunat, de Thuccabora, en 255 ;

FRUCTUEUX, d'Abziri, en 411 ;
FRUCTUEUX, de Vina, en 641 ;
FULGENCE, de Carthage ;
FUNDANUS, d'Abitina, en 303 ;
GALLONIUS, d'Uthina, en 419 ;
GAUDIOSUS, d'Abitina, 440-453 ;
GAUDIOSUS, de Puppiana, en 525 ;
GENETHLIUS, de Carthage, en 381 ;
GEMINIUS, de Clypea, en 411 ;
GENTIL, de Cubda, en 641 ;
GEMINIUS, de Furni, en 253 ;
GENNADE, de Membressa, en 411 ;
GERMAIN, de Thuburbo-la-Petite, en 641 ;
GEDUDUS, d'Utique, en 411 ;
GLORIOSUS, de Migirpa, en 411 ;
GRATUS, de Carthage, en 349 ;
GULOSUS, de Bénévent, en 482 ;
GULOSUS, de Putput, en 641 ;
HABETDEUM, de Theudala, en 457 ;
HILARIEN, de Hilta, en 411 ;
HIRUNDINUS, de Missua, en 482 ;
HONORIUS, de Cellæ, en 411 ;
HONORAT, de Lares, en 411 ;
HONORAT, de Sicilibba, en 337 ;
HONORAT, de Tagarata, en 482 ;
HONORAT, de Thugga, en 255 ;
HORTENSIEN, de Lares, en 252-255 ;
IDAXIUS, de Muzuca, en 411 ;
INNOCENT, de Tepelta, en 393 ;
IRÉNÉE, d'Ululi, en 255 ; .
ISAAC, d'Uthina, en 411 ;
JANVIER, d'Aptuca, en 411 ;

Janvier, de Libertina, en 411 ;
Janvier, de Libertina, en 641 ;
Jader, de Medeli, en 255 ;
Janvier, de Musti, en 641 ;
Janvier, de Muzua, en 255 ;
Janvier, de Thunusuda, en 411 ;
Januarien, d'Auzvaga, en 411 ;
Januarien, de Gisipa-la-Grande, en 411 ;
Jean, de Bulla-Royale, en 482 ;
Jean, de Cilibia, en 641 ;
Jean, de Neapoli, en 525 ;
Jonas, de Lapda, en 482 ;
Julien, de Marcelliana, en 255 ;
Julien, de Senemsala, en 641 ;
Julien, de Thignica, en 411 ;
Julien, de Vazari, en 397 ;
Junien, de Siminina, en 525 ;
Junius, de Neapoli, en 255 ;
Junilius, d'Utique, en 557 ;
Lampadius, d'Uthina, en 314 ;
Laodicius, de Clypea, en 411 ;
Léonce, de Musti II, en 411 ;
Libérat, de Mulli, en 482 ;
Libosus, de Vaga, en 255 ;
Lucidus, de Marcelliana, en 411 ;
Lucius, de Membressa, en 255 ;
Lucius, de Tagarata, en 411 ;
Lucius, d'Uzappa, en 255 ;
Lucien, de Carthage ;
Lucien, de Rucuma, en 255 ;
Lucien, de Succuba, en 644 ;
Lucien, de Tuneïa, en 411 ;

Magnus, d'Abtunga, 349 ;
Majorin, de Carthage ;
Majorin, de Zenta, en 411 ;
Mannucius, de Senemsala, en 422 ;
Mansuet, d'Urusi ;
Marcien, de Culusi, en 525 ;
Marien, d'Hippone-Diarrhyte, en 482 ;
Marcien, de Tabaïcaria, en 411 ;
Martinien, de Tubyza, en 411 ;
Marin, de Tabbora, en 411 ;
Marien, d'Uzippari, 411-419 ;
Marcel, de Mattiana, en 641 ;
Marcellin, de Mulli, en 411 ;
Martial, de Pertusa, en 394 ;
Marcel, de Zama, en 255 ;
Maxime, d'Abitina, en 411 ;
Maxime, de Carthage, en 255 ;
Maximin, de Naraggara, en 482 ;
Maxime, de Rucuma, en 641 ;
Maxime, de Sica, en 641 ;
Maximin, de Thuburbo-la-Petite, en 411 ;
Maur, d'Utique, en 303 ;
Megasius, de Thuccabora, en 411 ;
Mellosus, de Bulla-Royale, en 641 ;
Mellosus, de Gisipa, en 641 ;
Mensurius, de Carthage, 303-311 ;
Mettun, de Tonnonna, en 349 ;
Miggin, d'Elephantaria, en 393 ;
Montan, de Zama, en 411 ;
Muranus, de Vol, en 412 ;
Mustulus, d'Uzali, en 525 ;
Navigius, de Tigimma, en 641 ;

Nicaise, de Culusi, en 349;
Niventius, de Thunigaba, en 411;
Novellus, de Thisica, en 310;
Numidius, de Maxula, 390-416;
Numidius, de Maxula, en 525;
Octave, d'Utimma, en 411;
Octavien, de Tunudruma, en 525;
Octavien, d'Uci, en 411;
Optat, de Carthage, en 203;
Optat, de Tonnonna, en 525;
Palatin, de Voset, en 411;
Palmace, d'Hippone-Diarrhyte, en 525;
Pannonius, de Putput, en 411;
Parménien, de Carthage, en 355;
Pariator, de Hilta, en 641;
Pariator, de Scilli, en 641;
Pascase, d'Agbia, en 411;
Pascase, de Gunela, en 482;
Pascase, de Membressa, en 525;
Pascase, de Migirpa, en 482;
Pascase, de Thibiuca, en 411;
Pascase, de Thugga, en 411;
Pascase, de Thulana, en 482;
Pastinat, de Putput, en 482;
Patronien, de Senemsala, en 525;
Patrice, de Sicca, en 349;
Paul, d'Obba, en 255;
Paul, de Sicca, en 480;
Paul, de Sinnar, en 482;
Paul, de Thibica, en 641;
Paulin, de Zure, en 411;
Pèlerin, d'Assuras, en 482;

Pèlerin, de Curubi, en 644 ;
Pentadius, de Carpi, en 419 ;
Pélagien, de Luperciana, en 255 ;
Pélage, de Vanariona, en 411 ;
Pierre, de Culusi, en 644 ;
Pierre, d'Hippone-Diarrhyte, en 255 ;
Placide, de Mizigi, en 525 ;
Porphyre, de Bulla, en 525 ;
Potentin. d'Utique, en 684 ;
Prétextat, d'Assuras, en 393 ;
Prétextat, de Sicilibba, en 419 ;
Primase, de Carthage, 552-562 ;
Primien, de Carthage, 393-411 ;
Privat, d'Auzvaga, en 411 ;
Primulus, de Vaga, en 411 ;
Proculus, de Giufi-Salaria, en 411 ;
Proculus, de Serra, en 411 ;
Probus, de Tacia-Montana, en 644 ;
Publien, de Carthage, en 581 ;
Publien, de Vazari-Dida, en 411 ;
Quadratien, de Sicilibba, en 411 ;
Quintus, d'Agbia, en 255 ;
Quintus, de Tagarata, en 411 ;
Quintus, d'Utique, en 349 ;
Quietus, d'Uthina, en 525 ;
Quietus, d'Uruzi, en 255 ;
Quintien, de Lares, en 480 ;
Quintasius, de Matar, en 411 ;
Quintien d'Urusi, en 482 ;
Quodvultdeus, de Carthage, en 437 ;
Quodvultdeus, de Bulla-Royale, en 525 ;
Quodvultdeus, de Cincari, en 644 ;

Quodvultdeus, de Vol, en 411 ;
Quodvultdeus, d'Ucres, en 419 ;
Redemptus, de Canope, en 641 ;
Redemptus, de Gisipa, en 525 ;
Redemptus, de Neapoli, en 641 ;
Réparat, de Carthage, 535-552 ;
Réparat, d'Abitina, en 525 ;
Réparat, de Meglapoli, en 641 ;
Réparat, de Puppiana, en 482 ;
Réparat, de Thubursicu-Bure, en 525 ;
Réparat, d'Utimmira, en 482 ;
Réparat, de Vinda, en 411 ;
Repositus, de Tubernuca, en 252 ;
Restitut, de Carthage, en 359 ;
Restitut, de Bilta, en 525 ;
Restitut, de Cilibia, en 525 ;
Restitut, de Cincari, en 411 ;
Restitut, de Drusiliana, en 411 ;
Restitut, de Membressa, en 411 ;
Restitut, de Muzuca, en 411 ;
Restitut, de Sebarga, en 525 ;
Restitut, de Simingi, en 411 ;
Restitut, de Thimida-Royale, en 525 ;
Restitut, de Valli, en 404 ;
Restitut, de Valli, en 525 ;
Restitut, de Sululi, en 411 ;
Rogat, d'Assuras, en 418 ;
Romain, de Meglapoli, en 411 ;
Rogatien, de Novat, en 255 ;
Rogatien, de Tigimma, en 411 ;
Rufus, de Carthage, en 337 ;
Rufinien, de Bonusta, en 411 ;

Rufin, de Drusiliana, en 411 ;
Rufin, de Lapda, en 411 ;
Rusticien, de Matar, en 410 ;
Rufin, de Tacia-Montana, en 525 ;
Rufin, de Thuburbo-la-Grande, en 411 ;
Sabinien, de Gummi, en 525 ;
Sacconius, d'Uzali, en 482 ;
Salvius, de Membressa, en 393 ;
Salvius, d'Uzappa, en 393 ;
Satur, d'Aptunga, en 525 ;
Saturnin, d'Abitina, en 255 ;
Saturnin, d'Uzali, en 388 ;
Satius, de Sicilibba, en 255 ;
Secondin, de Carpi, en 255 ;
Sedat, de Thuburbo-la-Grande, en 255 ;
Segetius, de Mulli, en 525 ;
Sementius, d'Uzippari, en 525 ;
Servus dei, de Missua, en 525 ;
Servus dei, de Thubursicu-Bure, 406-411 ;
Sévère, d'Utimmira, en 411 ;
Sextilien, de Tuneïa, en 553 ;
Siméon, de Furni, en 525 ;
Squillacius, de Scilli, en 411 ;
Spérat, de Carthage, en 180 ;
Successus, d'Abbir-de-Germanicus, en 255 ;
Surentius, de Pocofelta, en 314 ;
Tertullus, d'Avitta, en 393 ;
Tertullus, de Cilibia, en 411 ;
Théodore, de Bilta, en 641 ;
Therapius, de Bulla-Royale, en 255 ;
Theasius, de Membrone, 404-424 ;
Thomas, de Carthage, en 457 ;

Thomas, de Carthage, en 1054;
Thomas, de Cubda, en 411;
Trifolius, d'Abora, en 411;
Trifolius, d'Uci, en 641;
Tutus, de Melzi, 411-424;
Tutus, de Migirpa, en 397;
Urbain, de Sicca, 418-429;
Urbain, de Theudala, en 411;
Valérien, d'Aubuzza, en 460;
Valentinien, de Bisica, en 641;
Valère, de Melzi, en 394;
Valérien, d'Obba, en 553;
Valère, de Thimbure, en 641;
Victor, de Carthage, 646-649;
Victor, d'Abitina, en 411;
Victor, d'Abziri, en 390;
Victor, d'Althiburus, en 393;
Victor, d'Assuras, en 255;
Victor, de Bulna, en 641;
Victor, de Curubi, en 411;
Victor, de Giufi, en 411;
Victor, de Gor, en 255;
Victor, de Hilta, en 411;
Victor, de Lapda, en 525;
Victor, de Libertina, en 411;
Victor, de Membressa, en 641;
Victor, de Migirpa, en 411;
Victor, de Puppiana, en 390;
Victor, de Sinna, en 553;
Victor, de Tabaïcaria, en 411;
Victor, de Tabbora, en 411;
Victor, de Tacia, en 641;

Victor, de Teudala, en 482;
Victor, de Thibari, en 411;
Victor, de Thuburbo-la-Petite, en 411;
Victor, de Tituli, en 411;
Victor, de Tonnonna, en 565;
Victor, de Trisipa, en 411;
Victor, d'Ucres, en 400;
Victor, d'Utique, en 314;
Victor, d'Utique, en 411;
Victor, de Vina, en 411;
Victorin, d'Abziri, en 641;
Victorien, d'Avissa, en 411;
Victorin, de Lares, en 411;
Victorien, de Musti, en 411;
Victorin, de Naraggara, en 525;
Victorien, de Putput, en 411;
Victorin, de Selendeta, en 411;
Victorien, de Thibari, en 411;
Victorien, de Thunusuda, en 411;
Victorien, de Tigimma, en 411;
Victorien, d'Uzali, en 641;
Vératien, de Carpi, en 411;
Venerius, de Carpi, en 525;
Venant, de Tinisa, en 255;
Vindemius, d'Altiburus, en 482;
Vincent, de Culusi, 407-419;
Vindicien, de Lacubaza, en 349;
Vitulus, de Lares, en 525;
Vincent, de Thibari, en 255;
Vital, d'Ucres, en 411;
Vital, de Zarna, en 644;
Vincent, de Zigga, en 482.

www.ingramcontent.com/pod-product-compliance
Lightning Source LLC
Chambersburg PA
CBHW052124230426
43671CB00009B/1110